文集
モナ・リザの鳶色の眼

髙橋達明

知道出版

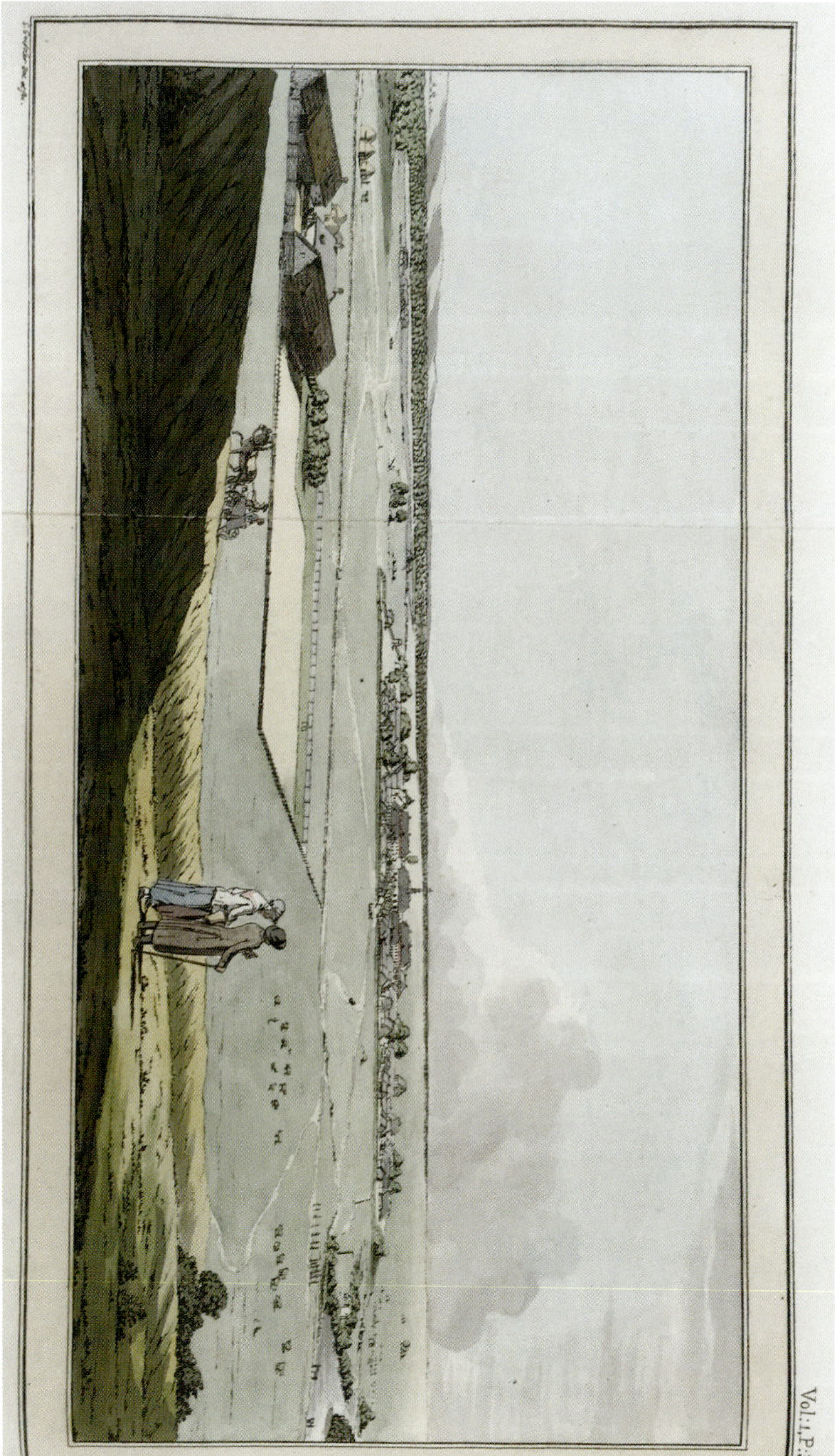

サレプタ遠望、パラス『ロシア南部紀行』第一巻第三図版、本文一七四頁、参照

*『ナンセン 一八六一 - 一八九三』（英訳本）、表紙（右上）
*ナンセン肖像、ヴァーレンショルト筆、同書、所収（左下）
本文二七七頁、参照

文集　モナ・リザの鳶色の眼　　目次

I

モナ・リザの鳶色の眼

オウィディウスは『変身の譜』巻十五で、やがてローマの第二代の王となるサビニー人ヌマを南イタリアのクロトンに送って、ピュタゴラスの講筵に列せしめた。ヌマは、mente deos adiit（知性によりて神々のもとに到りし）哲人の、食物の禁忌と輪廻説にはじまり、万象の流転の教え、アウグストゥスの支配の予言をへて、ふたたび肉食の禁止におわる、詩句にして四百行を越える講義を聴聞することになるが、そこには、次のような、自然学の考察も含まれていた。

かくして　土地の定めはいくたびも変わった。
わたしは見た、かつてとても固い土地であったものが
海となったのを、また海より陸が生まれるのも見た。
海洋から遠い所に　海の貝が散らばり

古い錨が山の頂に見出されたこともある。
平地であった所が水流によって谷間となり
洪水で　山は平野に低められる。

267

オウィディウスは海と陸の交替にかかわる伝統的な見解を継承している。山頂の錨はいま別としても、石化した貝類、現在の用語で言えば、海産貝類の化石が陸地に見出される理由を、その土地がかつて海であったことにもとめるのは、ヘロドトスのエジプトの記述（『歴史』巻二－十二）に先例がある。アリストテレスの『気象論』第一巻第十四章には、化石は出てこないが、海陸交替説がある。[1]月下界では、けだし、万象は流転するからである。しかし、オウィディウスが、コスモスの生成と消滅を認めない、アリストテレスの永久天界説（『天体論』第一巻第十章）に立つか、どうか、これだけの記述では決めようがない。

古典古代には、化石は生物の遺骸であって、鉱物ではないことが正しく認められていたとされるが、化石の存在を、ヘロドトスのように、海陸交替説で説明するときには、その動物は、遺骸が発見された場所（かつての海）に棲息していたことになる。しかし、当時、説明にあたっては、必ずしも海陸交替説によったわけではなく、もっと単純に、遺骸が何らかの理由で現場に運ばれてきたのだと考えるほうがむしろ普通であったらしい。たとえば、オウィディウスと同時代の人ストラボンの『地誌』（巻三－三－三～十六）には、陸地の形成論があり、エラトステネス、ストラトン、その他の先人の説（旱魃や決潰による海の後退、沖積土による海底の上昇、その他）に反対して、海底の隆起説を説いている。そして、隆起の原因として海底の噴火を取りあげ、紀元前一九七年に多島海のテラ島で起こった火山島の出現を例の一つとしている。[2]化石との関係で言えば、テラ島の一部に石灰岩の山体が見られるように、堆積岩の隆起という事態も想定できないわけではないが、それは現代の知見であって、ストラボンとしては、噴火による海底の上昇が洪水（津波）と水位の変動を引き起こし、それが海の生物を陸地に運んだとするのであろう。

さて、『モナ・リザ』の背景の風景画について書かねばならないが、そのためには、まず、レオナルドの地球論と化石成因論を調べておく必要がある。

レオナルドが地質学的研究に熱心であり、また熱心という以上に、大きい価値を認めていたことは、手記に見える、次のような文章によってわかる。[3]

過ぎ去った時と大地の場所の認識は人間精神の誉れであり、糧である。〔R.1167〕

ここに言われる過去の時間を、歴史時代をはるかに越えて、地質学の編年区分にまで遡らせるとき、時と場所の双方の cognitiö（認識）は、切り離せない、一つの課題として現れるであろう。実際、レオナルドは地球史の可能性を直観していたはずである。そうなればこそ、いずれ十八世紀末には、地質学という名のもとに組み入れられることになる一連の観察と理論構成の仕事に携わったのにちがいない。この短い引用文にも、自然の秘密に分け入ったという確信がふと筆を取らせた趣きがある。大地と訳した terra は、レオナルドがギリシア以来の大地の球状説を取っていたことはむろんだから、地球とすることもできる。

レオナルドの観察は、アペニン山脈とアルノー川の山間部の地層に露呈している新生代の海産の軟体動物（貝類）の化石層に向けられていた。たとえば、川が海に注ぐところには、大量の貝殻が見られる。なぜなら、そのような地点では、合流する淡水のせいで、水がそれほど塩辛くないからである。その証拠は、アペニン山脈がかつて川をアドリア海に流していた場所に見られる。その山中では大部分、多数の貝殻が青灰色の海の泥土とともに見出され、また、岩を引き剝がすと、貝殻がつまっている。アルノー川もゴンフォリーナ岩から、それほど下手ではなかった海に落ちるとき、同じ作用をしたと認められる。というのは、この川は当時サン・ミニアート・アル・テデスコの高さを越えていたから。だから、この高地の岩壁には、貝殻と牡蠣で一杯の崖が見られる。〔R.988〕

ところで、レオナルドは山地の地層のなかに見出される貝殻を化石とはっきり認めていたが、化石 fossile あるいは化石に相当する言葉はまだ使っていないようである。いま書物の表題に注目すれば、アグリコラの *De natura fossilium*（掘り出された物の本性について）が一五四六年に、ゲスナーの *De rerum fossilium... figuris et similitudinibus liber*（掘り出された物の姿と類似についての書）が一五六五年に出ているから、十六世紀の半ばのころに、発掘物から化石へと、語の意味の移行が起きつつあったことになる。というのは、アグリコラは化石の正しい認識に至らず、「一部の化石については、それらが岩石の vis formativa（形成力）によってできると考えて」いたけれども、[4] ゲスナーは古代の説に立ち返って、lapides figurati（物の姿をした石）の一部については、生物の遺骸と認めたからである。なお、物を石化する形成力は、十一世紀アラビアの人イブン・スィーナー（アヴィケンナ）の vis plastica（造形力）に発して——この力は山の成因でもある（agglutinative clay の石化▼5）——、十三世紀のスコラ哲学者アルベルトゥス・マグヌスに受け継がれた考え方で、十八世紀にもなお生き残っていたという。化石という一つの事実をとってみても、諸説はまことに紛々であって、地質学ないしは古生物学が決してすらすら成立したわけではなく、行きつ戻りつの果てであったことを改めて納得させられる。

　では、化石の成因について、レオナルドはどう考えていたか。この問いには、「地球の重さを変化させる海について」という表題をもつ、手記の次のような文章がよく答えてくれる。

　貝類、牡蠣、その他、海の泥の中に生まれる動物は、われわれの元素の中心を取り巻いている地球の変動を証言している。それは次のように証明される。大河は、水の摩擦によって河底と岸から取り除かれる地に染められて、いつも濁って流れている。こうした消耗は、あの貝殻の層からなる地層の前面をむき出しにする。貝殻は海の泥の表面にあり、その場が潮水に覆われていたときに、そこに生み出されたものである。それらの地層は、時とともに、河川の大小さまざまな規模の洪水によって海に運ばれた、さまざまな厚さの泥に再び覆われ、さらに、泥の層は非常な高さにまで構成されたので、それらは底から大気の中に露出するに至った。いまや、海底はとても高いので、丘陵や高い山を作っている。そして、川はこの山々の側面を消耗させ、貝殻の層を露出させる。地球の軽くなった側は上昇し、対蹠点は宇宙の中心にいっそう接近し、そして、昔の海底は山々の尾根を作る。〔R.935〕

一読、レオナルドが海陸交替説を展開していることはわかるが、隅々まで理解が届くという文章ではない。

もちろん手記ということがあるけれども、わかりにくさは、実は、中世末期のスコラ学の理論が背後に潜んでいることに起因している。この源泉を発見したのは、レオナルドの自然学の形成について、浩瀚な研究を発表したピェール・デュエムである。[6] そこで、この高名な科学史家の論述に従って、源泉の理論を紹介するが、その前に、立論の基礎となっているアリストテレスの自然学について簡単に説明しておきたい。

アリストテレスの宇宙体系は同心天球説で、不動の地球を取り巻いている、全部で五十六の数の同心の天球が回転して、天球に付着した、各々の天体の円運動を構成するが（『形而上学』第十二巻第八章）、その中心は宇宙の中心であって、地球の中心ではない。地球の中心は宇宙の中心に偶然に一致しているにすぎない（『天体論』第二巻第十四章）。そこには、宇宙の中心は静止しているが、地球の中心は必ずしもそうではないとする余地がある。実際、地球と月の位置を取り替えるという思考実験がなされている（『天体論』第四巻第三章）。そこで、地球は動いている、という主張が後代に生まれてもくる。ただし、それは地動説あるいは太陽中心説には関係せず、後述の内容からわかるように、場所の問題に係わっている。アリストテレスが場所を、「包むものの、第一の、不動の限界」と定義し、物体はすべて、physis（自然、本性、運動原理）によって、固有の場所に運ばれるとする（『自然学』第四巻第四章）のに応じて、地球の自然的な場所はどこにあるか、という問題が議論されることになるからである。次に、アリストテレスの運動論によれば、自然的な運動には、(1)中心から離れる、(2)中心へ向かう、(3)中心をめぐる、の三つの様式があり、これで全部である（『天体論』第一巻第二章）。この中心は宇宙の中心で、宇宙の中心から離れる方向が上、中心へ向う方向が下であるから、(1)は直線的に上昇する運動、(2)は直線的に下降する運動、(3)は円運動になる。それらの運動をphysisとして遂行する単純物体、すなわち、物質の究極の構成要素である元素は、(1)については、火（および、空気)、(2)については、地(および、水)、(3)については、アイテール(エーテル)である。そこで、重さまたは軽さを持っている、すべての物体は、それが軽いなら、自然的に宇宙の中心から上昇し、重いなら、自然的に宇宙の中心に向かって下降する(『自然学』第三巻第五章)。言いかえれば、重い(軽い)ということは、physisとして、宇宙の中心に向かって(中心から離れて)運動することに他ならない。したがって、重力的現象は、すべての物体が四大元素と熱、冷、乾、湿の原性質の組み合わせから構成されている月下界の現象であって、天界=月上界を構成する第五の元素であり、重さも軽さも持たないアイテールには係わらない。

さて、レオナルドの地質学的理論の源泉になっているのは、十四世紀の唯名論者で、パリ大学で教えたこともあるAlbert von Sachsen(Albert de Saxe)であり、直接関係するのは、その重力理論である。それによれば、物体が自由に落下するときは、全体として、一つの重さの中心、すなわち、重力の中心に直線的に向かう。しかし、地球の自然的場所は重力の中心にあるのでも、水との境界面にあるのでもない。アルベルトによれば、地球が自然的場所にあると言えるのは、重力の中心が宇宙の中心にあるときである。ということは、逆に、重力の中心が宇宙の中心に一致しないときがあるということであり、そして、この不一致は、実は、恒常的に起こっている。その原因は、大地の地表の変動が引き起こす、重さの配分の変化である。地表の変動は、一つは、水の浸食による陸地の平準化と堆積土による海底の上昇の結果であり、もう一つは、太陽の熱による膨張と密度の減少の結果である。言いかえれば、地球のある部分が浸食と太陽熱のせいで軽くなり、上昇する(宇宙の中心から離れる)と、対蹠点は反比例的に重くなり、下降する(宇宙の中心に接近する)。これは、確かに、地球の運動であり、アルベルトは「地球は不断に動いている……地球は不断に動かなければならない」(Duhem, I, p.13)と述べているが、この言明を、どれほど微小な距離であっても、まさに、地球は動く、と解釈するのか、それとも、重力の中心の移動とだけ解釈するのか、容易に決めがたいようである。前者の解が事実として成立するのは、十五世紀イタリアの反パリ学派のアリストテレス（アヴェロエス）主義者から、反論が相次いでいることからわかる。いずれにせよ、重力の中心が宇宙の中心から移動することはまちがいない。総体としての地球の重さの配分に変化が起こったことに変わりはないからである。そして、ここが重要なところだが、地球の自然的場所のあり方からして、重力の中心はいったん移動したあと、もとの位置、すなわち、宇宙の中心に再び戻らなければならない。この復元にあずかるのは、マスとしての地の元素で、地の元素は、たとえば地表のある部分の海底に堆積されて沖積層を構成するが、対蹠点に向かって直線的に、ゆっくりした速度で移動して、反対側の地表に達し、陸地を押し上げ、その表面に出るという。これは大地の隆起の理論であり、アルベルトに独自のものとされる。いかにも荒唐無稽の論のようだが、今日のプレート・テクトニクスの海洋底拡大説に何やら似ていなくもないのである。地の元素の移動による隆起も海陸交替説の一つと言えるであろうが、アルベルトには、浸食による海の形成と同じく山の形成という尋常の交替説もある。いずれの場合にも、重力の中心の移動があり、それを復元する移動があることは言うまでもない。以上がアルベルトの理論の粗描にもならぬ粗描である。なお、管見では、レオナルドは手記にアルベルトの *Quaestiones in libros de Coelo et Mundo*（天体論と宇宙論の諸問題）〔R.1421〕、*Tractatus de Proportione Velocitatum in Motibus*（運動速度比例論）〔*Carnets*, I, p.498〕の二著の名をあげ、後者については、内容の一部に反論していることを付記する。

ここで、問題の引用文に戻れば、「元素〔複数形〕の中心を取り巻いている地球の変動」という最初の文と終わりのところ、「地球の軽くなった側は上昇」するのに対して、「対蹠点は宇宙の中心にいっそう接近」するという文は、レオナルドがアルベルトの重力理論を受け入れていることを示唆する。「地球の重さを変化させる海について」という、引用文の表題に改めて注意したい。しかし、それには、なお、「元素の中心」を重力の中心と読み替えることが必要になるが、この読み替えは、別の手記に見える、「地球は太陽の軌道の中心にあるのでも、宇宙の中心にあるのでもなくて、地球に伴う、地球に結合された元素〔複数形〕の中心にある」〔R.858〕という文章によって支持されるはずである。この断片は、地球の重力の中心が宇宙の中心から移動するという「事実」を記述するものである。したがって、筆者はこれを、地動説あるいは太陽中心説の表明ではないと考える。「太陽は動かない」〔R.886〕という名高い文についても、その考えは同じである。しかし、この重大な問題の解決は、今後の詳細な検討に俟つべきであろう。付け加えれば、デュエムは、前者の文について、こう述べている、「一五〇八年、コペルニクスが宇宙体系についての、以後二十年におよぶ思索をようやく始めたころ、レオナルドはすでに地球中心説を放棄して、地球が宇宙の中心にも太陽の軌道の中心にもないことを表明していた。[7]」ともあれ、一五〇八年という日付は、この文を含んでいる、フランス学士院所蔵のコーデクス（略号F）の冒頭に「一五〇八年十月の日に」〔R.1528〕とあるからで、その冊子には、次に引用するような、化石の起源（生物遺骸の石化）についての重要な文章も記されていた。デュエムが推定するように、レオナルドの化石論は晩年に及んで、完成するのであろう。

外部骨格をもつ動物の種類は、二枚貝、カタツムリ、牡蠣、タマキガイ、等々、無数である。川の水を濁らせる細かい泥が、河口に近い水中に暮らす動物のうえに堆積すると、動物は相当な重量の泥にはまりこんで、すっかり埋没し、いつも食べている餌をとることができないので、死ぬ他はなくなる。

時代を経て、海の水位がさがり、潮水が流れ出ると、泥は石になり、すでに住人を失っていた二枚貝は泥土に満たされた。周囲の泥が石に変わっていく間に、半ば開いた貝殻の内部の泥も、ローム土の残りに接触しながら、やはり石に変化した。かくして、貝殻の形が二つの石化物の間に印象されることになった。〔*Carnets*, I, p.285〕

レオナルドがここで印象化石の成因を観察していることは興味深い。当時、化石の起源について、一般的に取り沙汰されていたのは、占星術の考え方に従って、ある星の力が地中に生み出した「自然の戯れ」と考えるか、聖書のノアの洪水によって山地に運ばれたものとするか、であったというから、[8]歴史をサンクロニックに切るなら、レオナルドの化石成因論は抽んでてオリジナルなように見える。星の影響にも、大洪水説にも、とくに後者に対しては、長文の反論がいくつか残されている〔R.987, 988, 989, 991〕。しかし、レオナルドの地球の理論はアルベルトの重力理論を受け継いだものである。レオナルドは海陸の交替について、水の作用を基本とするように見受けられるが、さきの引用文〔R.935〕の末尾の文は隆起説であって、地の元素の移動を想定している。では、レオナルドのオリジナリテはどこにあるのかと言えば、それは、「地球の変動を証言」するために、化石の研究をおこなうという方法論にある。引用文〔R.935〕のはじめの部分を参照。デュエムによると、アルベルトは化石には言及していない由である。敷衍すれば、理論の吟味のために、実験を組み立て、あるいは、観察を実践すること、それがレオナルドの方法論であった。

しかし、予め実験をおこなってから、先に進むことにする。というのは、まず実験を提示し、ついで、この実験はなぜこのような結果を生み出すのか、それを推論によって示すつもりだから。これが、自然現象を思索する者が従うべき規則である。自然はまず理法に範をとって、経験に終わるのだが、われわれはそれを逆にして、経験から始め、そこから、理法の探究に向かう。〔*Carnets*, I, pp.467–468〕

フェリックス・ラヴェッソンは十九世紀フランスのある形而上学者の特異な事実論に含まれる、アプリオリ（仮説）からアポステリオリ（検証）へという方法を論じるついで、前例として、レオナルドの手記のこの箇所を引いて、レオナルドを、「経験がいかに有用であり必要であるとしても、判断が終局に属するのは理性である」という見解をとった偉大な physicians の一人に数えている。▼9 ただし、それは経験の役割をきわめて重く見る見解であって、逆ではない。眼は経験と理論のいずれか一方ではなく、言わば、個物の経験を透かして理論を見抜いている。レオナルドの科学理論の記述は通常の帰納法の枠内に止まるものと考えられるけれども、経験が理論を試すという過程の複雑な手続きには、そして、敢えて言えば、その手続きを処理する経験にかけては、科学者というよりも技術者であった、この人物は、誰にもまして精通していたにちがいない。その結果を、レオナルドは「智慧は経験の娘である」〔R.1150〕と言った。

もっとも、科学者というよりも技術者であった、という表現は適切ではないかもしれない。レオナルドは『絵画の書』で、学問と技能についての世の評価、つまり、学問は心に生まれ、心に終わるもの、技能は経験から生まれた知識、そして、学問から生まれ、手の作業に終わるものは半技能であるという評価に反駁して、「すべての確実さの母である経験から生まれていない学問」は空しいとし、「真の学問は、経験が感覚を介して取りこむものである」(Richter, I, pp.33-34)と断言している。心に終始する学問とは、書物を相手とする研究の謂いである。それに対抗して、職人の手仕事を高く評価することがルネサンスの社会の新しい動向の一つである、とはよく聞くことで、いまさら驚くにはあたらないが、レオナルドはさらに進んで、純然たる技能ではないとしても、半技能である絵画を学問と見なす。[10] scientia della pittura(絵画学)という言葉の結合は絵画についての学問を意味するのではなく、絵画が学問であり、絵画こそは学問であるという、世評を転倒する、驚くべき主張の表現である。マックス・ヴェーバーが『職業としての学問』(一九一九)に描いたレオナルド像を是非参照してほしい。次に、レオナルドの「絵画を軽蔑する者はfilosofia(知識)をも、自然をも、愛してはいない」と題する手記から、一節を引用しておく。レオナルドが、絵画はnatura(自然)の孫であり、神の親族であると言うのを耳にするとき(自然という語の意味は、古く、大地の生成の力であった)、人は必ずやパスカルの絵画否定論(*Pensées*, B.134)を思い浮かべながら、論理をあくまでも徹底させる、レオナルドの強靱さに低頭するにちがいない。

もし君が、自然のあらゆる眼に見える作品を模倣する唯一つのものである絵画を軽蔑するようなら、君はたしかに一つの精妙な発明を軽蔑しているのだ。絵画は、知識に係わる精妙な思索でもって、物の形のすべての性質を考察する。大気と土地、植物、動物、草と花々、それらは影と光に囲まれている。実際、絵画は学問であり、自然の嫡出の娘である。というのは、絵画はあの自然から生まれるから。いや、もっと正確に表現するなら、自然の孫と言うべきであろう。なぜなら、眼に見えるすべての事物は自然によって生み出され、これらの事物から、絵画が生まれたからである。それ故、正しく、絵画を自

然の孫と、神の親族と呼ぶべきである。〔R.652〕

したがって、絵画の学は、画家、つまり描く主体の内的経験と並外れた好奇心とに基礎づけられた芸術意志にふれずに言えば、filosofia のすべての領域、天体、地球、鉱物、気象、水、植物、動物、解剖、生理、物理、光学、数学、幾何、機械、土木、木工、金工、染色、織物、服飾、建築、彫刻、音楽、文芸、神話、歴史、地誌、神学と、さらに、遠近法、黄金分割、明暗法、スフマート、顔料、その他の絵画に特有の技術的領域との全体から成る体系である。ということは、一枚の板絵といえども、題材のすべてにわたって、filosofia の裏打ちがあるということである。おのずから、レオナルドの絵画は具象の中でも具象の絵画である。ミケランジェロの絵画と彫刻にふっと差しこんでいる、美の抽象の影はまったく見られない。現代の抽象画、たとえばパリに逝った洋画家木村忠太の風景画に浮かんでくる、色の重なりと色の横の並びに浸透されて、透明となり、黒い線と化してうねる実在、雲、庭、樹木、動物、人、自転車、橋、塔、家屋を眼にしたなら、レオナルドは果して何と言うだろうか。いたずらな空想と思われるかもしれないが、筆者は、油彩画というものが数百年の歳月を経て、ついに到達した、「崩壊」の一つの極限に思いを致さざるをえない。

さて、『モナ・リザ』である。世に完璧な絵画があるとすれば、それは、『モナ・リザ』であろう。ただし、レオナルドの絵画学の意味において。すなわち、アンリ・ベルクソンの文を引くなら（「ラヴェッソン」）、「レオナルドは心の単純な視覚を展開することにより、目の前にいるモデルの特徴を一筆一筆見出して、自然の生成力を彼流に再現する」という意味において。たとえば、無限の課題に満ちている人体の表現から、文字通り一つだけ細部を取り上げれば、モナ・リザの柔軟で微妙な感触の肉づけは、「透明な油絵具を薄く何回も塗り重ね、その融合の効果」でなされていることがエックス線の調査でわかった由だが、[11] その筆遣いは存在の模倣、すなわち、骨、筋肉、皮下組織、皮下組織に蓄積される脂肪、そして皮膚という層状の構成の模倣なのである。同じ技法は、微笑を維持する口もと、頬のみならず、眉のない高い額、眼下の膨らみ、顎、首飾りのない喉、胸、また右手の手首、両手の甲、指輪のない指に及んでいるはずである。しかし、もう一つ、モナ・リザの衣裳の上衣を縁どっている二層の組紐模様を見てみよう。まず、二本の刺繍された太い撚り糸が作る細い帯に縫いこまれているのは、光沢のある絹紐の小さい八角形の輪をつないだ鎖模様であり、下の撚り糸にすぐ接している、二層目の模様は、一本の絹紐が織りなしてゆく、大きい四つ葉（六角形）の続き模様である。四つ葉と四つ葉のあいだには、六角形が二つ並んで、両側をつないでいるが、上衣の正中になる箇所には、六角形が三つあり、真ん中の六角形が左右相称の中心を示している。そして、四つ葉模様を作っている紐は模様の上の部分、撚り糸に接しているところでしか、布地に止められておらず、模様自体は布地にぶら下がっていることが、上衣のギャザーが生み出す、細かい襞との関係からわかる。また、二本の撚り糸と二層の模様は肩から背中にまわって、胸へ戻ってくるはずで、眼に見えない円環が余情をかもしている――。かような細部はすべてレオナルドのデザインであろう。ヴァザーリの『画人伝』がすでに、perse tempo（時間を浪費して）、と記しているように、レオナルドは紐模様の創作に熱中したことがある。

矢代幸雄によれば、[12] バーナード・ベレンソンは、『モナ・リザ』の overtone（含蓄）の催眠作用が、ロマン主義以来、文学的叙述を堆積させてきたので、見る者は更なる自己催眠に誘われて、絵としての本来の良し悪しを見ようとしないと、overtone の否定論を述べて、『モナ・リザ』嫌いの弁としているそうである。ベレンソンの快活と傍若無人はひとまず措くとして、[13] 文学的叙述と言うとき、必ず出てくるのは、ウォルター・ペイターの『ルネサンス』(一八七三)の一章で、その影響は相当に大きく、夏目漱石の『永日小品』の「モナリサ」にも及んでいる。ペイターはむろん「気味の悪い顔です事ねえ」などとは言わず、She is older than the rocks among which she sits と、なかなかのことを書いている。[14] 歴史の無数の経験、血と淫乱と愛と罪悪と神秘の海の黄昏の光の中に潜んで、一人、永遠の生命を保っている女人。それはヨーロッパの世紀末が創造した femme fatale(妖婦)の高雅なヴァリエーションである。しかし、高雅であるとはいえ、妖婦であることに変わりはない。ペイターは『モナ・リザ』の背景に描きこまれている「年老いた」岩山で、貝の化石が発見されることを知らなかったわけではないが、それを手にとろうとはしなかった。美は人の心の鏡ではない。リルケの言う reine Verweigerung(純粋の拒否、「心の頂きに」)、それが美の特性である。一見、すべてが受け入れられたように見えるのは、美の側の好意にすぎない。感情移入は、いかに時代の好尚に合おうとも、ロマンチックな自己催眠に終わる他はない。美の作用のすべて——それは、見る者の心に、自己に対立する自己を自覚させることにある。『モナ・リザ』もまた、恒常不変。そこには、厳しい拒否がある。見かけの自然主義に惑わされてはならない。好き嫌いを言うのは止むをえないことで、容喙すべきではないが、もし自己催眠の解毒剤を必要とするなら、それは背後の風景画に見つかるであろう。一人の優美な女人の不動の姿勢から生まれる、ともに永遠を志向する、束の間のかすかな微笑と悠久の大地の終わりなき変動。この対置の形式は芸術意志において深く、完璧であり、また filosofia において豊かに、完璧である。レオナルドという画家が、ハインリヒ・ヴェルフリンの温順な言葉を借りれば、「ルネサンスのすべての芸術家のうちで、世界に対する悦びを最も多く抱いた人であった」からである。[15]

『モナ・リザ』の背景が地質学的風景であることはこれまでしばしば指摘されてきた。新しいところでは、マーティン・ケンプが、その風景に elemental な状態を見、「世界を形作る荒々しい過程が容赦のない推移を追求しつつある」と書いている。[16] 風景の推移を担っている elements は、もちろん、水と地である。水は空気遠近法にかすむ遠景の空をさらに煙らせている激しい雨であり、高地に湖のように湛えられた降水であり、盆地に幅広く塞きとめられた流水であり、大きく蛇行する濁流である。地は青くかすんで溶けそうな山系であり、青褐色と黒褐色の岩峰であり、代赭色の泥土に覆われた扇状地であり、渓谷を水とともに駆け下る土砂である。手記には、原始海洋説を思わせる、次のような文章があるが、それを色と形に直したものが『モナ・リザ』の風景画だと言ってよい。

指摘しておけば、地表は、太古には、潮水によって平野まですっかり満たされ、一面に覆われていて、大地の骨格である山々は、広い麓を擁しつつ、高く積もった大量の土をまとって、空中にそびえていた。その後、雨が続いて、河川が増し、山々の頂きは、水に繰り返し洗われて、一部はむき出しになり、残った土地でも、岩峰は空にさらされ、土は流失した。土は山地の斜面と頂上をくだって、麓に到り、周囲の海の底を上昇させ、平地を出現させ、地域によっては、海をはるか遠くに追いやったところもある。

〔*Carnets*, I, p.289〕

しかし、話は、これだけではすまない。かような水の作用の結果として、繰り返し起こるのは、地球の全体をまきこむ大規模な変動である。そして、終局的な変動はすでに起こっている。[17] その事実をはっきり示しているもの、それが、モナ・リザの左肩のところに架かっている橋である。

橋はアーチ橋で、左岸（向かって右手）の岩山のあいだを通ってきたらしい道を対岸に結んでいる。右岸のほうは、柱廊の低い壁面をはさんで、手前の肘掛け椅子にかけたモナ・リザの身体に隠されてしまっているので、道がどう進むのか、明らかではない。おそらく、左に一部見えている岩山のあいだを、モナ・リザの後ろで抜けて、奥の盆地、いまは水が溢れている平地に向かっていたのであろう。橋のアーチは四つ見える。いちばん左のものは一筋の明るい線にすぎないが、橋床に平行する、橋桁の上部の直線がそこまで延びているので、アーチとわかる。

ところで、石造アーチ橋としては、スパン（径間）の数が四というのは異例のことではないだろうか。いま、オコナーの『ローマ時代の橋』の巻末に出ている、イタリアに現存するローマ期の橋の一覧表から、[18]スパンが大きく、計測がなされている八十例について、スパンの数を見てみると、一スパンのものが四十九と六割以上を占め、ついで二スパンが十二、三スパンが十、四スパンが一、五スパンが四、六スパンが一、七スパンが二、八スパンが〇、九スパンが〇、十スパンが一となっている。四スパンの一例（Ponte d' Augusto）は橋台と二つのアーチを残して、崩落しているが、スパンの計測値（メートル）は十九・六、三十二・一、十八・〇、十六・〇と、大と小とに倍の差があり、アーチがシンメトリーを構成していないことがわかる。イタリア以外の土地（ガリア、スペイン、アフリカ、東方）に残る橋についても（七十四例）、四スパンのものは、アフリカに一、トルコに一にすぎない。

アルベルティの『建築論』（一四八五）は著者の死後の出版だが、当時、大きい反響を呼んだ由であり、橋の建設についても一章（第四書第六章）をもうけて、実用を旨とする簡潔な文体で、技術に関する知識と経験の集成を図っている。いま興味を惹かれるのは、橋脚の数は流れの幅に関係する、と述べたあとに、

「アーチの数は奇数の方が快いと同時に、強固な橋を作る」という文章を記していることである。[19]快いというのは、奇数のスパンは、偶数のスパンのシンメトリーが持っている、眼の動きを止めるほどの安定感は欠くけれども、逆に、左右に延びる、軽快なリズムを刻み出すからであろう。そこで、イタリアの橋のスパンについていて、奇数と偶数を見れば、一と二が多いのは当然ながら、三以上では、奇数が十六、偶数が三という数字になっている。

以上のように考えてくると、『モナ・リザ』の橋のアーチを、いま眼に見えている四つだけとするのはやはり難しい。なにしろ、アルベルティが述べている、架設の場所の選定（経済性と耐久性の視点から）にはじまって、設計、施工の万端を、橋梁技術者として取り仕切ったのは、レオナルドだから。[20]ということは、もともとのスパンが五なら一、七なら三、がなお画面に隠されているということになる。筆者の考えでは、その隠されている原因は、橋の土砂の堆積による埋没である。左の端のアーチが光の帯にすぎなくなっているのも、しかり。そして、おそらく、右の端に、他と同じスパンのアーチが一つ完全に埋もれているのであろう。すぐ左隣りのアーチの岸側の橋台が、斜めになだれ落ちる堆積物ですでに埋もれているように見えることに注意したい。

ところで、この橋のアーチをコンパスでなぞってみると、半円アーチ（ライズ比＝アーチの迫高とスパンの広さとの比が一対二）であることがわかる。つまり、橋の下に入れば、天井は半円筒ヴォールトになっている。この半円筒天井のアーチはローマ建築の古典的様式であって、中世の改良を経て、ルネサンス期には、半円が欠円（弧）、楕円へと置き換えられてゆくという。そのほうが、ライズ比が小さくなり、アーケードの全体として、流水断面をより大きくすることができるからである。欠円アーチが使用された最初の例はフィレンツェのヴェッキオ橋であった（一三四五）[21]。

では、レオナルドがあえて新しい様式を放棄して、半円アーチを採用した理由は何であろうか。それは、筆者の考えるところでは、画面を支える、万象の流転という古風な象徴的観念がローマ期の橋を要求したからである。

ローマ時代の橋は頑丈で、時を経たいまも使用されているものが多い。橋は道の延長であり、道路が政治的支配の現実の基盤である以上、橋は何よりも堅牢無比でなければならなかった。たとえば、ローマ新市街（カンプス・マルティウス）とハドリアヌス帝廟を結んで、テーヴェレ川に架かるアエリウス橋（＝Ponte Sant'Angelo）。サン・タンジェロ橋は、現在、十八メートルのスパンの五つの半円アーチの姿を優美に川面に映しているが、それは一八九二—九四年の改修の結果で、もともと、一三四年の完成時には、中央に三つのスパン（十八メートル）があり、その両側に、二つのスパン（七・五メートルと三・五メートル）があった（すなわち、大小あわせて、七）。時につれて、原形は失われて、ピラネージの『ローマの景観』（c.1748）に所収の風景版画「サン・タンジェロ橋と城」では、中央にそびえるサン・ピエトロ大聖堂のドームに向かって、いちばん左の、いちばん小さいアーチが迫り出した建物に吸収され、右のサン・タンジェロ城（ハドリアヌス帝廟）の側のいちばん小さいアーチがほぼ岸の土砂に埋もれ、次のアーチも半分以上は埋もれている、という無残な姿である。原形は、やはりピラネージの『ローマの遺蹟』（一七五六）に所収の橋の断面図と、橋の側面と下部構造物の断面を一枚の画面とした、もう一枚の図によく描き出されている[22]。筆者は、一九七七年秋、奈良県立美術館のピラネージ版画展で、二枚の版画をはじめて眼にした折りの衝撃を忘れることができない。石の有機体。サン・タンジェロ橋はあたかもシベリアの永久凍土から忽然と姿を現したマンモスのような生々しさで、そこにうずくまっていた。画面を描写することはとてもできないが、とにかく、石、石、石の、縦、横、斜めの積み重ねである。川底から橋床までの高さを一とすると、川底から石積みの基礎までの深さは一・五になる。眼に見えない下部構造に、いかに工事の精力が注ぎこまれているか、まことに感嘆すべきものがある。といっても、これは、二つの図面の石積みの相違からもわかるように、ピラネージの強烈な想像力、遺蹟の復元に対する考古学の熱情と廃墟に対するロマンチックな幻想とがないまざった想像力の果実である。しかし、これだけの備えがあって、今に橋がある。そう納得させるだけの力を、ローマ人の手になる建築物はいずれも秘めているように思われる。それが、たとえば、日本の「貧弱な」橋の持ちえない力であることは言うまでもない。[23]

レオナルドが『モナ・リザ』に描いたのは、古代の橋である。

高い山々のあいだに、古代の都市の城壁と廃墟が土の増加によって埋められ隠されているのに、君は気づかないか。〔*Carnets*, I, p.291〕

そう手記に記されている、その廃墟である。土砂に埋もれつつある廃墟の橋。大地の地質学的変動のゆえに。しかし、それは、土石流の恐るべき破壊作用に抵抗している橋でもある。おのれの力学上の全構造によって。万象の流転という象徴的な観念が、では、この橋にどういう価値を付与しているかと言えば、それはcivilisation（文明）という象徴である。[24] 橋は文明の痕跡なのである。なぜなら、何千年、何万年にわたる人間の営為が言語を媒介として自然に（人間の本性と外部の世界に）刻印してきた、一切合切の心的事実と物的事実は、それらの組み合わせをどう工夫してみても、大地の変動を阻止することはできないからである。人間は自らを破壊する力を手中にしているかもしれないが、天変地異の破壊力、そのものを破壊することはついにできない。万象の流転は、すなわち、人間の流転である。とはいえ、人間はわずかに抵抗することができる。生身によるのではなく、自己の創造力が生み出した事物を通して。物質の力に抵抗することができるのは、ひとり、物質のみである。それも、堅牢な物質のみが抵抗することができる。仮に、人類が死に果てたのちにも。人間の痕跡として――。かくして、いま、文明の痕跡として、ようやく残っているもの、それが橋なのである。橋は理論と技術の具現である。単なる石の集積ではない。しかし、それは、あくまでも、人間にとっての話であって、自然には係わらない。自然は盲目の力であり、理論と技術の刻印を読み取る能力をそなえていない。橋は、だから、自然にとっては、物質にすぎず、また、十分に堅牢な物質であるが、人間にとっては、象徴としての文明である。そして、ここでは、というのは、『モナ・リザ』の背景の画面では、橋は人間の痕跡として描かれている。この画面の解釈を、例の大洪水による世界の終末というヴィジョンをもってするなら、歴史の終末、人間の終末を考えざるをえないが、果してそうなのか、じつは決めがたい。ともあれ、人間の痕跡 vestigia hominum としての橋には、明確な典拠がある。他ならぬウィトルーウィウスの『建築書』（第六書）に見える、次のような挿話である。▼25

ソクラテス派の哲人アリスティッポスは難船して、ロドス島の浜に打ち上げられ、幾何学図形がそこに描かれているのに気づいたとき、仲間たちに、こう叫んだと言われている、「希望があるぞ、わたしは人間の痕跡を眼にしている」、と。

廣川洋一によれば、アリスティッポスが島の砂浜に見出したのは、人間の単なる vestigia（足跡）ではなく、幾何学の図形、すなわち、「教養ある人間のしるし vestigia」である。というのは、ギリシアの paideia（教育、教養）の理念は算数、幾何、天文、音楽の「数学的諸学科」の学習を必須の基礎としていたからであり、また、『ディオゲネス・ラエルティオス』には、アリスティッポスの言葉として、「無教育な人間 apaideutos であるよりは、むしろ乞食であるほうがましだ。乞食に欠けているのは金だが、無教育な者には人間性 anthrōpismos が欠けているから」〔D. L. 2.70〕という言葉が出ているからである。[26] ローマ人は paideia を受け継ぎ、この理念に相当する用語として、humanitas（人間的であること）という言葉をもちいた。paideia と humanitas のあいだには、ニュアンスの相違があり、後者には、前者の学芸の教授による知的、道徳的洗練という内容に加えて、家族の生活と宗教の伝統によって育まれる、人間らしい威厳と共感という特徴が見られるという。[27] うえに引用したのとほぼ同じ挿話を、キケローもまた記しているが、そこでは、さすがに、「学識」が前面に出ている。[28]

> ある人を、嵐が沖から見知らぬ土地の荒れ果てた浜辺に漂流させたとき、他の者は場所を見知らぬために心配したが、その人は砂にある幾何学図形が描かれているのに気づいたと言われている。それを見るやいなや、彼はこう叫んだ、「元気を出せ、人間の痕跡 hominum vestigia が見つかったから」、と。彼がそれを畑の植えつけからではなく、学識のしるし doctrinae indiciis から判定したことは明らかである。

mathēma（数学）が、本来、学習されるもの（学科、知識、学問）を意味していたことは、数学の方法である証明（論証）が人間の思考の合理性と公共性の極度に純化された姿であり、論証を抜きにしては、学問という事業が成り立たないことを示している。周知のように、単なる測量術ではない、論証としての数学が成立するのは、ギリシアのpolis（都市国家）において、であった。[29] それは、文明の性格にまことによく一致する事実である。けだし、ポリスという制度が前提とする第一の事態、それはune extraordinaire prééminence de la parole sur tous les autres instruments du pouvoir（言葉が他のすべての権力の手段に対して並外れた優位に立っていること）であるから。[30] 対話、ディアレクティケー、弁論術、修辞学、自由学芸、また、一般教育科目、かく近代日本にまで舶載された、ヨーロッパの教育の理念と内容を規定してきたものこそ、「言葉」の定義としての人間的経験であった。言いかえれば、経験としての言葉なくしてhumanitasはありえない。そのhumanitasがもはや不可能になる事態、すなわち、言葉の欺瞞が徐々に進行してきた過程が近代である。その原因するところを、いま、言葉にからめて、簡潔に述べれば、事物の世界を対象とする科学の中立的言語のほうが、経験という眼に見えない現実が定義する言葉よりも、扱いやすいからに他ならない。

話がつい先走ったが、主題にもどれば、レオナルドが数学の論証性を重視していたことは、手記の、次のような文章に明らかである。

数学の諸学の一つが適用されえない学問には、数学の諸学と結合されない学問には、いかなる確実性もない。〔R.1158〕

橋梁技術者としての研鑽については、言うまでもない。▼31

そこで、さきほど記した文をもう一度取りあげて、ひとまずの結論としたい。『モナ・リザ』の背景の風景、この風景は、不当にも、しばしば夢幻的と形容されるが、この荒涼たる風景に唯一の人工物として石造アーチ橋が描かれたのは、変動してやまない大地の表面に人間と文明の痕跡を刻印するためであった。前景の肖像、モナ・リザは橋姫である。すなわち、大地の変動がもたらす人間と文明の未来についての cognitio（認識）の証人である。微笑は無知から生まれるのではない。それは認識の果実である。しかし、同時に、美は沈黙を強いる。微笑そのものを分析することはできない。私たちにできることは、モナ・リザの鳶色の眼が静かに見ているものをもう一度見つめかえすことであろう。

さて、筆者が文明の痕跡という言葉に思い至ったのは、ウィトルーウィウスを知るよほど前のことで、橋をめぐって、文明のありかをさまざまに考えていた折りであった。文明の痕跡は、ただちに、人間の痕跡である。文明は humanisme（人文主義）という、人間精神の批判的機能の精粋に他ならないからである。すでに註に述べたように、ここで、文化という言葉を使うことはできない。まして、精神文化、物質文明というがごとき、ドイツ流の上部と下部の構造の対立を考えることはできない。文明が成立するのは、都市、logos（言葉）、humanitas の三つの要素の調和があってのことである。あたかも、『ジャン・クリストフ』の着想を生んだ、夕暮れのジャニコロの丘から見渡されるローマの調和のごとくに。調和は理想である。そして、理想はつねに危うい。かような事例は歴史に事欠かない。ルネサンスが、バーゼルの賢者ヤーコプ・ブルクハルトの華麗な幻想であったように。しかし、文明が歴史の普遍的理想であること、それは、筆者の意見では、遥かな東洋から、文明の解体という名の無慙な電車に乗り遅れまいとしてかつて破滅に突っ走ったアジアの端の無慙な君主国の一隅からヨーロッパを見つめている者が決して手放してはならない、西洋理解のもっとも重要な視角である。そして、そこから見れば、ルネサンスもまた中世の末期であって、近代の始まりに位置するものではない。いま、夢のように美しい終末を迎えつつあるのは、高貴で穏和な秋の光に包まれた中世なのである。なるほど、レオナルドは近代の出発点に立っていた人と言えるかもしれない。恐るべき近代の出発点に[32]。『モナ・リザ』の画面は全体として（人物と背景を合わせて）、来るべき没落に対する予感に満ちた洞察を示しているからである。ということは、しかし、レオナルドの鋭敏で繊細な心が静かな均衡を保持している、ということである。理性と神秘との生々とした均衡。それは揺るぎない信仰の故であった。レオナルドは心の内奥に、遺言の冒頭に次のように記すまでは、誰に明かすこともなかった、自己の霊魂の救済に係わる信仰を、あたかも剣の鋭い切っ先のように潜ませていたのである、「第一に、彼は彼の霊魂をわれらが主なる神に、栄えある処女マリアに、聖ミカエルに、そして、天国の至福の天使と聖者と聖女のすべてにゆだねまつる」［R.1566］、と。世界の語りかけに対するレオナルドの全幅の信頼、それはこれまで本稿で見てきた通りだが、その信頼をこちら側で保証していたのは、内心深く畳まれた信仰であった。

遺言を記して、ほぼ一年ののち、一五一九年五月二日、レオナルドはロワール川の中流のアンボワーズの城にほど近いクルーの館で世を去った。

時は春、川沿いの美しい丘陵には草木が碧く萌えそめ、露が滴り、サヨナキドリの声が水の精の夜明けの眠りにひととき寄り添ったことであろう。そして、静謐がすべてを包みこんでいったにちがいない。

ニンフらよ、なれの住むは見るも芳しき里
わが美しのロワールは流れ　土を潤しつつ
セヴェンヌの山より来たって　アルモリカの海に入る
さては　われらとともに　ここぞと力をそそげかし
フランスの琴よ鳴るなかれ
いやまさる楽しき調べついに至るときまで。[33]

まことに、レオナルドはルネサンスの人であった。

(juillet-septembre 2007)

註

▼1　地質学的理論で、海陸交替説よりも古いものは、紀元前六世紀前半の人アナクシマンドロスの原始海洋説である。それによれば、大地は原初、海に覆われていたが、海水が太陽熱によってしだいに蒸発し、海は縮小した。現在の海は原始の海洋の名残りで、なお縮小しつつあり、いずれは干上がる時が来る。アリストテレス『気象論』第二巻第一章、また『ソクラテス以前哲学者断片集』第I分冊、岩波書店、一七八ページ参照。この理論もまた、海産貝類化石の存在を説明することができる。なお、アリストテレスの著作の参照と引用は、すべて、『全集』全十七巻、岩波書店による。

▼2　ストラボンの記事は以下の通り。「テラ島とテラシア島の中ほどで、火が海から吹き出し、四日間続いた

ので、海全体が沸騰し、燃え立った。そして、火が島を一つ盛り上げた。島は燃える塊からなり、梃子によるかのように次第に高くなった。その大きさは、周囲十二スタディアである。」（Strabo, *Geography*, LCL 49, pp.213-215）現代の知見によれば、テラ島が属するサントリーニ火山は、アフリカプレートのエーゲ海プレートへの沈みこみによって生まれた活火山で、テラ、テラシア、アスプロニーシの三島が外輪山としてカルデラを取り巻いている。カルデラは外海とつながり、その中央に、一九五〇年に噴火した新カイメニス島がある。紀元前一九七年の噴火は、隣の古カイメニス島を形成したとされる。サントリーニ火山の古典的記述は、Ch. Lyell の *Principles of Geology*, vol.I, 1830, pp.385-386 にあり、同書の増補第十版の第二巻（一八六八）には、測量図と一八六六年の噴火についての記述がある（pp.65-74）。しかし、カルデラという語はいまだ術語として用いられていない。付け加えれば、隠岐の島前の三つの島をカルデラ地形と見る推定は、サントリーニ火山をモデルとしてなされた。山上萬次郎「隠岐圖幅地質説明書」一八九六、『隠岐島誌』復刻版、名著出版、所収、参照。

▼3　レオナルドの手記の引用は、*The Literary Works of Leonardo da Vinci*, compiled & edited from the original manuscripts by Jean Paul Richter, 2 vols., Third Edition, Phaidon, 1970 により、引用文の末尾に、Richter の通し番号を付した。なお、原文の解釈にあたって、Richter の英訳、杉浦明平訳『手記』（岩波文庫）、および *Les Carnets de Léonard de Vinci*, introduction, classement et notes par E. M. Curdy, 2 vols., Gallimard, 1942 の仏訳を参照したこと、また、Richter に収録されていない文章はこの仏訳によったことを付記する。

▼4　ハンス・フィッシャー『ゲスナー　生涯と著作』今泉みね子訳、博品社、の第十章の記述に従うが、ダンネマン『大自然科学史』安田徳太郎訳編、第三巻、三省堂、の第十二章には、アグリコラが植物については化石を認めた旨の記述がある。

▼5　山の成因についての付加文は、D. Oldroyd, *Thinking about the Earth: A History of Ideas in Geology*, Athlone, 1996, pp.23-24 による。

▼6　P. Duhem, *Etudes sur Léonard de Vinci*, 3 vols., F. de Nobele, 1955. 直接係わるのは第一分冊の論考 Albert de Saxe et Léonard de Vinci, pp.1–50 および第二分冊の Léonard de Vinci et les origines de la géologie, pp.283–357 である。

▼7　寺田寅彦がドイツ語から訳したアーレニウスの『史的に見たる科學的宇宙観の變遷』（岩波文庫）にも、レオナルドが地球の公転と自転を認めた旨を述べている。原書の出版は、初版が一九〇七年である。

▼8　化石とノアの洪水の因縁についての歴史的記述は、M. J. S. Rudwick, *The Meaning of Fossils-Episodes in the History of Palaeontology*, University of Chicago Press, 1972, pp.36–38 に詳しい。なお、この書に、Leonardo was favourably disposed in general towards the idea of stellar influences, and might indeed be regarded more truly as a Hermetic 'magician' than as a premature modern man of science. (p.40) とあるが、前半の星の影響の部分は、手記の R.990 に明らかなように、まったくの誤解である。後半は誤りではないかもしれないが、「魔術師」と言うのも、「万能の天才」と囃し立てるのと同じ程度の粗雑さであることに間違いはない。

▼9　F. Ravaisson, *La philosophie en France au XIX*^{e} *siècle*, Vrin, 1983〔1867〕, p.166.

▼10　中村彝がフランス語から訳した、十五世紀前半のイタリア人画家チェンニーニの『芸術の書』（中央公論美術出版）は、周知のように、中世絵画の技術書であり、表題の Arte は技法の意味である。芸術になったいまも、絵画が手仕事であり、画家が工匠であるべきことは、この書に寄せた、画家ルノワールの温敏な手紙に説かれてある。

▼11　ルネ・ユイグ『モナ・リザ』美術出版社、三二ページ。

▼12　矢代幸雄『随筆レオナルド・ダ・ヴィンチ』朝日新聞社、五六ページ。

▼13　ベレンソンのレオナルドに対する高い評価は、次の一文に尽くされるであろう。Could a mere painter, or even a mere artist, have seen and felt as Leonardo? Bernhard Berenson, *The Florentine Painters of the Renaissance*, Putnam's Sons, 1909, p.68. この文はブルクハルトの残響である。すなわち、「レオナルドという

存在の途方もない輪郭は永久にただ遠くから予感されるだけであろう。」(Jacob Burckhardt, *Gesammelte Werke*, III, S.96.)

▼14 W. Pater, *The Renaissance-Studies in Art and Poetry*, University of California Press, 1980, p.99.

▼15 H・ヴェルフリン『古典美術——イタリア・ルネサンス序説』守屋謙二訳、美術出版社、四〇ページ。

▼16 M. Kemp, Leonardo, Oxford, 2004, p.214. さて、ここで、『モナ・リザ』の風景画が中国の山水画に関係するという、かなり昔からあるらしい説について述べておく。管見では、矢代幸雄は『水墨画』岩波新書にて、レオナルドが中国絵画を知っていたか、という問題について、ヨーロッパの古い文書館等の調査をふまえて、否定的な考えを示しているが、最近でも、田中英道『「モナ・リザ」の背景と山水画』(『レオナルド・ダ・ヴィンチの世界像』東北大学出版会、所収)のように、陶磁器を引き合いに出して、山水画が西洋に運ばれた可能性を説き、『モナ・リザ』の「とくに右側の光景には、山水と共に橋が出てきており、完全に前景の人間像と対照させた自然景のみになっていない点もまた、山水とそこに住む隠遁の士という中国的な主題と共通するのである」などと、荒唐無稽の思いつきを書いている人もいる。ケネス・クラークの両者の相違に関するまともな解釈を参照せよ(『レオナルド・ダ・ヴィンチ』加茂儀一訳、法政大学出版局、一七七—一七八ページ)。ついでながら、山水画の橋については、『芥子園畫傳』(筑摩書房)初集巻の四に、「画橋法」があり、石造アーチ橋で三つのスパンをもつもの、その他が図示されていることに注意したい。そこで、日本の南画にも、石造アーチ橋が描かれることがある。たとえば、池大雅の『六遠図』(東京国立博物館蔵)の一、「幽遠図」は前景に三つのスパンのアーチ橋を置いている。この図は一般に「深遠図」とされ、『池大雅作品集』(中央公論美術出版)でもそうなっているが、やはり脇本樂之軒の意見に従うべきである(『日本美術随想』新潮社、参照)。浦上玉堂の山水画にも、アーチ橋のかかるものがいくつもある。古くは、『山水長巻』に、アーチの橋と城門が見えるのは、雪舟の実見であろう。ジョゼフ・ニーダムの『中国の科学と文明』(第十巻、土木工学、思索社)は、中国のアーチ橋について、伝播説を取らず、全体の構成の相違から、中国人とローマ人のあいだ

には接触はないとする見解を紹介し、また、マルコ・ポーロが記述している例の盧溝橋のような弓形アーチの形式は、中国からヨーロッパに伝わったという推測を述べている。しかし、中国のアーチが、アーチの発祥の地であるメソポタミアのシュメール文化からの伝播である可能性は果してないのであろうか。シュメールについては、中国語の牛 niú（← ngü）、印欧祖語の *gwou-（→ Eng. cow）の語源を、シュメール語の種牛 gu (d) の借用とする説もある。

▼17 この大変動を、ヨーゼフ・ガントナーの言うレオナルドのヴィジョン、大洪水による世界の没落の幻想と見ることもできる。『レオナルドの幻想』藤田赤二、新井慎一訳、美術出版社、参照。本書には、レオナルドの関連するテキストのイタリア語原文も収録されている。ガントナーによれば、最初の幻想の記述はレオナルドの初期ミラノ時代のものというから（三十歳〜四十七歳）、『モナ・リザ』の制作を五十歳代とすれば、その背景を世界の没落、人類の破滅の描写とする可能性がないわけではないが、決め手がなく、また、ガントナーもそのような解釈はとっていない。「絵画による（世界没落の）表現」はずっと遅れて、ウィンザー手稿の素描に見られるという。

▼18 Colin O' Connor, *Roman Bridges*, Cambridge University Press, 1993, pp.193-201.

▼19 レオン・バティスタ・アルベルティ『建築論』相川浩訳、中央公論美術出版、一一二ページ。

▼20 レオナルドは一五〇二年、金角湾の架橋計画をトルコ皇帝に進言したことがある。詳しくは、Richter, II, p.269 の R.1109 およびその註を参照。ベルト・ハインリッヒ『橋の文化史——桁からアーチへ』宮本裕、小林英信訳、鹿島出版会、一四七—一五〇ページをも参照。

▼21 この一節は、最初の二文を除き、第三文からは、おおむね、註20の文献の一一九—一二四ページの記述による。なお、S・ギーディオンは次の書で、アーチを「ローマ建築における反古典的なるもの」と規定している。「反」古典的であるのは、ギリシアのドーリス式神殿の形式が示しているような支持と荷重の可視的分離の厳密性が失われたからである。そして、その「アーチとともにはじまった」のがローマ建築である。『建築、

その変遷——古代ローマの建築空間をめぐって』前川道郎、玉腰芳夫訳、みすず書房、一四七—一五〇ページ。

▼22 Vedute di Roma, tab. 23, in John Wilton-Ely, *The Mind and Art of G. B. Piranesi*, Thames & Hudson, 1978. また、『ピラネージ版画展』図録、一九七七、奈良県立美術館、図版六二—六五、六八、六九。

▼23 「貧弱な」という言葉は保田與重郎の『日本の橋』(初版、昭和十一年、改版、同十四年)に見えるが、もともとは、保田が参照した、濱田青陵の『橋と塔』(岩波書店、大正十五年)の形容詞で、保田はローマ人の橋を見ていない。

▼24 civilisation という語は十八世紀中葉のフランスで、つまり革命前夜の啓蒙思想の息吹とともに生まれた名詞にすぎない。動詞の civiliser(野蛮を教化する)にしても、大航海時代の産物で、新しい言葉である。しかし、語源は civis(市民)というラテン語であり、由緒正しい。ホイジンガは『汚された世界』(磯見昭太郎訳、河出書房新社)で、ギリシア語の動詞語尾 -izein がラテン語にくっつくという「語の成り立ちの醜さ」を指摘して、ダンテの civiltà がイタリア語にしか伝わらなかったことを惜しんでいる。これはラテン語の civilitas(善き市民であること)に由来するトスカナ方言で、ダンテの『饗宴』(Ⅳ—4)には、「皇帝統治の根本的な基礎は、真理に次いで、一つの目的へ、つまり幸福な暮らし vita felice へと組織された、人間の文明 umana civiltà の必要である」とあり(Pléiade 版の A. Pézard の仏訳では、la nécessité pour les hommes d' un vivre civil)、この引用文の civiltà について、ホイジンガは「言葉が文化のための表現を見出していると同時に、文化は不可欠であって人間全体にゆきわたらねばならず、幸福に仕えるものであるという大胆な理念によって精神が豊かにされている」と述べている。ホイジンガは「文化」と言うが、civiltà は「文明」とするほうが、素性が明確になる。cultura は農業に係わる言葉であって、文明が都市の様態(都市の自由民としての暮らしのあり方)であるのに異なる。筆者の言葉遣いでは、古典古代を含めて、ヨーロッパの文化は正確に文明と呼ぶことができる世界でただ一つの文化である。したがって、筆者が文明と言うとき、ヨーロッパ近代の進歩の思想は含意されていない。むしろ、逆に、文明はギリシアの polis を淵源とする制度とエートスの批判的形態であって、

その拠って立つ基盤は、普遍人間的な価値である。

▼25 Vitruvius, *On Architecture*, LCL 280, p.2. 邦訳は『建築書』森田慶一訳、東海大学出版会。

▼26 廣川洋一『イソクラテスの修辞学校』岩波書店、一―六ページ。

▼27 A・グウィン『古典ヒューマニズムの形成』小林雅夫訳、創文社、四三―四四ページ。

▼28 Cicero, *De Re Publica*, LCL 213, pp.50–52.

▼29 下村寅太郎「ポリスに於ける數學の成立」、『科學史の哲學』弘文堂書房、所収。

▼30 Jean-Pierre Vernant, *Les origines de la pensée grecque*, PUF, 1962, p.44.

▼31 たとえば、アーチの力の作用についての研究は「アーチの性質について」の題のもとに、Richter, vol.II, pp.86–94 に収録。

▼32 筆者の考えでは、ヨーロッパの近代は、次のような三つの主題の共鳴によって描き出すことができる。(1)ダンテの「地獄篇」第二十六歌のオデュッセウスの航海に始まり、マラルメの『さいころの一投』（一八九七）の船長に至る難破の主題、(2)コロンブスによるグアナハニ（聖救世主島）の住民七名の拉致（一四九二）に始まり、アウシュヴィッツに至るニヒリズムの主題、そして、(3)コペルニクスの『天球回転論』（一五四三）に始まり、ダーウィンの『種の起源』（一八五九）、ハイゼンベルグの不確定性原理（一九二七）に至る偶然性の主題である。これらの主題を主調低音のように貫いているのは、「自然」の跳梁である。それはことにフランス革命の前後から甚だしい。皮肉なことに、文明という語ができたときには、文明の解体が進んでいたのである。いま、人間的なるものは言葉により辛うじて荒廃した現実に繋がれているかに見えるが、言葉もまた言語道具説にからめとられて、解体の途上にあるから、本来の力を取り戻すことはきわめて困難であろう。しかし、人の努めて心を致さなければならないのは、言語の自然という逆説に対する信頼の回復である。それについては、巷間に見られるように、いかようにも語ることはできるが、経験の現実は本来一つの方途しか示すことができない。したがって、近代合理主義の批判と称して、東洋、その他の文化が体現しているとされる「自然」

にもたれかかるのは、まさに本末転倒であり、また、ひ弱な蒙昧主義に他ならないことを人は銘記すべきである。人生を価値あるものとする、肝心のことがそこにはない。

▼33 François 1er, *Œuvres poétiques*, Edition critique par J. E. Kane, Slatkine, 1984, p.175. 引用の詩行は「牧人アドメトゥスの歌」と題する田園詩の冒頭だが、フランソワ一世の作ではなく、王がフィレンツェの亡命詩人ルイージ・アラマンニの作を訳したものである。フランス・ルネサンスを唱導し、みずから詩作もした王の治世には、レオナルドのように、招かれて異国の土を踏むイタリア人の数はことに多かった。アラマンニもやはりアンボワーズの地で亡くなるが、その名はジョアシャン・デュ・ベレーの『フランス語の擁護と顕揚』(一五四九)に、無韻詩の作者としてすでに見えている。デュ・ベレーといえば、ローマの古蹟を歌った、この詩人・ユマニストの故郷もまた、アンボワーズの西の方、アンジュー地方のロワール川沿いの小邑である。レオナルドの六十七歳の死から三年ののち、一五二二年の生まれであった。

(付記Ⅰ)

筆者は一九六七年五月四日、京都大学法経一番教室で、「古代ギリシア哲学と現代物理学」と題するヴェルナー・ハイゼンベルクの講演を聴聞した。プラトンのイデア論(観念論)とデモクリトスらの原子論(唯物論)がそれぞれ主張する、物質の最小単位に関する理論を、量子力学が明らかにした素粒子の生成に関する記述、すなわち、エネルギーは素粒子の形をとって物質となるという定式的記述に照らし合わせるとき、現代物理学は、自然の中心には数学的対称性があるというプラトンの観念論を支持すること。そして、プラトンが記述言語の彼岸でもちいる詩人の言葉、心象と隠喩を駆使する詩人の言葉が、多様な現象の背後に潜んでいる統一についての理論の模索がなされている現在、科学者の言葉よりもさらに重要かもしれない、と淡々たる講演は感動とともに結ばれた。その後、ハイゼンベルクがエーリッヒ・ヘラーの『芸術の内面への旅』(一九六五)

の書評を書いていることを知って（『科学における伝統』一九七七、所収）、ヘラーの言う芸術の内面化とハイゼンベルクの言う科学の抽象化の同源性について、いつか書いてみたいと思いながら、荏苒として今日に至ったことをここに記しておきたい。

（付記II）

レオナルドが二年余りの日々を過ごしたクロ・リュセ（クルーの館）は往時の姿を止めている。筆者がこの館をたずねたのは、一九七五年八月八日のことであった。赤い煉瓦と白い切石を取り合わせた壁の美しい佇まい。二階の居室の窓からは、さきほど訪れた、レオナルドが眠るとされる、アンボワーズの城の聖ユベール教会堂の塔が見えたはずであるが、もう覚えていない。暗い小部屋の窓辺に懸けてあった、城と家々の屋根の眺望を写した、誰かイタリア人の画家が描いたという、古びた一枚のデッサン、いま、その細勁な線が、なぜか、強い印象とともに蘇り、耳に、ジョスカン・デ・プレの『オケゲムの死を悼む挽歌』（c.1497）の、あの、この世のものとも思われぬポリフォニーの旋律が響きはじめる。

（le 17 septembre 2007）

II

「詩集ブーム」と詩

人生論ブームとともに、詩集ブームということが言われている。なるほど書店には、いく種かの詩人全集や詩の心得式の書物が見られる。売れゆきもよいという。ブームである。この現象については、すでに詩人や評論家が、楽観論と悲観論とをこもごもに語った。楽観主義者は、売れるから本屋が出すのだ、と言い、悲観主義者は、出すから売れるのだ、と言っている。ともに読者を（購買者を、ではない）無視する点で甲乙ない。人生論の場合やさきの歴史ブームでもそうであるが、これらのブームの原因の一つが読書人口の増加であることはもちろんである。彼らは何かを読まねばならない。歴史、小説、人生論、詩、等々。しかし、歴史や小説はまだしも、人生論や詩を、成年もしくはその年代以後の読書人がはたして読んでいるのか。当の詩人、評論家、そしてきわめて少数の一般人を除けば、答ははっきりと否定的である。したがってこれらのブームを支える読者層は、高校生から大学生を中心とする青年である。大人は、実質的に代金を払う購買者にすぎない。そんなことはあたりまえだ、と言う人があるかもしれない。言うまでもなく、感傷的人生論と感傷詩が高校文芸誌またはグループ雑誌の特色である。また、話を詩に限るが、日本語で、詩的あるいは文学的という修飾は、「空想的」という意味あいを持たされている。詩など読めるか、というわけである。しかし、実は問題はここにある。詩は決して青年の手に負える代物ではないのである。感傷詩は詩ではない。私は青年が詩の真摯な読者でありえない、などと言うつもりはない。私は彼らを尊重する。

さて、詩集ブームという現象がはしなくも明したことはつぎのことである。詩は決してブームたりえない、ということ。詩の本がよく売れているのなら、それは消費者の購買能力が詩にまで手を伸したためにすぎないと、いうこと。問題は、売れる、売れない、ではないし、また日本人がとつぜん詩を読みだしたわけでもない。読む者は黙って読んできたのである。私たちは、楽観的である必要もなく、悲観的である必要もない。

では、なぜ詩はブームたりえないのか。解答は単純である。詩は、詩人にとっても読者にとっても、難しいものであるからだ。ただし、この単純さは無限の陰翳を帯びている。

現代において、詩の衰退は世界的な現象である、と言えば言える。日本においてことにそうであるし、過去においてもそうであった。日本における文学とは「小説」のことである。詩集ブームという表現が、よくこのことを示している。周知のように、わが国の近代文学は、西洋近代文学の、とつぜんのあわただしい移入とともに始った。その出発が、伝統的文学、直接には江戸文芸とのいちおうの訣別であったことはもちろんである。近代詩もこの例外ではなかった。井上哲次郎、矢田部良吉、外山正一による『新体詩抄』（明治十五年）は、文字どおり、新体詩の提唱である。いうまでもなく、「旧」体詩は、和歌、俳句、漢詩等をさす。ついで、森鷗外の訳詩集『於母影』（明治二十二年）、上田敏『海潮音』（明治三十八年）にいたって、西洋近代詩の紹介は一つの頂点に達した。これらの訳詩集（『新体詩抄』も十九篇中、創作は五篇にすぎない）に収められた詩篇は、おおむね抒情詩である。明治の詩人たちの西洋詩にたいする関心は、おもに近代抒情詩にあったのであり、彼ら新体詩人たちによる詩の革新運動は、島崎藤村の詩業をみればもっとも明らかなように、抒情詩を中心としていた。わが国の近代詩史において、もっとも叙事的な詩人である、土井晩翠が、ホーマーの『イーリアス』(昭和十五年刊)の翻訳をはじめて発表するのは、大正三年である。ところで、わが国の詩の伝統は、古代以来、抒情詩である、と言うことができる。私たちは、『万葉集』や『山家集』や『芭蕉七部集』をもつが、『イーリアス』も『神曲』も『失楽園』ももっていない。したがって、明治の詩の運動は、あくまで「体」の問題だったのであり、本質的な意味での革新はありえなかったし、新体詩人たち自身、その必要を感じなかった。彼らは、自分たちの内の伝統的感覚で、「新しい詩歌」を歌い、かつ西洋近代詩を十分に理解できると信じたのであった。以後、わが国の近代詩はほぼこの路線をたどることとなった。

しかし、すくなくとも十九世紀後半以後の西洋近代詩は、たんに彼らが理解したごときものではなかった。古代、中世、近世をつうじて、その文学の一中心であった叙事詩は、小説の発達とともに、しだいにその中に解消されるにいたったが、なおユゴーの『諸世紀の伝説』(一八五九年)を産みだす力を余していた。ボードレールを先駆とする、フランスの象徴主義の運動、すなわち近代抒情詩の革新運動は、このユゴーに代表される、詩の叙事性、あるいは散文性にたいする、烈しい反逆であった。それは、絵画における印象主義の運動とほぼ平行している。もちろん、これらの反逆は、きわめて少数の天才たちによって、明確な意識のもとに意志的に敢行されたのであって、「運動」と呼ぶことができるものではない。

ヴァレリイが、そのエッセイ『ドガ・ダンス・デッサン』に興味ぶかい挿話を記している。ドガがマラルメと食事をしている時に言った。「僕はきょう詩を作ろうと思って、まる一日つぶしてしまった。それでもできあがらない。いい思いつき（idées）はいっぱいあるのだが。」するとマラルメが答えた、「だけど君、詩は思いつきで作るものじゃない。詩は言葉（mots）で作るのだ」と。この人口に膾炙した名文句は、じつは見かけほど解りやすいものではないのだが、いまは問わない。ただ、詩は言語で作る、というところにこそ、象徴主義の盟主マラルメの半生の苦心があったことは明らかである。詩が、抒情詩でさえも、詩人のイデーや感動によって内部から奔出する時代は、すでに去った。詩はただ言語によって作られるべきである。この孤独な信念がいかにおよびがたい深みにまで達していたかを、マラルメの青年時代の書簡が公表されるまで、誰ひとり洞察することはできなかった。

一八六六年といえばマラルメは二十四歳であるが、彼はこの年、驚くべき探求を敢行した。彼は、いったん「死んだ」のである。もちろん肉体が死ぬわけはないので、これは「魂の中の死」である。簡単にいえば、詩作の極度の内的集中のうちに、詩人の自我はたんに言語の運動の場になりおわったのである。この場においては、思考しているものは、もはや「わたし」ではなく、言語がみずからを思考しているのだ。詩人は、その実体化した虚無のうちに、みずからの「死」を感覚する。ここで注意しなければならないのは、この探求が形而上的なそれではない点である。形而上的探求は現実には、何ものも探求しない。マラルメのこの経験は、形而下の意識体験である。

ユゴーのごとく、詩のうちに、歴史や哲学や伝説やその他あらゆるものを投げこむことは、詩のもつ独特の魅力をそこなうことである。ポーの大きな影響のもとにボードレールが着手した、この抒情詩の近代革命は、マラルメにいたって、絶体絶命の袋小路となって現出したのである。詩人が用いる言語は、私たちがいつも使用している共通言語以外のものではない。ただ、私たちの言語活動は、マラルメが言うように、ほとんどすべての場合、貨幣的価値しかもたされていない。紙幣といえばよくわかるはずだ。千円札の実質的な価値はまず十円以下であろう。しかしそれは、千円の価値をもつものとして、千円の定価をもつ商品と交換される。私たちの言語活動はふつうはこれと同じである。話者の意味することが理解できれば、発話された言葉を、いつまでも覚えておく必要はない。言葉そのものにはなんの価値もない。つまり、このコミュニケーションの機能は、言語のもつ重要な役割である。しかし、詩が何を伝達するのか。詩は何ものも伝達しない。詩は詩であれば足りる、と彼らは確信した。言語のもつ固有の魅力を、語のなんらかの組み合わせのうちに定立すること。このことはすなわち、言語の貨幣的機能の剝奪である。詩人といえども、言語を創造することはできない。それゆえ、彼らは、こういう作業によって、言語の純粋性を定立しようとするのである。彼らは言語を検討する。マラルメがフランス語のすべての単語について一度は考えたことがあるのではないか、とヴァレリイは推測している。言語は、音と意味とをもつ実体として、詩人の意識のうちに、据えられる。異様な内的集中の瞬間である。この時、言語は、音楽における音のごとく、絵画における色のごとく、あらゆる意味を剝奪され、ひとつの象徴として存在するのである。詩人たちは「象徴の森」をさまよう。マラルメは、この未知の森にもっとも深くわけいった探検者であった。

一八六六年の探求は、何よりもまず、純粋言語の体験である。言語の純粋状態は、詩人の自我作用の停止、その死のうちに、発見されたのである。この事情の必然性については、今日成果をあげつつある構造主義の言語学が、人称性あるいは主語性の問題として、近い将来に説明をあたえるだろうと思われる。さて、マラルメの詩学は、かくのごときまさに致命的であった体験に支えられている。「詩は言葉で作るものだ」という彼の名言は、この体験の簡潔にすぎる表現なのである。しかもこんな詩学が詩人に豊富な作品を約束するわけがない。以後三十年にわたるマラルメの創作活動は、「不毛」と「晦渋」という二つの形容詞で飾られることとなった。

ここでもっとも重要であることは、かつて小林秀雄が指摘したように、彼ら象徴主義詩人たちの抒情精神は、ポー伝来の批評精神と一体であったということである。彼らは科学の発達と実証主義の思潮のうちに育ったのであって、甘美なる抒情にただ酔うことは許されなかった。抒情詩の絶対性、つまり言語の純粋性を追求するのは、彼らの尖鋭な感受性であると同時に彼らの精密な知性であった。彼らは、その絶望的な作業を行なうことによって、失われた自我の回復を願った。彼らが残した数少ない作品は、彼らの精神の美しい軌跡である。

おおざっぱに言って、フランス近代詩の革命運動はこういうものであった。西洋の抒情詩にひそむ、時流に抗した、あの苛烈な反逆と絶望と孤独は、明治の読書人の理解をはるかに越えていた。批評精神はついに移入されなかったのである。たとえば上田敏は「海潮音序」にこう書いている、「詩に象徴を用ゐること、必らずしも近代の創意に非らず、これ或は山獄と共に旧きものならむ。」だが、象徴こそは、フランス近代詩人の「創意」であった。象徴主義についての多少とも本格的な理解はおそらく、岩野泡鳴訳のシモンズ『表象派の文学運動』（大正二年）を俟たねばならない。それでも、辰野隆さえ昭和五年に、芭蕉の一句にマラルメを発見したりしている。

外国文明・文化を受容する際のいわゆる「日本的歪曲」は、近代詩の場合にも顕著である。明治の詩人たちは、反逆するにも、当の対手、すなわち伝統的詩歌はすでに束縛力を失くしていたのである。彼らはひたすら自由を享受したように見える。しかし、彼らは自由であったが故に、西洋近代の抒情精神をつらぬく批評精神を学ぶことができなかったのではないか。それなら彼らは自由ではなかったことになる。彼らは、伝統的心情、いわゆる日本的感受性に、じつはとらわれていたのである。彼らは、それでもってしか、西洋の近代詩を理解しなかった。この欠陥こそ、日本の近代詩が、文学の傍流に終らざるをえなかった主な原因ではないだろうか。

明治の詩人たちは問わないとして、私たちはどうであろう。現代詩の奇妙に混乱し錯雑した状況は、あいも変らぬ批評精神の欠如を物語っていないか。現代詩は、私たちに、抒情的であると同時に批評的な、日本語の経験を、要請しているように思われる。日本語の真にラディカルな詩は、そこから生れるであろう。それまでは、「詩ブーム」などとはとんでもない話なのである。

付記

本文中、明治の訳詩集の詩篇について「おおむね抒情詩である」と言うのは、やはり勇み足である。『新体詩抄』の訳詩、『ハムレット』の「生きるか死ぬか」の一節、創作詩、「社会学の原理に題す」のような作例に明らかなごとく、当時旗をあげた人々は「少しく連続したる思想」（新体詩抄序）を盛ることのできる長編の詩体を目標としていた。彼らの思想は時代の支配的イデオロギーにすぎないが、ともかく、自由民権運動の頽敗の中で、北村透谷の思想詩を生み出すことになる。その流れを断ち切ったのは、『若菜集』（明治三十年）である。透谷の挫折が（石川啄木の夭折とともに）、昭和の十五年戦争にまで至る近代詩の内部からの閉塞を助長する大きな事件となったことは明らかである。本文は舌足らずで、重要な論点を逸している。

（二〇一七年八月記）

マラルメの「YXのソネ」について

「詩とは、存在の神秘な意味の、固有のリズムに還元された人間の言語による表現である。こうして、詩はわれわれの滞在に真正さを与え、魂の唯一の仕事を作りあげる。」[1]

マラルメは、一八八六年に、アンケートに答えて、詩をこう定義している。この時、彼は、ちょうど二十年まえの一瞬時を思ってはいないか。簡明な、おちついた言葉づかいのかげには、暗く、重い感動が身をひそめている、と思われる。

神秘な意味を持った存在を、マラルメがはじめて感覚するのは、一八六六年四月である、と推測される。ふつう「形而上学的探求」と呼ばれる、この経験について、マラルメ自身はいかに語っているか。唯一の資料は彼の書簡である。

「詩をこの点まで掘りさげつつあるとき、ぼくは、不幸にも、二つの深淵に出あい、それらがぼくを絶望さ

せる。その一つは虚無 Néant である。[2]」（六六年四月）

「ぼくの精神は、永遠のなかに、死につつある。」（五月）

「虚無を見いだしたのちに、ぼくは美を見いだした。」（七月）

「ぼくは死んだ。そして、ぼくの精神の最後の小箱の鍵をたずさえて、蘇えった。」（七月）

つぎに引用するのは翌年五月の書簡で、もっとも総括的な内容を持っている。

「ぼくは恐ろしい一年をすごした。ぼくの思考はみずからを思考し、一つの純粋な概念に達した。この長い苦悩のあいだに、ぼくの存在が、当然のことながらこうむったすべてのことは、語りつくすことができない。しかし、幸いにも、ぼくは完全に死んだ。そして、ぼくの精神が冒険をこころみることができる、もっとも不純な地域は、永遠である。」

「ぼくはいまや非人称的 impersonnel であり、もはや君の知っていたステファヌではない。かつて自己であったところのものを通して、見られ、発展する、精神的宇宙に属する一能力なのである。」

impersonnel という語に注意したい。虚無、死、非人称性、これらは同一の感覚についての等価な表現である、と思われる。ここでさらに注意しなければならぬことは、この時、マラルメは「エロディアード」または「半獣神即興」を苦吟していたことである。感覚は、詩作の集中した意識のうちに生れたのであった。すでにこのころ、彼はポーを知っており、言葉に固有の魅力と効果とについてのポー的厳密性をみずからに課していた。だから、うえの経験は、すぐに「作品」の意図と結びつく。

「三篇の詩、エロディアードはその序曲であるが、それらは、人間がかつて達したことがなく、これからも達することがないであろう純粋性を持つものだ。（中略）四篇の散文詩、それらは、虚無についての心的概念に関するものだ。」

ここに、青年詩人の野望を見ることはあやまりである。経験があまりに大きく反響しているのだ。

さて、このマラルメの経験は、われわれにとって何であるか。

マラルメは、六七年五月以降、わずかに、『第二次現代高踏詩集』に「詩編エロディアードの古代舞台的習作の断章」を投稿したのを除いて、七三年の「葬の乾杯」まで、詩作品を発表していない。今日明らかになっている、この時期の未発表作品はつぎのものである。

Ⅰ　ソネ「それ自身のアレゴリーであるソネ」一八六八

Ⅱ　ソネ「無題、時古りし東洋から……」一八六八

Ⅲ　コント「イジチュール、あるいはエルブノンの錯乱」一八六九—七〇?

Ⅳ　ソネ「二者択一」一八七〇?

Ⅴ　覚書「方法について」一八六五—七〇?

Ⅵ　覚書「ノート」一八六九

この稿でとりあげる「YXのソネ」（これは通称であるが）は、ⅠのソネSonnet allégorique de lui-même の決定稿である。経験の直後に発想された作品を検討するわけである。

決定稿は、無題であり、一八八七年刊の『マラルメ詩集』にはじめて発表された。▼3

決定稿

Ses purs ongles très haut dédiant leur onyx,
L'Angoisse, ce minuit, soutient, lampadophore,
Maint rêve vespéral brûlé par le Phénix
Que ne recueille pas de cinéraire amphore

Sur les crédences, au salon vide: nul ptyx,
Aboli bibelot d'inanité sonore,
（Car le Maître est allé puiser des pleurs au Styx
Avec ce seul objet dont le Néant s'honore）.

Mais proche la croisée au nord vacante, un or
Agonise selon peut-être le décor
Des licornes ruant du feu contre une nixe,

Elle, défunte nue en le miroir, encor
Que, dans l'oubli fermé par le cadre, se fixe
De scintillations sitôt le septuor.

その純粋の爪は高く縞瑪瑙をかかげ
苦悩は　この深夜　火をささげ
フェニックスに焼かれたいくたの夕べの夢をつかんで
はなさない　夢は灰となっても　壺はない

空しい部屋　棚のうえ　ブティックスはない
うつろにひびくつまらぬ廃物は
（というのも　部屋の主人はスティックスの涙を汲みに
虚無が誇るこの品一つを持って　出かけているから）

けれど　北に開いた窓近く　黄金は
いまわの際の光を放ち　おそらくはそれに応えて
火を吹きかける一角獣の縁飾り

水の精は　その火に　裸形をさらし鏡のうちに死んでゆく
すると　枠にとざされた忘却のうちに　たちまち
身を据える　きらめきの七重奏

初稿

Sonnet allégorique de lui-même

La nuit approbatrice allume les onyx
De ses ongles au pur Crime lampadophore,
Du Soir aboli par le vespéral Phœnix
De qui la cendre n'a de cinéraire amphore

Sur des consoles, en le noir Salon: nul ptyx,
Insolite vaisseau d'inanité sonore,
Car le Maître est allé puiser l'eau du Styx
Avec tous ses objets dont le rêve s'honore.

Et selon la croisée au nord vacante, un or
Néfaste incite pour son beau cadre une rixe
Faite d'un dieu que croit emporter une nixe

En l'obscurcissement de la galce, Décor

De l'absence, sinon que sur la glace encor
De scintillations le septuor se fixe.

こよい　夕べのフェニックスに廃され
燃えあがる純粋の罪
夜は　罪の火種をうべなって　爪の瑪瑙に火をともす
けれど　罪が燃えつき灰となっても　骨壺はない

まっくらな部屋　小卓のうえ　ブティックスはない
あやしく空しい響の器は
それは　部屋の主人が　スティックスの水を汲みに
夢が誇る品をすべて持って　出かけているから

そして　北に開いた窓にそって
いまわしい黄金は　うつくしい枠のためにと輝いて
神のおこす争いを煽り　水の精は
この神を　鏡の暗みに引きこもうとしている

不在の飾り　鏡にはなお
きらめく七重奏が定着せぬとしても

初稿は、七八年五月−七月に創作され、『ソネとエッチング』という書物に協力するため、七月、友人に送付された。しかし、この書物には採用されなかった。友人たちは、このソネを理解できなかった、という。

ソネを同封の書簡で、マラルメは、この詩篇についてくわしく説明を行なっている。

「これは、この夏一度考えておいた、言葉について企図された研究についての、ソネだ。これは逆なのだ。このソネに意味があるなら、その意味は語そのものの持つ蜃気楼によって喚起される、とぼくは言いたい。（中略）ぼくは、あらゆるやり方で自己を反映する、何ものでもない nul ソネ、という主題をえらんだ。」

のちに見るように、これはきわめて示唆的な文章である。

これら二つのソネの脚韻のふみ方は破格である。このことについて、マラルメは、初稿制作直前の書簡に書いている。

「ぼくは ix の脚韻を三つしか知らない。ptyx という語のほんとうの意味を調べて知らせてほしい。こんな語はどの国語にもない、と言う人がいる。そうなら、脚韻の魔法によってこの語を創りだす魅力を自分にあたえるのに、まことに都合がいい。」

ソネ同封の書簡には、

「これを何度も低く朗誦すると、かなり魔術的《カバリスティク》な感覚をおぼえる。」

「YXのソネ」という通称は、この魔術的な脚韻に由来する。

第一カトランから検討する。onyxは瑪瑙だが、ギリシア語で爪の色をいう。phénixを、研究家は一致して、太陽と解する。初稿と決定稿に、かなりの語句の修正があるが、全体の骨組は変っていない。夜、夢は苦悩とともにある。しかも、夢を受けいれるものとてない。

かつて、いかなるptyxもない。この語については、マラルメが、創造すると書いているために、たとえば、貝（ヌーレ）、つぼ（デーヴィス）、角笛（シャッセ）、女性器（モーロン）、子宮（コーン）、等々の解釈がある。文脈的には、部屋のMaîtreが、三途の川の水を汲みにいくobjet(s)であるので、こういった類似の解釈が生れるのであろう。原語はギリシア語で、ひだ、を意味する。

ヒントは、テキストの中に二つある。一つは、ptyxが、夢（初稿）、あるいは虚無（決定稿）が自慢にするものであること。もう一つは、ptyxが、むなしい響きの異様な器（初稿）、あるいは、むなしい響きという廃物（決定稿）、と同格であること。

明らかに、虚無という語は、マラルメの六六年以来の経験に、発想の根をはっている。すでに見たように、この経験は、言葉の全効果を計量する内的集中の時間に突発した。夢については、まず六六年一月の書簡に注目すべき文句がある。

「ぼくは、昨夜、夢をその裸体のうちに見た。」

ついで、六八年の書簡に、

「ここ二年のあいだ、ぼくは、夢をその理想的な裸体のうちに見る、という罪を犯した。そしていまや、純粋著作という恐ろしいヴィジョンに達し、理性も、日常用いる語の意味も、ほとんど見失った。」

夢は、ここでは、詩作という極度に統一された意識のうちに現れる、ある純粋性、として把握されている。ここで、さらに重要であるのは、罪という語の使用が、初稿と共通することである。書簡の罪は、péché、テキストは crime であるが、詩篇ではより鋭い音を持った後者が採用されたのではないか。決定稿で Angoisse という語が用いられたのは、罪に対する罰としてである、と思われる。

さて、ptyx とは何か。それは、言葉、ではないだろうか。日常的な意味を失った言葉は、むなしい響きの異様な器、廃物、でしかない。マラルメ自身、ptyx が意味のない語であることを望んだのではなかったか。研究家がさまざまな解釈をほどこすのも、それが端的に言葉であるからだ。

nul ptyx. ところで、そういった言葉さえ、ない。というのは、Maître は、ptyx を持って、三途の川に水を汲みに出かけたからだ。水を汲みにいくという表現は、汲んで帰ってくる、ことも言表する。これは、明らかに、「ぼくは死んだ、そして蘇えった」という、マラルメの叫びに照応している。

Maître は詩人である。

そして、詩人は不在である。では、何が在るか。

テルセ。はじめの四行は、初稿、決定稿ともに、部屋に懸けられている鏡、についてである。モンドールの『マラルメ伝』につぎの文章がある。「アヴィニヨンで購入され、金のはげおちた、争っている一角獣の飾りのついた、古い鏡。」マラルメの想像力は、この一角獣について働いている。

Décor de l'absence――この、重要ではあるが、説明的な句が決定稿で除かれるのは、当然であろう。鏡こそは、この不在の夜の、唯一の装飾である。そして、鏡には、北に開いた窓を通して、北斗七星の輝きが反映している。

在るものは、ただ星のまたたきのみである。

初稿の奇妙な表題、それ自身のアレゴリーであるソネ、とは何を意味するか。すでに見た、ソネ同封の書簡にあるように、このソネの主題は、ソネである。ソネはいかにあるべきか、についてのソネ。つまり、このソネは、あるべきソネのアレゴリーでしかない。あるいは、「言葉について企画された研究、についてのソネ」。

では、言葉についての研究は、いかなる成果をあげているか。

まず、「YXのソネ」の検討からは、つぎの二点が得られる。

一、詩人は不在であること。

一、星が反映していること。

書簡による主題の定立——自己を反映する、何ものでもないソネ。

そして、マラルメは、六七年九月の書簡につぎのように書いている。

「ぼくの思考は、みずからを思考するにいたった。（中略）ぼくは、偉大な感受性のおかげで、詩と宇宙との内密な相関関係を理解した。そして、詩を純粋にするために、詩を夢と偶然とから脱出させ、宇宙の概念と並置する、という意図を抱いた」

この文章は、マラルメの前年来の経験を、みごとに要約している。不敵な沈着さ、さえ感じられる。「YXのソネ」は、この文章を十四行の詩と化したもの、と言える。

詩人は不在である、という定言は、思考はみづからを思考する、という文に照応する。

星が反映している、という定言は、詩を宇宙の概念と並置する、という文に照応する。

以上で、「YXのソネ」の検討をおえる。結論的にいえば、このソネは、六六年以来の、詩の探求についての報告である。破格な韻のふみ方、幽暗な舞台の設定等は、探求に際しての、マラルメの暗い不安をよく形象化している。実際、マラルメは、重い神経症にかかり、錯乱にちかい時間をすごしたのであった。そして、彼自身の言葉を借りれば、彼は、おもむろに、一人の新しい人間を形成したのであった。

一八九七年に完成された詩論、「詩の危機」の一節――

「純粋な作品は、詩人の、語り手としての消滅を含んでいる。彼は、語にイニシアチブをゆずる。」

詩作品における言語についての、こうした確言は、明らかに、青年時代の探求に基づいている。経験が貫流しているのだ。

最初の問いにもどろう。若きマラルメの経験とは、何か。

それは、書くという行為についての根源的体験である。

この体験のうちにあっては、マラルメの表現をもちいれば、思考がみずからを思考している。言いかえると、言語が言語を語っているのだ。詩人はもはや考える主体ではなくなっている。この主語性の喪失を、彼が非人称的という形容詞を使っているから、非人称性と名づけよう。一人称の非人称への転化の経験、これを、マラルメは、死と呼んだのである。「ぼくは」死んだ、のだ。死に対する感受性は、虚無をしか感覚しないであろう。一八六六年四月に、彼を、とつぜん襲い、極度の不安と困憊とに追いやった、虚無とはかくのごときものであった。

彼の探求が、よく言われるような形而上学的探求でないことを確認しておきたい。ヘーゲル哲学の影響を言う研究家があるが、たとえマラルメがヘーゲルの著作を読んでいたとしても、そんなことで片づく問題ではない、と思われる。

では、この意識の非人称性について、今日の、構造主義の言語学は、どういう説明を与えてくれるだろうか。

たとえば、エミール・バンヴェニストは、つぎのように書いている。

「人間が、主語として、定立されるのは、言語活動のうちにおいてであり、言語活動によってである。なぜなら、実際のところ、言語活動のみが、その現実性のうちに、自我の概念を確立するからである。そして、言語活動の現実性とは、存在の現実性に他ならない。▼4」

ソシュール以来、言語は、ラングとパロルの二つの側面から捉えられている。ラングは、それのみで現実に成立することはない、抽象された法《コード》であり、いつも、発話《ディスクール》を通してパロルとして実現される。

「わたし」についてはどうか。

たとえば、人が「机」と言うとき、話す者も聞く者も、それが何について言われたか、をすぐ理解する。

しかし、人は、この意味で「わたし」を理解するだろうか。

人は「わたし」と言う。だが、彼と向きあっている他者もまた、「わたし」と言うのだ。

人称《ペルソン》という概念は、ギリシア語のプロソーポン（＝面、マスク）に由来する、という。人称代名詞は、つまり能面のごとき役割をはたしているのだ。面は、誰がつけても、同じ役をつとめる。

人は、「わたし」を理解することはできない。「わたし」という人称代名詞は、何ら確定した実体を持っていないからである。それは、空虚な記号であり、意味するものは、意味されるものを欠いている。しかし、それだからこそ、「わたし」は、パロルとして現実化されるのだ。

ところで、バンヴェニストによれば、三人称という人称は、動詞変化または代名詞変化の一形態でしかない。それは非人称でしかない。それは非人称であるにすぎない。というのは、三人称は、いつも、発話《ディスクール》という状況に対して外部にある事物に照合しているからだ。

ディスクールが必要とする人称は、したがって、一人称と二人称とである。主語性は、「わたし」と言い、「きみ」と言うことによって、はじめて獲得される。

さて、さきに引用したバンヴェニストの文章を思いおこそう。「言語活動のみが、その現実性のうちに、自我の概念を確立する。」

マラルメの経験はどうか。書くという行為の徹底した追求は、彼を、非人称性の経験に追いこんだのであった。では、書くとは何か。それは、言語活動ではないのか。言語活動でないとすれば、それはいったい、何であるのか。

この問いこそは、文学の到りついたもっとも根源的な問いである。現代文学は、なおこの問いをのりこえてはいない。マラルメは、一八九四年の講演、「音楽と文芸」において、この問いをはっきりと表明している。「文芸というようなものは存在するのか。」彼は、この問いがもたらす不断の危険と不安に生涯を委ねたのであった。

マラルメは、つぶさに準備をかさねてきた詩集の刊行を見ず、一八九八年の秋に死んだ。このとつぜんの死は、謎めいている。死因は、喉頭痙攣による窒息ということになっている。だが、たとえば、サルトルは、舌をまきこみ窒息したのだと、つまり、自殺だと推測している。死の前日、第一回の発作の数時間後に書かれた遺書に、そう思わせるふしがないわけではないが、断定はむずかしかろう。しかし、この解釈は、詩と死との関係構造を明す端緒となるはずである。

さて、さきほどの問いにもどろう。書くとは、何か。問いを一歩進めるために、マラルメの書簡の文章を思い出そう。語っているのは、もはや「わたし」ではない、言語が、言語を語っているのだ、と。

みずからを語る言語とは、何か。

モーリス・ブランショの美しい書物、『文学空間』は、おおくの鋭い見解に満ちている。

たとえば、

「詩や文学において、言語は、日常言語に対して、事物に対するイマージュのごときものとならないか。人はとかくこう考えたがる、詩とは、他の言語以上にイマージュに権利を与える言語だ、と。それは、おそらく、はるかに本質的な変質を暗示しているのだろう。つまり、詩作品は、それが一定数のフィギュール、暗喩、直喩、等を含んでいるから詩作品であるのではなく、逆に詩作品は、何ものもそこではイマージュをつくらない、という特性をもっている。だから、われわれが探求していることを、別のかたちで言いあらわそう。つまり、文学においては、言語そのものが、ことごとくイマージュとなるのではないか。かずかずのイマージュを含んだ言語でも、あるいは、現実をフィギュールであらわす言語——イマージュに富んだ言語でなく——言語のイマージュである言語、あるいはさらに、イマジネールな言語、誰が語っているのでもない言語、になるのではないか。ちょうど、イマージュが事物の不在の上にあらわれるように、それ自身の不在の後にはじめて語られる言語、となるのではないか。[5]」

ブランショの、この文章は、マラルメの経験の全体を明かすものであろう。

書くという行為の根源的な体験は、イマジネールな言語についての経験である。みずからを語る言語とは、言語のイマージュである言語でなくて、何であろうか。

イマージュは、事物の不在によって成立する。それ故に、言語のイマージュは、詩人の不在を、死を、非人称性を、あえて言えば、マラルメの経験の全体性を要求するのだ。

サルトルが言っているように、マラルメの詩は、自殺と等価である。彼の作品の晦渋と不毛とは、すべて、彼の詩学が、かくのごとき二律背反をはらんでいることに原因する。

だが、しかし、問題はなお提出されている、と思われる。

言語の想像力とは、何か。

註

▼1 H. Mondor, *Vie de Mallarmé*, p.438 による。

▼2 書簡は、すべて、Mondor 編 *Correspondance1862–1871* による。

▼3 テキストはともに、Mondor 編 *Œuvres complètes de Mallarmé*, ed. Pléiade による。

▼4 E. Benveniste, *Problèmes de linguistique générale*, p.259.

▼5 M. Blanchot, *L'Espace littéraire*, p.25.

巨樹の翁

『十二支考』を見ていて、ひどくうれしかったことがある。
「北亜細亜の諸民族に尊ばるゝシャーマンは、較《ヤヤ》奥州の馬形の巫神オシラサマに似た馬頭杖を用ゐて法を行ひ、霊馬に乗て冥界に馳せ往き、神託を聴き返ると信ぜられ、云々。」

これだけのことだが、以前、パリの人類博物館で、ツングースの一部族ブリヤートのシャーマンの呪棒を見た折の心の動きが、つとよみがえる。中央でやや曲った一メートルばかりの細い棒は、馬頭形ではないか。オシラサマに出会ったと思った。ほんとうは、思ったのではない、ただ出会ったのだが、説明はむずかしい。かなり大きい鉄鐸が、三つずつ、二個所に下がっているのに、あらためて気がついた。かつて、諏訪大社上社の宝物館で見た、さなぎの鐸がにわかに頭をかけめぐる——。

南方熊楠は、あるいはイギリスで馬頭杖を目にしたことがあるかもしれない。そう思わせるのは私の感動であって、はやく明治四十三年に書かれた「馬頭神について」に、シャーマンは出てこないが。

オシラサマは一対の神体である、一方の姫形をおいて、馬頭だけを取りあげるわけにはいかない。それはそうだが、『遠野物語』六九の馬娘婚姻譚、オシラ祭文に由来し、さらに古代中国の文献にさかのぼるあの美しいものがたりの結構が、いまもシベリアの野に行われるという馬の供犠とそれに引続くシャーマンの昇天儀礼の記述に類似することも事実である。

そして、書物に見出される類の事実、つまり類話ということが、南方熊楠の博物誌の方法の基本ではなかっただろうか。

『金枢篇』(南方熊楠)の著者、フレーザーの名がうかぶ。渉猟に渉猟をかさねて、類話を収集し、比較し、鋭い洞察で読みぬく力技においても、二人は同時代の人である。理論の骨格が、フレーザーの方がふといと見えるのは、日本に一冊の『原始文化』もなかったからというより、むしろ、南方熊楠の学問が気質と意志とにまっすぐ根ざすからであろう。実際、傍若無人に百の枝をはったこの大樹は、いわば地球をふく風を一人うけている。

そういうことなら、あえて馬頭杖にとどまらず、南方熊楠に、はじめに、日本を俯瞰するほどにふかい民族学的経験があったと考えてよいだろう。それはたぶんアメリカ放浪中のことであり、たとえば仏教を変質せしめてきた日本人としての心性に鋭くかかわる痛切な経験であったにちがいない。南方熊楠の激憤もさびしさも、時を得てはまた、この源泉の持続に立ち返っていったことと思われる。

ミュゼ・ギメのこと

十月九日、坂の下で開かれているギメ博物館展を見に行った。

ミュゼ・ギメの名をおぼえたのは、やはりここで開かれた浄土教絵画の展覧会の時であった。パリからはたしか唐代はじめの阿弥陀浄土図が来ていた。他にもあったはずだが、もう思い出せない。敦煌から出たものだったか、黄土色の絹本が西域の砂漠を思わせたのか、ともかく浄土はふさふさと樹木のしげるオアシスの趣きであった。天蓋に吊された鐸はかすかに揺れているように見えた。あの涼しい風は菩薩たちの耳に何をささやいていたのだろう。あれからもう何年になるかしらん。

庭に出て噴水のあたりを歩きながらそんなことを思っていると、プラス・ディエナのミュゼ・ギメの黒々した建物の正面が大きく心にうかび、ひっきりなしに落ちる水の音が記憶の箱をかきまぜる。

ミュゼの向いの大理石をはりつめた豪華なアパルトマンには、わが日本の詐欺師が住んでいた。あちこちの国の得体の知れぬ男女がいつもどこかにひそんでいるふうであった。当の男はパリ大学医学部解剖学講師と称していて、ある夜、胎児の心臓はいつ動きはじめるのか、その化学的条件についての仮説を話してくれた。医者だと思っていたし、何より意表をつかれて、私は話に聞きいった。ああ、こぞの雪いまいずこ。彼が切羽つまって強盗を働いたのを知ったのは、日本に帰ってからだ。あの弁舌の才を思うとおかしくてならなかったが、いまはただ さびしいばかりだ。彼もまたどこかの監獄で往時の栄華を遺言のバラッドにつづっていることだろう。

私の友人に詐欺師に関心をもっている男がいて、ある時この話をすると、おまえの話としては例外的におもしろい、いつか是非くわしく書いておけとすすめた。しかしここですすめに乗っては、それこそ羊頭狗肉のそしりを免れまい。したがって、この文章はまったくおもしろくないであろう。

阿弥陀浄土図

ミュゼ・ギメを創立したのはエミル・ギメという人で、リヨンの染物業者であった。十九世紀のリヨンはフランスの商業全般、とくに紡績業の中心であり、父親に当る人がウルトラマリンの染料を発明したというから、巨富を築いたであろう。若くしてリヨンのアカデミーの会員であり、スペイン、エジプト、スカンディナヴィアの旅行記のほか、民俗音楽、メキシコ人の起源を論じた著書もある。とくにエジプトを含めてオリエントの宗教芸術に関心があったらしい。もっともこんなことはみんなあとで知ったことだ。

私はパリで図書館と古書店を回って、世紀末の詩人マラルメの文献を漁っていたが、一時期、ミュゼ・ギメの図書館へ通って、若きマラルメの親友で、詩人でもあったエジプト学者ルフェビュールの翻訳した『死者の書』を読んでいた。円天井の室には淡い光がただよい、イオニア式の円柱がしきった内側の円の中に、閲覧机と堅い木の椅子が無造作に並べてあった。正面奥の壇には、日本から将来された阿弥陀仏が趺座して、読書に努める人たちを見守っている（のちに、南方熊楠の世外の友、土宜法龍が法会を修したのはこの室である）。外側の壁に沿って円くしつらえてある古びた書架には、古書があふれている。二人の年老いた司書は無愛想で頑固で、そして親切であった。そこでは一切がしっかりした内面の要求にしたがって整えられているように思われた。国立図書館になじめなかった私は、あの小さい図書室へおもむくときは不思議に足がはずんだものだ。

神聖文字に倦きると、館内を散歩して、アジアの宗教芸術の豊富な展示品を見るともなく見てまわった。日本のものもあったが、さっぱりおもしろくなかった。チベットのラマ教の絵画と儀式の用具、インドのタントラ左派の絵画のような妖しい衝迫力がまったくなく、ただただ平べったく寝そべっているような気がした。館内はいつも閑散としていたが、二人連れの婦人が欠けた仏像の謎めいた視線に対して、ノートと鉛筆を手に、小声でいつまでも議論していたり、女子学生が黙りこくってシバ女神のダンスをスケッチしていたりした。いつ行っても、誰かそういう人がいた。ことに婦人が多かったように思う。ついでながら、いま生涯教育という言い方がはやっているらしいが、あんな嫌なことばはない。さっさとすたれてもらいたい。

セーヌの河岸の古本箱に、一八八〇年に出たミュゼ・ギメの『年報』第一巻を見つけたのはそのころであった。ルフェビュールの論文も載っていたが、まず冒頭の「エミル・ギメ極東学術調査団報告」に目がいった。ギメは一八七六年、文部大臣の委嘱を受けて、日本、中国、インドに宗教の調査に出かけていたのであった。私はそれまで名も知らなかったミュゼ・ギメの創立者に興味をもった。裏表紙のカタログで、ギメに『日本散策』という紀行のあることを知り、図書室で借り出して一読した。

ギメのいかにも実行家らしい観察は、神社仏閣のたたずまいにはじまって、文明開化の渦中にあった明治初年の日本人の暮しぶりにも向けられ、あちこちに産業資本家の目が光っていた。描写力のある文章を読み進み、フェリックス・レガメのたくさんの挿絵を見ていると、私はしだいに暗い異和感に襲われ、心が動揺した。

異和感は古き日本と私とのあいだに起るのではなく、日本と私とのあいだのものであった。これは、短いパリ滞在中に、それからもしばしば経験したことであり、私には疑う余地がない。日本はどうしてこんなによそよそしいのだろうか。異和感のよって来るところをきわめようとして、私はいわばフランスの中の日本、たとえば浮世絵が印象派の画家に影響を与えた、その日本は何であるのかといった主題にことさら興味をもったりした。そして、それがまた動揺を生んだ。こうした事態こそ、パリという都市が一人の人格であることの証しであると私は思う。小説家のプルーストはパリを失われた冥界として描いたが、たしかにパリという不思議な人格との交際は地獄下りを思わせるところがある。このことがおよそ都市というものが人間に対してもつ本質的な意味であり、したがって都市の美しさは倫理的なものを基本としている。問われるものは根拠の真正さであり、人は感覚と意志との根ざすひそかな暗部におりてゆくことを強いられる。この時、観念の浮き袋はあまり役に立たない。パリは鋭い錐だから、かならず穴があく。私はあの美しい堕落の淵にあって、もし日本が一つの実質であるならば、ついに心の裂け目の奥に姿を現わさずにはおかぬだろうと思っていた。「いのちを挙げての大いなる亀裂」(ヒメーネス)、そのよろこびをうたう力はもたないけれども、ことばの確かさは胸にしみる。

さて、『日本散策』は、まったく残念なことに、横浜から日光までの二巻で中断していた。東海道を経て京都、伊勢に至った旅程が記述されていたなら、いわゆる廃仏毀釈の大波に洗われていた当時の京都の寺院のありさまが活写されていたはずである。ギメは文部少輔九鬼隆一の斡旋で、各宗本山を訪れたのであった。『年報』には、真宗僧侶との一問一答の記録が収録されている。明治十年本願寺から出版された『問対畧記』の翻訳であり、原本はこんどの展覧会に陳列されていて、はじめて目にした。その見開きと干河岸貫一という人の緒言の影印が付されているのを、私は旅宿のほのぐらい灯下に読んだ。

緒言によると、会見は明治九年十月二十六日、西本願寺飛雲閣で行われた。真宗各派本山の執事が会し、島地、渥美、赤松の三氏が応答した。通弁は近藤徳三郎、哥原十三郎。

一問一答はまず創造者の問題にはじまり、霊魂の不滅、来世、輪廻、罪業、仏、戒、経典と、ところどころで興味ぶかい行きちがいを示しながら、仏教の基本をたどって、真宗の教理に及んでいる。ギメがとりわけ関心を示しているのは因縁の法であり、ときに通俗仏教書に見られるように、自然科学の因果論を持ち出している。すでに当時フランス仏教学の水準は高度なものであった。一問一答から見るかぎり、ギメの仏教一般についての知識はあまり深くないように思われる。ともあれ、すでに数年前外遊中のパリで「三条教則批判建白書」を草して、信教の自由のために熱弁をふるった島地黙雷のような人が答弁者の主席をしめていたのだから、ギメの感謝のことばはかりそめのものとは思えない。こうして昼食をはさみ七時間に及ぶ会談は終った。「トキニ日ハマサニ西ニ没セントス。人ハコモゴモ挨拶ヲ交シ、手ヲ握リアイテ、別レリ。」私は落日の光に明治の学僧たちの骨太い手を見たように思った。

ギメは多数の収集品を得た調査旅行から帰ると、リヨンに東洋宗教のミュゼを設立することを計画した。開館式が行われたのは、百一年前の一八七八年九月、第三回東洋学者地方会議の最終日であった。リヨンに留学中の山泉、富井、原田の三人の日本人も出席した。すなわち一問一答の翻訳者であり、ギメが同時に開設した東洋学校に招かれていたのである。いずれの人も仏教学者と思われるが、事蹟を私はつまびらかにしていない。

ギメは式の挨拶の冒頭にこう述べている、「極東と多大の関係をもつリヨンのごとき商業都市は、一つの東洋学校、一つの東洋博物館から非常な利益を得るでしょう。わたしはそう考えたのです。」ミュゼ・ギメは国家に移管され、一八八八年パリに移ったが、ギメの構想がさらに大きい実を結んだことは私が言うまでもない。皮肉ではなく、フランス帝国主義の網の目のこまかさにただ舌を巻くばかりである。

図書室

一九七五年秋、リヨンに立ち寄ったとき、ミュゼは修理中であった。展示品はほとんどパリに行き、半分は自然史博物館になっているということだった。小雨まじりのつめたい風を吹きつけるローヌの流れを渡って、私は帰路についた。こうして過ぎ去った時を思いかえしていると、あの風がいまも吹いていることに気付いて、驚く。

茸・鳥・ウェーベルン

庭にカエデの古木があり、五月のある日、幹と根の枯れたところに、立派なキノコをみつけた。

私はキノコが好物で、毎日のようにシイタケかヒラタケシメジを食べているが、それは栽培物しか手に入らないからだ。秋、信州に行くと、カラマツ、モミ、ブナなどの林に出るいろんな種類が口にできる。煮たのは年中売っている。私は年に二、三度戸隠へ出かけるので、そのつど提げて帰るが、そんなものはすぐなくなる。

そういう次第で、カエデのキノコは特別の関心をひいた。だいたい、春に出るキノコは少ない。文庫版の図鑑でみると、フミヅキタケというのによく似ている。これこれというわけで、その晩、薄味に煮て食べた。

ところが、気分が悪くなった、と続くと、おもしろいのだが、そうはうまくいかない。キノコの毒は酒と相乗するそうだが、私は玉乃光をおいしくのんでいた。のみながら、こんどは大きい図鑑で同定を試みた。

といっても、図の似たのをさがし、記述に照らすだけ。フミヅキタケではないようだ。世にニセクロハツという猛毒のキノコがあり、この本は死亡例の症状をくわしく記載している。ついでに読んでいると、やはり愉快ではない。それで、二巻を全部調べた——ヤナギマツタケとわかる。ただし、五月のマツタケにあの香りはなかった。

坂口安吾が信州かどこかの鉱泉宿で書いた文をむかし読んだことがある。わけのわからぬキノコをはじめて食べた人間がいるから、毒キノコということがわかる。ついに落命した無数の勇気ある何の何兵衛に敬礼せよ、云々。いかにもそうだろう。私はもう食べる気がしないのを前にして、安吾もキノコ好きだったのだと思った。

キノコ好きというのは、日本といわず、どこにもいるらしい。『きのこの手帖』の四手井淑子さんにいわすと、農耕民族、遊牧民族に並んで、キノコ民族という範疇があるべきだそうだ。

アメリカの前衛作曲家ジョン・ケージの作品を、私は弦楽四重奏曲のレコードではじめて聞いた。ラサールの演奏をもとめたまでで、ケージは失礼ながら何の何兵衛にすぎなかったが、なかなかよい曲であった。それから半月あまりして、ある朝、めずらしく気分よく目が覚めたとき、ふいにキノコの図鑑をもう一冊手に入れようという考えがひらめいた。私をだましたあの文庫版を買ってから、棚を見ていると、ケージ『小鳥たちのために』という翻訳書が目についた。Cage は鳥籠だ。気のきいた題ではないか(もっとも、この洒落は哲学的意味をそなえるらしい。なおさらしゃれている)。パラパラめくると、茸という文字が文字通り目に飛びこんできた。キノコ好きという以上にキノコ狂いの男で、ケージはあった。

全米有数のキノコ文献収集。ニューヨーク菌類学会の創立者の一人。キノコ中毒によるたびたびの入院。その後、キノコしか食べないという伝説も知った。

私はあらためて人生不可思議の感に打たれた。

世界というものがたしかにある。単なる事物の世界ではなく、私なら私を事物に結びつける世界、私を事物に照応させる世界が。私という存在は、網の目のように連関し交錯する世界の動態の中心にあり、中心である。しかし、これは正確な表現ではないだろう。むしろ、この世界の中心にあり、中心である動態であることが、私という存在の定義をなすのだ。世界が働きかける対象、それが私だ。それを私と命名するのだ。世界があり、そして私がある。私は生々流転する世界の網の目の一つの結節点にすぎない。

私はレアリストだから、私の底を抜く行き方をも認める。この時、世界の底も一緒に抜けるだろう。しかし、時あって、世界はふたたび事物に姿をかりて現象するのではないだろうか。この世界はなるほど円周のない円かもしれない。しかし、それなら、変幻自在の中心が一つの円をつくるといっても同じことだ。そこには、たとえば、茸である私が、鳥である私が立つだろう。

こんな考えともつかぬ考えをもてあましつつ、私はケージの作品をいくつか聞いてみたが、『テープ音楽集』というレコードに入っている曲に至って、ついに馬鹿馬鹿しさに我慢がならず、途中でほうり出した。

「人は茸に熱中することで、音楽についての多くを学ぶことができる。」（ケージ「音楽愛好家の野外採集の友」）

シイタケなんぞを食べていたのでは、前衛音楽はわからんということだろう。それはよいとして（よくないかもしれないが）、ケージに野外採集の友として、これ以上のものは絶対に考えられぬすばらしい作品があった。『四分三十三秒』。演奏ということが一切なされぬ無楽器音の音楽。キノコどころかヒトを食っていて、初演の折の聴衆の反応を想像するだに愉快になる。しかし、これは世界に開かれた音楽だ。ここでは、あらゆる音響が受容される。だから、あらゆる変奏が可能である。野外観察にいかにもふさわしい。たとえば、早朝、深泥池のほとりに立って、ミツガシワの花を見、カワセミの声と姿を追い、タヌキモの捕虫袋を手にとり、カイツブリの浮巣の卵を見守るとき、世界と生命の奥深い聴覚的連関は静謐であって壮大な演奏を尽きることなく繰り広げる。否定の生む肯定。意味ぶかい遊びだ。しかし、である。言うも愚かなことだが、この遊びには賭がない。二律背反をあくまで追尋する美しさを欠いている。これのみが人に許された美しさである美しさを欠くとき、創造の業はまっしぐらに堕落するほかはないだろう。

風が草木にたわむれて渡り、鳥が鳴きかわす。茸が頭をもたげる。野が広がり、山がそびえる。光が走り、水があふれ、かくして、世界はある。この世界の命名と等価である沈黙の音楽、そういう作品はありうるだろうか。

私はいま息をひそめて、アントン・ウェーベルンの交響曲作品二十一を聞きおえたところだ。この稀有の作曲家が到達した、音と沈黙との織りなす原初の時。私の問いは、そこから吹き寄せてくる問いかけの残響にすぎない。時はうつろう。沈黙を染めあげた絹雲もまたつめたくうつろう。生命が世界にある限り、法則は苛酷にすべてを支配する。ウェーベルンはオーストリア・アルプスの山中にあって、これにあらがい、三十一の作品を残した。

もう冬だ。深泥池のミツガシワは氷河時代からの眠りを眠っている。開水域には、各種のガンカモ類が騒いでいる。去年の大晦日、池の西の山のてっぺんの枯木に、一羽のオオタカが姿を見せたそうだ。彼はまたやって来るだろうか。必ずやって来る。そして、同じ枯木の同じ枝にとまるだろう。

ルドゥテと『バラ図譜』

歴史が一人の人間を見込む。そういうことはたしかにある。ルドゥテ、とくに『バラ図譜』のルドゥテを見ていると、歴史に見込まれた自分というものに目覚め、これをはっきり把握しようとする画家の精細な意志が感じられる。

もっとも、たとえばティー・ローズ Rosa Indica fragrans の一葉を、初夏も蒸暑くなりはじめたころ、灯下に開いて、一人眺めているとき、あれこれの理屈で心をふたごうとは誰も思わないだろう。あの淡く肉色を引いた白い花弁の重なり。艶とぼかしに織りなされる襞の奥から、不思議な香気が立ちのぼって、私に浸透する。すると、ふいに風が絶えたように、日中の喧噪がしずまり、想像力が生気を取りもどす。

不思議なのは、その香りではなく、香気が立ちのぼることだと言ってもよい。真正の技法というものが具える力――『バラ図譜』百六十九葉の刊行が一八一七年にはじまり、一八二一年の第三巻で完結して以来、ルドゥテを語る人たちがいつも口にしてきたことである。植物学が研ぎすました画家の眼、点描法と呼ばれる多色刷り印刷の技術の考案。その辺りのことを踏まえて、一思いに言ってしまえば、ルドゥテのバラはさわれる（触れることができる）ということだ。花弁の張り、葉脈が作りだす波、萼のふくらみ、その他、その他。そして、嗅覚は本来的に触覚である。ティー・ローズは紅茶の香りばかりでなく、棘も持っていて、ハヤブサの嘴ほどではないにしろ、鋭い臙脂の棘が螺旋状に枝をのぼっていく。一つもぎ取ると、小さい音がする。はじめて大気の愛撫を受けた面の快い凹凸。しかし、用心しないと、指の腹に血がにじむだろう。

　ルドゥテのバラがさわれるのは、絵筆がすでに触覚的に働いているからである。画家はバラの表面を見るだけでは足りず、内側に触れようとする。樹液と化して、バラを生きようとする。この生《なま》の経験を、絵筆はなぞっている。単に外部のバラを写すのではない。なぞられて、静謐な平衡に達した経験、これが見る者の心に触れるのだ。

Rosa Indica fragrans（第19図）

　ルドゥテは一七五九年、博物学の世紀のただ中に生まれ、一八四〇年、花卉園芸の大々的な発展を眼のあたりにしつつ、死んだ。ルイ十四世は四種のバラしか知らない。百年ののち、ナポレオンの妃ジョゼフィーヌのマルメゾン館の花卉園は当時知られていたあらゆる種類を集めており、一説によると百十種、またある説では、二百五十種を数えたという。十九世紀の三十年代には、四季咲き品種のバラが作り出される。いまや一万五千を越えるそうだから、バラ好きの執心のほどが知れようというものだ。ジョゼフィー

ルドゥテ肖像

ヌの愛顧をうけたルドゥテがバラ好きだったことはむろんで、パリ郊外の別宅に花卉園を持っていた。

他方、ルドゥテはパリの植物園に出入りするうち、レリチエ・ド・ブリュテルという市井の植物学者と知りあう。二十代のことだ。革命中に暗殺される、一匹狼にも似た人物との出会い。ここに、手を打ちたくなるような摂理が働いている。この出会いがなければ、ルドゥテの画業もまたなかった。本人が『ユリ科図譜』のある箇所でそう言っている。レリチエは植物学の基本を授けつつ、植物図の正しい姿を、手を取るようにして、教えこんだ。花に纏いつくことばの余情を、画面から追放すること。レリチエの教えをこう要約しても、的外れではないだろう。ルドゥテの花をバロック絵画あるいは江戸の花鳥画のあるものに引きくらべてみれば、ことばの剝ぎ取りのぐあいがよくわかる。植物学書の挿図として、当然の態度である。しかも、ただ正確忠実を旨とする写生図ではいかにもつまらぬではないか——画家の本能が目覚めたのは、やはり二十代のことだったであろう。ルドゥテは、植物学と絵画がしのぎを削る地点に身を置き、そこから困難な歩みを踏み出していく。それはもうルドゥテという人に生来の脚力の問題であり、余人の関しえない領界に属していた。やがて現われる、『ユリ科図譜』、『バラ図譜』、その他の著作では、絵画に主導権が移り、植物の記述はいわばお添え物にすぎない。

いま画家の行き着いた場所を確かめるのに面倒はいらない。ルドゥテの画集は輸入書店にいく種類も並んでいる。そこそこの複製なら、ことばを引き剝された花がひそかに伝達する沈黙の形態をとらえているだろう。

訳者あとがき

本書は、Charles Léger, *Redouté et son temps*, Edition de la Galerie Charpentier, 1945 の全訳である。ただし、巻末の㈠ルドゥテの主要図版集八冊の内容細目については、『バラ図譜』のみをとり、あらたに現行の学名を併記した。㈡展覧会出陳目録は、本書のために作成した年表に簡略に記入する。㈢書誌は、図版集目録の名のもとに、遺作『王家の花束』までの生前刊行物に限る、という処置をとった。なお、本書に収録する図版百八点は原本のものを取捨選択し、増補したものである。

原本はルドゥテの没後百年を記念する展覧会の企画に際して執筆されたものらしい。刊行はパリ解放後のこととなった。九百七十部の限定本である。別冊付録として、ルドゥテのヴェラン十二葉の複製を付している。

著者シャルル・レジェという人について、私はなにも知らない。フランス文芸家協会に問い合わせたが、一切不明の旨の返信に接した。原本の扉には、ムードン博物館長とある。このミュゼは有名なロダンの旧邸とは谷をはさんだ向い側の丘陵、町の中心の通りから少し坂をのぼったところにあり、元来個人の居宅で、古い歴史をもち、多数の文人、美術家、音楽家の思い出に結ばれている。展示はルドゥテの作品を含むという。一昔まえ訪れたことがあったが、休館日で、以後出かけることもなく、そのままになった。

本書は由緒正しい表題をもっている。フランス文学を好む人なら、ピエール・シャンピオンの著書、たとえば『ヴィヨン　生涯とその時代』のあのまことに徹底した古文書資料の博捜がかもし出す汲めども尽きぬ魅力がすぐ思いうかぶことだろう。むろん本書をかの名著の規模にくらべようというのではない。レジェ氏もまた古文書学校に学んだ人かもしれない、そういう気がするというだけの話である。加えて、著者がのびやかな趣味の人であることは本文を一読すれば、わかる。訳文は軽妙な文体の動きをややもすれば固定してしまった嫌がある。読者はこれを寛恕されたい。

訳了後、東京大学付属小石川植物園をたずね、所蔵の『ユリ科植物図譜』初版八巻を見ることができた。ルドゥテはしばしば刷りあがった版画に手彩色をほどこしている。その筆のあとを追っていると、ふいに心を捕えるものがあった。いまそのことを思い出している。歴史を知るということは、ふだん思っている以上に感覚的なことがらである。あらためてそう納得させられるのは楽しいことだが、機会がいつもころがっているわけではない。だから、おわりに、八坂安守氏および編集の小川春男氏に対して感謝のことばを記すことを、読者は諒とされたい。

『トレヴー辞典』改訂第三版

全六巻、二折版、一七三二年、パリ刊。うち一巻は補遺、一七五二年。装幀は出版当時の堅牢な仔牛皮装のままで、非常に美しい。

左の表紙の写真（第一巻の扉）に見えるように、原題を『フランス語・ラテン語百科辞典』という。ラテン語とあるのは、編纂の方針として、見出し語であるフランス語に対応するラテン語を記すという意味合いだから、あくまでフランス語の辞典である。ただし、あらゆる分野の知識を網羅した（universel）とされる内容を重く見るなら、事典と呼ぶほうがよいかもしれない。通称、『トレヴー辞典』。この名がすでに第三版の仮扉に記されているのは、考えてみると、なかなかおもしろいことである。

トレヴーというのはフランスの町の名で、リヨンの北およそ二十キロ、ソーヌ川の左岸にある。この小さな田舎町が、十八世紀には、花々しい知的活動の中心の一つであった。その理由を簡単にいえば、町の中央にイエズス会士たちが陣どって、勅命により設立された印刷所をフル回転させたからである。二つの出版物がトレヴーの名を不朽にした。一つはむろん辞典（初版、一七〇四）であり、もう一つは『トレヴー誌』（一七〇一〜六七）であるが、いまは、啓蒙思想の手ごわい敵対者となったこの綜合雑誌にふれる余裕がない。『トレヴー辞典』はフランス語史に有名なアカデミーの辞典（一六八〇）にならって、フランス語の正しい使用の確立に意を用いつつ、とくにフュルチエールの百科辞典（一六九〇）を模範として、universelな知識の集成を目指している。この方向において、敵である『百科全書』（一七五一〜八〇）の企図に一致する。イエズス会士はただ頑迷な人間たちではなかった。思想の歴史は一直線に進むわけではない。『トレヴー辞典』はこのことの貴重な証人である。

ともあれ、しかし、忘れるべきではない、書物はいつも読者に憧れている。

『トレヴー辞典』改訂第三版

解説

こんなことを書くと、杉本さんに叱られるかもしれないが。『大田垣蓮月』が淡交社から出版されたのは一九七五年の五月のことだから、正月か、前年の暮のことだったと思う。さるお宅でご馳走になっていたとき、蓮月を書きついで、ある夜ふけ、ついに末尾にいたり、涙があふれたと、もうすぐ出る本について、著者のふと口にした言葉を私は忘れない。やがて、手にしてみると、読者のすでに見られたとおり、『蓮月』は蓮月の死とお葬いの始終、そしてお墓の二行の記述で終っている。うかつな話だが、それで、納得がいった。一思いに言ってしまえば、つまり、杉本秀太郎は明治八年十二月十一日、蓮月のお棺のあとを、富岡鉄斎を先頭に村の人たちと一緒にとぼとぼ歩いたのであった。

著者は「蓮月が非常に好きだったので、私はこの本を書いた」、と淡交社版のあとがきに記している。好きでなければ、涙は出ないし、快活に笑うこともできない。そして、これは美しい、したがって倫理的にまっとうな批評の態度である。というのは、批評は学問ではなく、学問は批評たりえないから。学問は、蛇であろうと鬼であろうと、相手どって、行くべきところに行き、見るべきものを見なければ、そもそも成り立たない。批評のほうはもっと自由である。蛇がきらいなら、蛇のいそうな草むらにおずおず足をふみいれるにはおよばない。しかし、それだけに、好きということに明瞭な自覚が必要であり、この自覚を深化しつつ持続しなければならない。これはなかなか自由どころか、不自由と忍耐をひきうける覚悟がなくて、できることではない。サント＝ブーヴに、批評は私にとって一つの転身であるという意味の言葉があったように記憶するが、転身、メタモルフォーズというのは、言わば「私」という不自由を追いつめなければ、見るべきものが見えてこない、批評のありかたを寓するものとうけとりたい。いかにも、蝶は蛹となって沈潜するメタモルフォーズをへて、ようやく花にたわむれることができる。繭という密室の薄明りが蝶の未来のすべてをこめている。そして、ものを書くという手仕事の修練がいつの日か繭を食い破る。批評の羽化――私たちはこのとき、文章が一つの技芸であることを、陽光にきらめく鱗粉の紋様を見るようなまぶしさとともに首肯する。

蝶と言えば、蓮月に、

露とやどり蝶とむつれてをり〳〵の花のいろかにあくよしもがな

という、花瓶に彫りそえた歌があり、著者がこの花瓶と飽かずむつれている様子は、ついに自在を得た批評というものの証明の一例になっている。読者はもう一度本書第三章の本文を読んでください。

『蓮月』は著者の最初の書物と言ってよいが、翌年、『洛中生息』（みすず書房）が刊行されると、このエッセイ集が洛中生息者杉本秀太郎という安手の観念連合を世に定着させた。私の思うに、すべて杉本秀太郎論はこの観念連合の破壊をまずこころがけねばならない。『洛中生息』が続編とあわせて、再編集され、さきごろ『新編・洛中生息』（ちくま文庫）と衣替えをしたとき、原章二氏の書いた解説がおこなっていることも、この破壊である。彼はそれを「二重映し」という概念を武器にたくみにやってのけた。現実の京都と不在の京都のオーヴァラップ。著者のあるエッセイの文句を借りれば、「私の京都はすでに懐郷のなかにあるだけ」だということになる。この不思議な、そして痛切な懐郷病からすれば、現実などというものはリアリティをもちえないはずであり、しかも、それが放恣な夢想に異なるのは、都市の文明のたしかな手ざわりをみずからのものとしているからである。著者は一九六七年、留学先のパリで、あるいはフィレンツェで、文明というものが感覚的実体であることをいやおうなく経験した。経験は本来的に有無を言わさないものだから、その意味では、万人の日常に開かれているけれども、ひとり、感覚の鋭敏のみがよく経験をつかみだすことができる。そこに、出会いが生まれた。懐郷と言ってもよい。追想と言ってもよい。しかし、遠い彼方をなつかしむのではない。今を惜しむのでもない。懐郷と追想はあげて、二重映しに見られた京都のリアリティ、文明の正体の追尋にさしむけられる。『蓮月』はこのような営為のもっとも美しい成果である。著者の見果てぬ夢は、夢のように、幻のように揺曳する装飾的世界のリアリティを織りなした。とりわけ、第三章「都の鄙ぶり」に、その趣きが深い。人はこれをしも京都人の懐旧の心性とみなすのであろうか。私は、ときに、批評は果たして幸福と呼べるわざだろうかと思うことがある。洛中生息という表現は、すでに、コンクリートの森にほうりだされた小動物、たとえば蛙の痛苦の表情をとらえているではないか。

とはいえ、『蓮月』にせよ『洛中生息』にせよ、私たちをいたずらな不安に追いこむような文章は一つもない。著者が抜群の平衡感覚にめぐまれた書き手であるのは、誰にもすぐわかることである。そして、蓮月という人がこの種の平衡感覚を、また、これに由来する一連の事象、和気、ゆとり、つや、気転、長寿といった「熟成」のありかたをゆたかに生きた人であったこと、これが著者に『蓮月』を書かせた。予感においても過不足のない平衡感覚が蓮月を思うさま把捉したのである。だから、たとえば、蓮月の「長生きせよという考え方も、これを一つの思想と受取るべきである」と言うとき、著者の思想は蓮月の「思想」と幸福な契合を示していると見るべきである。ここには、というのは、著者の平衡感覚には、なにかしら生得的なものが感じられるけれども、人間の平衡感覚はいつも複雑多様な身体的バランス、身長と体重、脳と感覚器、筋肉と骨格、体液と循環器、神経と内臓、等々のバランスの成長によってあやうく維持されている。私はいつぞや、「オレの胃には歯がはえてる」と著者の言うのを聞いたことがある。思想は内臓から生まれるわけではないが、丈夫な内臓がなければ、思想を均衡正しく育てることはむずかしい。『蓮月』の思想にもっとも無縁なものは病者の光学であろう。

著者が蓮月に私淑するについて、一つ、敬すべきお手本があった。こう書けば、すぐおわかりのごとく、その人は富岡鉄斎である。本書の第四章は、蓮月と鉄斎の二十五年にわたる、交誼むつまじい交渉を描いている。著者が根っからの鉄斎好きであるのは、言うまでもない。蓮月は鉄斎の三十九歳の年になくなるが、その後五十年、蓮月の「思想」を誠実に、気長に実現しながら歩いてゆく、この人の風格には、まことに格別のものがある。私はひごろから思っているのだが、富岡益太郎氏の伝えるこんな話ほどおもしろい話はめったにない――鉄斎は八十七歳のとき、書庫、画室、母屋をあいついで建てかえて、それぞれに室号をつけ、母屋を曼陀羅窟と称して、呉昌碩の揮毫を玄関にかかげた。ある人が来た帰りぎわに、主人は額を示して、なんと読むかと問うた。「まんだらくつ」と客が答えると、「まだらくつ」と読む、人はすべて一色ではいかぬ、まだらがよいと言った、というのである。母屋には、新しく、洋風の応接間がこさえてあった。

ふりくとも春のあめりかのどかにて世のうるほひにならんとすらん

蓮月の「思想」の雨は鉄斎にしみとおって、のびやかに心意を規定していた。そして、まだらをよしとする思想の骨太さに、儒仏史詩書画の世界を縦横自在に遍歴した鉄斎の円熟の秘鍵がみごとに現われている。鉄斎は蓮月の死を生の成就と見て、めでたいと言いえた、おそらくただ一人の人であった。つぎに引用するのは、横山健堂の『松浦武四郎』（北海出版社、一九四四年）におこされた、鉄斎の武四郎宛書簡である。歌に付されたカギ括弧と読点を除いたほかは、すべて原文のままを引く。

（前略）先月來、蓮月老人不快の處、今日午後四時、歸西に及候、嗚乎海内の名物無之に相成、可惜、乍併目出度終焉、又可賀敷過日老稚達の御贈の菓子は確に屆置候、小生も二三日隔、見舞に罷越し、一昨日妻兒共に罷こし《ママ》、是が暇乞と相成候……右蓮月老の事に付、週日の蝦夷の歌、絶筆の類也〇老人終焉の時、口號

露ばかり心にかゝる塵もなし今日をかぎりの夕暮の空

明日、後山に葬式のつもり也……

〇北野も今年十二月一日、御祭神新調に神輿出來、其形は鳳輦の如立派也、北野も御神威赫々と、誠不

堪恐懼は勿論、今年は老臺の鏡を始御新附の物多し、目出度也……

十二月十日夜　富田《ママ》百錬

北海老手臺御侍史

『蓮月尼全集』の歌集拾遺は辞世二首をおさめるが、そこでは、露がちり、塵が雲になっている。もう一首のほうは、著者が本書のために最後に書き写した歌である。

横山健堂はこの書簡をたぶん、三重県三雲村の松浦本家で寓目したのであろう。武四郎が諸家の来簡を貼りまぜにしたという蝦夷屏風の一紙であるかもしれない。蓮月の終焉を報じる鉄斎の書はどのような筆致を見せているであろうか。杉本さんと伊勢へ出かける日を、私はひそかに楽しみとしている。

ゴゼンタチバナ

六月のなかばともなれば、もう花をつけているだろう。上高地から梓川にそって横尾へのぼってゆくと、奥又白の出合付近で、シラビソ、ウラジロモミの群落に入る。すると、太い常緑針葉樹の根かたに、ほどよい間隔で群生した、丈の低い、白い花をつけた植物が眼につきはじめる。眼につくというより、眼のほうが探している。ごくありふれた高山植物にすぎないのだが、ゴゼンタチバナはたしかに造形的といってよい気品ある姿のゆえに、私の山歩きに味わい深い彫りを加えてくれる、いわば天然の彫刻刀である。

ミズキ科の多年草。地下茎で結ばれる。白い十字の花は花弁ではなく、四つの総苞片。多数の頭状花をいただく。葉は輪生状に出て、四枚あるいは六枚。大きさ、色、配置、すべての点で花と葉のバランスが見事にととのっている。やがて、小さい花の一つ一つが果実をつけ赤熟する。鈴なりの真っ赤な実が木洩れ日をうけて、じつに美しい。

ところで、葉が四枚のものは花をつけないといわれ、武田久吉は高山植物図鑑にそう記している。私も、四枚葉が花か実をつけているのをまだ見たことがない。よく気をつけているにもかかわらず。というのは、田淵行男氏によると、四枚どころか、二枚のものでさえ花をつけるそうだからである。自然の観照は、奥が深い。年季がいる。そして、それが楽しい。

いまだ見ぬ北の岬

ある曲を聴きはじめると、いつも決まった連想がはたらいて、音の運動とイメージの展開を切りはなすことができない。勝手に思いにふけるというのではなく、耳はちゃんと音を追っている。そういう曲がいくつかある。好きな曲がみんなというわけではまったくない。よほど具合のよい（あるいは、具合の悪い）条件が重ならないと、この結合は生まれないようだ。

バルトークの「十五のハンガリー農民歌」は私にとって、そういう曲の一つである。

茫々と冬枯れたハンガリーの野——人びとのつつましい暮しが、ときに、はなやかな婚姻の色どりを見せて、野をよこぎることもある。火がちろちろ燃えあがって、娘たちの頬を輝かせ、踊りの輪がはげしく動いて、いっとき喚声の高まることもある。しかし、毎日の生活は単調で、厳しく、辛く、そして、いつ果てるともなく、長い。そうした日々を貫いて、広がっているもの、それが、ハンガリーの野だ。

あらゆるよろこばしいことは、大地の賜物である。すべての悲しみもまた。

風にすさぶピアノの響きが地平線を心に遠く押しひろげる。

私が聴いているのは、ゾルタン・コーチシュのピアノで、他のピアニストの演奏では、こうはいかない。コーチシュはハンガリーの人である。

といっても、私はハンガリーに行ったことはない。いま書いたのは、音楽を拙い言葉になおしただけである。

いつだったか、奈良でハンガリー絵画展があったとき、いまだ見ぬ風景を胸にいだいて、いそいそ出かけたものだ。風景画もいくつかあるにはあったが、暗雲をのせた平原の空に低く虹がかかっていたり、紫の服をまとった美しい婦人が花束を手に、春の草原にすわっていたりした。ハンガリーにミレーはいるのか、いないのか、知らないが、とにかく、思いこみは禁物という芸術鑑賞のイロハを、私がそのとき十分に行使しえなかったことを認めておこう。

だから、バルトークのピアノ曲が、私のハンガリーの野である。

ところで、コーチシュに聴きいるにつれて、私の脳裡の平原から、村落と農民のたたずまいはかき消えて、そこに、北の都市の幻の風景が、黄に変色した古写真の一コマのように浮びあがってくる。連想というのは、実際、変幻自在、摩訶不思議な生き物である。

もっとも、この連想は、ヨーロッパの都市のなりたちを考えてみれば、それほど不思議でないかもしれない。都市は野から身をおこした。だから、都市を囲む城壁は、さらに、田園に、原野に、森に囲まれている。都市こそは自由な人間の世界であり、都市の外は人間ならざるものたちの世界である。ヨーロッパの文明はこのような基本的構図を古代ギリシアから継承し、文化のあらゆる相に貫き通してきた。ヨーロッパの文化を正当に文明と呼びうるのは、まさに、この文脈においてなのである。civilizationという言葉は、civis（市民）というラテン語を語源とする、十八世紀の造語であった。要するところ、トルソーに全ギリシアがあるように、都市にヨーロッパの一切がある。

以上は、しかし、理屈、観念であって、イメージではない。観念の美しさはたしかにあるだろうが、その美しさはイメージと類を異にする。イメージの美しさ、これは、まあ、変幻自在の古写真とでも言っておこうか。

海か河か、ゆったりした水の流れの向う、街路をはさんだ岸に、数階建の建物が低く堤防のようにつらなり、大聖堂、その他いくつもの尖塔がひややかに曇った、光の薄い空を刺し、長い橋のかなたに、森の影が横たわっている。古い木造の家並みの続く、石畳の裏道。北の都市の暗い、言いようもなくさみしい通りを、だれかが歩いてゆく。厚いオーヴァーをぶざまに着こみ、おぼつかない足どりの後姿が、いま、町角に小さく消えたところである。その男の名を、私は知っている――もしあなたの今宵の夢に、北の都市の暗い、言いようもなくさみしい通りを人知れず立ち去っていく男が浮び出るなら、それはゼーレン・キルケゴールの後姿である。

私はキルケゴール哲学の研究などをしているわけではない。折にふれ、あれこれ読みとばすだけだ。それでも、キルケゴールのイメージは私の心に鮮明である。コペンハーゲンの生んだ、この痛切な人は、人の一生の痛切さを鋭くえぐり出した、あざやかな文章を残した。

私はデンマークにも行ったことがない。バルトークがキルケゴールを読んだことがあるか、どうか。まず、ないだろう。ピアノ曲と哲学者の結合はただ偶然と言うほかないが、私にとって、この偶然は霧のように重い。音楽という魔術は、思いがけない、しかしリアルな、あまりにもリアルな結合を生みだす術として、人の無意識に作用するのだろう。

知ったようなことを書くけれども、コペンハーゲンの位置する島を北にのぼってゆくと、ギーレライエという村があり、ゆるやかな岬になっている。そして、岬の先端に、記念碑が一つ立っている。

「真理とはイデーのために生きること以外の何であろうか。」

キルケゴールは二十二歳の夏、この地に旅し、北の海を注視して、思索をつきつめた。記念碑の文は、その折の手記からとられたものである。以下も、手記から――

「私の使命を理解することが問題なのだ。私にとって真理であるような真理を発見し、私がそれのために生き、そして死にたいと思うようなイデーを発見することが必要なのだ。」

「私に欠けていたのは、完全に人間らしい生活を送るということだった。単に認識の生活を送ることではなかった。こうすることによってのみ、私は私の思想の展開を、客観的と呼ばれるもののうえに、いな、断じて、私自身のものでもないもののうえに基礎づけることなく、私の実存のもっとも深い根源とつながるもの、それによって私が神的なもののなかに言わば根をおろしていて、たとえ全世界が崩れ落ちようとも、それに絡みついて離れることのないようなもののうえに基礎づけることができるのだ。」

「それによってのみ、私は、これまでよりいっそう深い意味で、私を私と名づけることができるだろう。」

二十二歳の力。青春のみがそなえうる鋭敏な感覚の迫真力。この力の持続こそ、日常の暮しの岩盤に杭を打ちこみ、その裂け目に、生命のエッセンスからなる思想を噴出させる源泉である。

ギーレライエ巡礼という言いかたがあるそうだ。私もまた、北の岬への巡礼の旅に願をかけたことがある。

それは、いつのことだったか——ああ、はるかに遠く立ち去った、青春よ。

コーチシュのピアノはとっくに終っている。もともと、短い曲なのである。顔をあげると、窓の外、屋根の向うの見慣れた竹が心なしか涼しい風にそよいでいる。もう、秋が近い。

太秦の牛祭り

牛祭りが歴史の深い闇、常人の眼のとどかぬくらがりからのっそり抜け出してきたような不気味さをそなえながら、そのことがまた、言い知れぬ諧謔の風味をもって人の心を浮き立たせるのは、いまも昔も変わりがないようである。

例えば、池大雅の残した『牛祭画讃』。この略筆の戯画は、大雅という瓢逸の人の言行の中核にあった放胆さが、諧謔をよろこぶ素直な心のありかたにまっすぐ連繫していたことをよくうかがわせる。牛祭りの祭神である摩多羅神がお面をつけて、牛の背にまたがっているのは例のとおりだが、大雅は摩多羅神の右手に御幣を高くふりかざさせている。あたかも見物人を叱咤するかのようなこの動作にみあって、仮面は威嚇的な面構えを見せ、おもしろいことに、牛の顔が同じ面構えを威勢よく反復している。これが、つまり、力量というものであって、いま諧謔という精神のはたらきを保証しているのは、画家の確かな技倆である。

自筆の讃がまた、一風変わっていて、

くらがりより引出す牛祭かな
四時堂米史の句なり　予もまた
今一翌明月
誹家の韓句といふものなるへし　九霞

とある。大雅の付句（漢句）は「今ひとつにて翌《あす》は明月」とでも読むのだろう。牛祭りはもともと九月十二日、十三夜のお月見の前日の夜半に行われたのである。

ところで、大雅のこの幅はかつて富岡鉄斎の愛蔵していたものだそうである。鉄斎が箱書をし、自作の七絶一首を記すという。私は見ていないので、わからないが、思いあたる漢詩はある。

鉄斎は明治三十年（一八九七）十月十二日牛祭りに出かけ、一詩を得て、祭りの図を描き、讃とした（『太秦牛祭図』）。

老爺扮飾異形姿
半夜乗牛誦警詞
記得東涯評物子
蒙来鬼面嚇童児

老爺扮飾す異形の姿
半夜牛に乗って警詞を誦す
記得す東涯の物子を評するを
鬼面を蒙り来って童児を嚇す

摩多羅神は白衣に白い地紙の神面と紙の行燈冠をつけた異様な姿である。摩多羅神の乗った牡牛の前後に、にぎやかな行列が続く。高張提燈、金棒引き、囃方、奉行、松明、赤鬼・青鬼がそれぞれ二、牛方、多勢の講中。お練りにつれて、人の波が揺れ動く。娘たちのはしゃいだ声。鬼に泣きだす子供。やがて、薬師堂の前に設けられた祭場で、祭文がながながと読み上げられる。この読誦が祭りの中心をなすのだが、奇異な文は、聞いただけでは、何を言っているのか、さっぱりわからない。退屈のあまり、罵倒めいた掛け声がかかって、笑いが起こり、ひとしきりさんざめいているうちに、摩多羅神がとつぜん鬼たちとともに薬師堂に走りこんで、祭りは一巻のおしまい——なるほど、鬼面人を驚かす祭りではあるというのだが、後半、典拠をふむところが鉄斎らしい。

話は『先哲叢談』巻四の伊藤長胤（東涯）の節にみえる。荻生徂徠は江戸にあって、京師の東涯の所業をいつも気にかけ、西より来る者があると、まず東涯の批評を口にした（元来、炒豆をかじりつつ古人を罵ることをもって快とした人物だから、口が悪い）。菅麟嶼という秀才が東涯の門を叩くことになったとき、徂徠は送別

大雅筆『牛祭画讃』

の文を草した。東涯はこれを見て、麟嶼が退出してから、こう言った。物氏（徂徠）の文、譬えば猶鬼瞼（鬼面）を蒙って孩児を恐喝するがごとし、と。奥田三角は多年東涯に親炙したが、東涯の徂徠を評する言を聞いたのは、このときのみであった、云々。

鉄斎は二年後の明治三十二年にも、清水尚古とつれだって、牛祭りに出かけ、翌日、いま二曲一双の屏風になっている『牛祭詩画』をものした。一面はさきの旧詩を録する。尚古は四国八幡浜在の人で、この年七月、鉄斎に自然齋尚古という居室の号の揮毫を頼んでいる。その傍書に「その人となりの素朴敦古なるを察して」とある。そういう人物に贈る即事の詩として、「粋然たる古君子」東涯の故事を「記得す」、おぼえているという組立ては、旧作ながら、押さえが利いていると言うべきだろう。

さて、これはよく知られていることだが、鉄斎は幕末維新以来中絶していた牛祭りの復興に尽力した人であった。田中緑紅の『うづまさ牛祭』は鉄斎筆の「牛祭由来記」をそのまま版に起こしている。はじめに略画の「牛祭行列之図」をおき、讃に大田垣蓮月の歌を記す。

よはふけぬかへさはとほしよしやこの
おにのすみかにやとやからまし

そして、由来書の本文。簡潔な文章が牛祭りの大略をとらえている。以下は全文である。

抑《そもそも》、我広隆寺《こうりゆうじ》ハ聖徳太子の御創建に出て、既に千余年を経たる古名藍《こめいらん》、霊場なるハ、天下能《よく》知る所、今述るに及ばず故、古来より故実と伝来せる祭事あり。世に太秦の牛祭りとて尤《もっとも》名高く、児童も能しれり。例年九月たりしも、今ハ陽暦を用ひて十月十二日とす。摩多羅神の祭事なり。其趣意ハ五穀豊登、国家安全を祈禱《きとう》す。其祭文、源信僧都《げんしんそうず》の作にて、古今の名文たり。其行装の奇異なる、古画に照らして知るべし。先行者牛に跨り、摩多羅神を安置し奉り、随従の者鬼形に出たち、金鼓を鳴し、奔《はし》り、薬師堂に至りて、祭文を誦する也、世に神事祭礼多しと雖《いえども》、古雅奇異なるハ此祭を第一とするハ、是《これ》

亦《また》世偏《あまね》く知る所也。然るに近年此祭を懈《おこた》り廃するハ、都下の人は更にて、他国人も大ニ惜み、嘆けくニ至る故、今年十月十二日再び執行し、年々永遠ニ継《つぎ》て行せんと世話人協議し、洛西の故典を復興し、就てハ、其祭具を整頓し、又欠物を補ふべし。年々保存の挙を為《な》すべきに付、其費用の資金を有志の諸君寄附あり度《たく》、千万希望す。是ハ世間尋常祭礼を行ふと同視すべきに非ず。其深旨は別に述ぶべし。

明治二十年九月　京都府下山城葛野《かどの》郡太秦村

広隆寺

牛祭世話掛某徒謹白

（句読点、ルビ＝筆者）

「古代牛祭之図」

これが鉄斎自身の文章であるのは、明治二十五年（一八九二）七月

刊の京都美術協会雑誌所収、富岡鉄斎「古牛祭図解」と読みくらべると、わかる。後半の部分を除けば、同文といってよいくらいである。鉄斎は、このとき、牛祭りのお礼も作った。年少より、歴史と地理に関心が深く、信仰心に篤く、古社寺の復興に尽くし、古人と古蹟の顕彰に熱意をもち続けた人の面目がよく現れている。

「古牛祭図解」が古を冠し、図解というのは、雑誌の口絵に一葉の模写を付すからであり、原図は『太秦牛祭画巻』（文化十四年〈一八一七〉板）のものである。ただし、鉄斎は牛のからだ、行者の袴などに淡彩を加えている。

この画巻は一冊本で、巻首に牛祭祭文（応永九年〈一四〇二〉書）をおさめ、絵巻を八葉の図とし、終わりに、江戸の国学者岸本由豆流の跋をのせる。それによると、京都の人高島千春が江戸へ遊んだ折、持参の古画のうちに牛祭りの画巻があったのを、文化十四年、丑の年に板行したものという。岸本由豆流が祭文を校正し、高島千春が図を縮写した。この人は文化十年板の『平安人物誌』の巻中、画の部に、号鼎湖、錦小路高倉西、高嶋壽一郎と出ている。土佐派の流れをくむ画師であり、安政六年（一八五九）、八十三歳で死んだ。

原画について、岸本由豆流の注は応永九年の祭りを写したものとし、鉄斎は「原本の筆者は知れざれども、応永九年の年号あれば、其頃の土佐家の筆なるべし。方今の牛祭とすこしく其風変れり」と言っている。

そうとすれば、応仁の乱以前の古風を伝えるわけで、たしかに方今の風とはちがっている。八葉を通覧して、すぐ気のつく点をあげれば、例えば、まず馬が登場する。これは木冠というものか、一種の烏帽子をかぶった僧形の者がふたり、それぞれ馬を御している。牛は二頭。一頭のほうは尻に幣束をつけており、僧が乗る。もう一頭は、仮面をつけた僧。鞍がつけてあるのに、鞍のすぐ後ろにまたがっている。牛も馬も、鞭と棒に打たれて、暴れ回っている恰好である。そして、袈裟をつけ、幣束をかついで、走っている僧。これを要するに、仮面が一人、摩多羅神であろう。木冠が四人（馬二、牛一、歩行一）で、四天王、つまり赤鬼・青鬼に相応する。

つぎに、祭文の読誦の場面では、薬師堂の正面に据えた卓子にかけて、ひとりの木冠の僧が祭文を手に、奉読している。仮面の摩多羅神はかたわらに神妙にひかえるだけである。これが本来の形式と思われる。

全体として、人にも動物にも滑稽な動きが眼につく。ずっと後年の安永九年（一七八〇）に出た『都名勝図会』所載の図は、風をまた異にするが、躍動的な滑稽調をさらに誇張しており、これが牛祭りのいつに変わらぬ基調であったことを納得させてくれる。こちらでは、動物は牛一頭で、仮面の摩多羅神は向きを逆さにまたがっており、四天王も仮面をつけて、金鼓を打ちながら、わめき走っている。田中緑紅の説では、仮

鉄斎筆『摩多羅神祭図』

面ならぬ白面の神と赤・青の四天王という形式は文政年間（一八一八〜三〇）に始まったらしい。それとともに、動きが失われ、滑稽諧謔の調子もまた、しだいに影をひそめていったものだろう。現今、牛祭りはよほど静かになったのである。

◇

牛祭りという奇祭が本来どのような姿であったか、これについて、多くの説がなされてきたのも、奇祭たる所以かもしれない。広隆寺（蜂岡寺）は聖徳太子の創建にかかる山城（京都府）最古の寺院であり、渡来の氏族秦氏が関係するから、文献と伝承にこと欠かず、例えば、喜田貞吉の「漢神を祭るに、牛の犠牲をもってする」という起源説が現れたのも、不思議ではない。喜田説の要点は、漢神の祭りが恵心僧都源信によって摩多羅神と習合させられたということだが、説の当否はともあれ、このように、一条の光をいまだ明けやらぬ上古の闇に当てるのは、私のようなふつうの歴史好きにとって非常に魅力がある。

私は昔ふうにいえば、山城国葛野郡花園村の一角に生まれ育ったので、古く秦氏の開いた土地、双ヶ丘、蚕の社、太秦、帷子《かたびら》の辻から鳴滝、宇多野へ、また車折、嵯峨へと至る土地の風物のことごとくに愛着をもっている。秦氏というと、気持ちがさわぐのである。

眼から鱗が落ちる。そういう言いかたがある。もう二十年余も前、なにとはなしに嵐山の川向こうの山にのぼったとき、まさに、とつぜん眼が開いたような思いをしたことを、それが秋であったか、いつであったか、まったく記憶を去っているのに、いまもはっきり覚えている。西に愛宕山をいただき、北を北山連山の緑の裾に限られ、東を双ヶ丘と御室川（天神川）にくぎられて、東南に開いた、さして広くない土地の景観が眼下に広がっている。人家、道路、汽車の線路。橋、道、池、田畑、社寺の森。大堰川は小倉山の谷あいを出て、にわかに幅員を加え、罧原堤で急角度に南に折れて、松尾から久世へと曲がりくねりながら、光をあげて、ゆったり流れている——急に、北から南へ緩く傾斜した地勢が、勢いを増したような気がした。土地の動きにつれて、水も動き、いま激しく大地を咬んでいる。そして、あちこちに土砂を堆積しながら、人が土地に刻んだ歴史のすべてを押し流そうとする意志をもつかのように、ひたひた広がってゆく。やがて、人為の痕跡は消え、河原が、湿地が、林が茫々と私の眼を占めている。原始の景観が、意識に浸透してくる。気がつくと、私はおぼつかない足どりで、歩き出していた。一種のよろこびに心をひたされながら——。

大堰川を望む（1960年代初頭）

聴覚をまったく排除した、この視覚的経験の印象は異常に強いものであった。私はこのとき、造化の威力に打たれていたのだが、また逆説的に、土地が歴史を刻んでいることの意味を否応なくさとらされたのであった。

近年の地名研究は、嵐山がアラスヤマで、アラスダ（荒洲田）に由来し、太秦がウツ（宜津）マサ（坐）で、ウタ（宜田）に由来するとしている（吉田金彦『京都滋賀古代地名を歩く』）が、原野が荒田なり、良田なりに転ずるにかかわって、大堰川の治水工事が、名のとおり、まずなされる必要があったのは、地形上明らかなことである。そして、秦氏本系帳に、

双ヶ丘（手前の山）

　葛野の大堰を造る。天下において誰かこの揆《はかりごと》有らむ。是《こ》れ秦氏、
　種類を率ゐて造構するところ也。

とあるごとく、秦氏がこの任に当たったという伝承を疑いわれはない。太秦近くに残る蛇塚、天塚などの前方後円墳に代表される、五世紀中ごろからの古墳群は、かれらの大規模な土木事業の手腕を如実に語っている。秦氏は蜂岡寺と松尾大社から稲荷大社まで、つまり大堰川（桂川）から巨椋池までの水利を地盤として、広く、また長く勢力をはった。秦氏最後の首長墓といわれる、七世紀はじめの大古墳はいまも、双ヶ丘一の丘の頂上から、葛野の水系をはるか南まで眺めわたしている。

　広隆寺の新しい霊宝殿は、新羅様式の弥勒菩薩像のかたわらに、秦河勝夫妻神像と称せられる二体の木像を安置する。河勝像は、夫人像に異なり、双眼を開いて、鋭い眸をみせ、太い眉を寄せて、口を結んでいる。蚕に似た虫を祀って常世神とし、民を惑わせた東国の巫者を打ちこらしめた勇を国史に謳われた人物にふさわしい、魁偉な相貌である。木地に残った朱が見る者にあやしく迫ってくる。

　これらの神像は、寺伝によれば、広隆寺内の太秦殿に祀られていたものというが、いま境内のすぐ東に鎮座する大酒神社との関連にも注意したい。祭神は秦始皇帝、弓月王、秦酒公で、酒公は河勝六代の祖とされ、始皇帝を遠祖とする。相殿に、呉織《くれはとり》、漢織《あやはとり》の二神を祀る。社は桂宮院の鎮守として寺内にあったが、明治の

神仏分離に際して、現在地に移った由である。鳥居の脇に大字の石標が建っているのを写すと、

表　蠶養機織管絃樂舞之祖神
左　太秦明神 呉織神 漢織神
右　天保十三壬寅年五月
裏　西陣糸屋町銭屋八郎兵衛建

かつて西陣の織屋衆が太秦明神の名で、呉織、漢織を祀っていたことがわかる。そういえば、富岡鉄斎も二女神の像を織元の主人のために描いたことがあった。『呉織漢織二女像』明治三十一年（一八九八）。鉄斎は二女神といわず、二女と呼び、讃に、広隆寺の二女の祠にふれながら、伊勢の神庫をもち出して、機織の起源についておもしろい文を記している。機織はともかくとして、綾、錦といった絹織物の織技は渡来人によって五世紀後半には伝えられていた。これは、考古学が認めている（小林行雄『古代の技術』）。太秦は南山城とともに、渡来職工集団の居住地であったと思われる。秦氏と蚕養機織のつながりは、調べていくと、意外に薄いといわれている。しかし、少なくとも、大酒神社と、いわゆる蚕の社、木島坐天照御

大酒神社の石標

蚕の社

魂神社の摂社である蚕養神社とがおぼろな伝承を太秦の地に伝えてきたことは確かである。

　では、石標にみえる管絃楽舞の祖神とはどういうことだろうか。じつは、牛祭りは本来広隆寺の伽藍神であった大酒神社の祭礼であるという伝承があって、西角井正慶編『年中行事辞典』などにはそう書かれている。牛祭りの祭神、摩多羅神と管絃楽舞の祖神とをつなぐ糸は、果たして何だろうか。

　長いときを経て、もつれあった糸をほぐす手がかりは、思いがけないことに、あの能楽の大成者、世阿弥がまとめあげた猿楽成立に関する起源伝承にあった。江戸の末期に、大酒神社の石標の文字を勘案した人物は、すでに、世阿弥一族が伝承に基づいて、秦氏を名乗ったのはむろんのこと、能楽の秘伝書に、秦河勝が猿楽の祖として挙げられ、大荒大明神の名のもとに尊崇されていることを、あるいは仄聞にしろ、ともかく知っていたのだと考えざるをえない。大荒はダイクヮウと読みならわしているが、のちにみるように、兵庫県赤穂市坂越《さこし》の大辟《おおさけ》神社の祭神であって、古訓にも、荒をサケと読むという。また、社伝によれば、辟の字はもと酒をもちいたそうである。

　そして、さらに、これはまことに興味ぶかいことだが、摩多羅神の謎を解く鍵もまた、世阿弥の秘伝書にひそめられていた。

そこで、まず、『風姿花伝』の「第四神儀云」を読んでみよう。これは申楽、つまり猿楽の起源を説いた章であり、はじめに、神代、天照大神の岩戸隠れに際しての天鈿女命の歌舞の次第を記して、「其時の御あそび、申楽の始め」という。神楽に縁故づけた説明である。ついで、仏教経典をもととして、「仏在所」、天竺の例をとりあげるが、これはひとまずとばして、第三の段、河勝伝説に入る。最初は秦河勝の出生譚である。欽明天皇の代に、大和の泊瀬の河の川上から、壺がひとつ流れくだってきた。「中にみどり子あり。かたち柔和にして玉のごとし。」その夜、天皇の夢に幼児が現れて、自分は秦の始皇帝の生まれ代わりであるといった。才智、人にまさり、年十五にして大臣の位にのぼりつめ秦の姓を賜った。「秦河勝是也。」やがて、聖徳太子の代に、「天下少し障りありしとき、神代・仏在所の吉例に任て、六十六番の物まねを彼河勝に仰て、同六十六番の面を御作にて、則河勝に与へ給ふ。橘の内裏紫宸殿にてこれを勤ず。」すなわち、天下が乱れたことがあったとき、聖徳太子はみずから六十六番の仮面を作って、河勝に与え、「申楽」をつとめさせたところ、国がおさまったというのである。河勝は「此芸をば子孫に伝へ」、みずからは跡をくらますべく、「うつほ舟に乗りて、風にまかせて西海に出」て、播磨の国坂越の浦に流れついた。浦人が舟をあげてみると、「かたち人間に変り」、諸人に憑いて、奇瑞をなすので、神に祀った。「大きに荒るると書きて、大荒明神と名付く。」いまの代にも、霊験があらたかである、云々。

大酒神社

広隆寺上宮王院太子殿

金春禅竹の『明宿集』にも、同様の貴種流離譚が記述されているが、こちらは河勝の墓所のありかについて、異様な印象を与えることばを記している。墓は石の塔で、都の太秦寺にある。そして、御堂の東に池があって（この池は筆者の子供のころにはまだあった）、その中の島の頂上に、始皇帝の「髑髏」が収められているという。「モシ持来シ給イケルカ、マタヲノヅカラ飛来シマシマスカ。」これをもって、太秦は秦と書く。寺の西、少し離れたところに、桂宮院という霊場があり、「ソノ所ニ、河勝ノ御垂迹、大避大明神マシマス」、云々。

世阿弥の時代に、猿楽は「乞食所行」と貶められ、猿楽者は卑賤視されていた。そのような社会的地位に思いをはせれば、みずからの出自を大辟大明神秦河勝にもとめ、猿楽の始源を聖徳太子自作の仮面に付会する伝承の意味と存在理由がわかるはずである。それは、世阿弥の能楽論をひとつの戦略として読みうる根拠にもつながっているだろう。

◇

ところで、この聖徳太子―秦河勝という関係を表裏のありかたとしてとらえ、「宿神」という卓抜な視点から、芸能神信仰の深く隠された暗部を鋭く照明した論文がある。服部幸雄氏の「宿神論」（『文学』一九七四年十月、一九七五年一月、六月号）であり、「後戸《うしろど》の神」（同、一九七三年七月号）である。氏の所説をかいつまんで言うと、こういうことになろうか。宿神という語は『明宿集』にみえ、そこでは、まず翁（翁面）を指す。翁は、聖徳太子作の鬼面、大和猿楽の円満井座に伝来したと称される鬼面と表裏一体のものと観念されている。これは翁の神秘化、神格化の現れであり、他方、秦河勝という神格は、宿神を介して、翁に、翁の鬼神的側面、つまり鬼面に結合する。大荒大明神、この「荒ぶる神」は宿神と呼ばれるからである(『明宿集』)。では、宿神はどういう神であるかといえば、その読みからして、柳田国男が『石神問答』において追いもとめたシャグジ、シャクジン、あの「地境鎮護の神」であり、この民俗的神格が、秦氏の勢力の範囲であった播磨の坂越(尺師)、シャクシの地に古く鎮座していて、大辟大明神秦河勝に習合したのである。祖霊崇拝と言ってよい、この習合を最大限に利用したのが、猿楽者の伝承であった。

こうして、古猿楽の伝承の世界において、翁、宿神、秦河勝という独自の習合観念が成立するが、これが成立するについては、さらにもうひとつ、秘められた神格のはたらきが必要であった。服部氏は、『風姿花伝』「第四神儀云」第二段にみえる「後戸」に着目して、この神格こそは、摩多羅神であることを明らかにした。摩多羅神はようやく、宿神の背後の闇から、芸能神としての神秘な姿を現したのである。

「第四神儀云」第二段は「仏在所」における猿楽の起源を説いたもので、仏教経典をもとに、話が展開する。釈迦如来が祇園精舎の落成の法要に説法したとき、提婆が一万人の外道(異教の徒)を引きつれて、妨害に出たので、仏の意をうけた舎利弗は、「御後戸にて鼓・唱歌をととのへ」、

広隆寺講堂

摩多羅神画像

他の弟子とともに力を合わせて、「六十六番の物まねをし給へば、外道、笛・鼓の音を聞きて、後戸に集り」、これを見て、静かになった。それより、天竺に猿楽は始まったというのである。しかし、六十六番の俳優《わざおぎ》そのものは仏教説話への仮託にすぎず、かえって、猿楽者のあいだに伝承されてきた古い芸能のありかたを反映している。問題は、後戸、須弥壇の背後に設けられた祠堂であって、天台宗系統の寺院では、ここには、ほかならぬ摩多羅神が祀られていた。

摩多羅神それ自体については、はやく喜田貞吉の、そして景山春樹氏のじつに興味ぶかい研究があり（『神道美術の研究』所収）、現存する摩多羅神の木像と画像も紹介されているが、そこにも、すでに芸能神としての性格が打ち出されていた。ひとつの画像をみると、画面上部に北斗七星を描き、中央の摩多羅神は唐冠に狩衣をつけ、小さな鼓を手にして、卓子にかけている。その足もと、画面の下方では、ふたりの童子が茗荷と笹を捧げて、踊っているのである。これらの像は、玄旨帰命壇と呼ばれる密教の灌頂道場の本尊であったという。本来、大陸渡来の護法神であって、比叡山では、常行三昧堂の守護神とされていたが、顕密両面にわたるところにうかがわれるように、一種の障礙神、強力な威力をそなえた神格であった。

広隆寺にもかつては、念仏修行のためのお堂、常行三昧堂があった。いまを去る九百年余の昔、後一条天皇の万寿元年（一〇二四）、比叡山横川の恵心僧都源信が夢のお告げによって、九月十一日から三日間、念仏を修したのに始まるという。このお堂に、摩多羅神が祀られていたことは、言うまでもない。その祠堂は、後戸にあった。広隆寺の『常行堂来由記』によれば、「摩多羅神像は、念仏守護の神として、後戸に安置せらるなり。」（原漢文）摩多羅神が須弥壇の背後に隠れた祠堂に奉安されなければならなかったのは、護法と障礙、双方にかかわる威力のゆえであった。威力の発動は願わしい。同時に、それは畏るべきことでもある。念仏修法に際して、摩多羅神を慰撫するために、まつりごとを奉仕する必要がどうしてもあった。そして、奉仕の役に当たったのは、咒師としての神人《じにん》であり、その系譜は、伝承の世界において、秦氏を遠祖とする猿楽の人びとにつらなっている。摩多羅神の特異な神格に発する、このような芸能祭事の原形は、今日、平泉毛越寺の延年にもっともよくうかがうことができる。

歴史の闇は、歴史が人の心を相手どるとき、ことに深いものである。摩多羅神の畏るべき威力は、一方に、牛祭りという祭事を生み、他方に、猿楽の起源伝承を生みだした。史上の人、秦河勝は「荒ぶる神」として、摩多羅神に習合する。それは、現実の歴史的事象がもうひとつの現実、伝承というものに作り変えられたことを意味している。しかし、ひるがえって考えるとき、もうひとつの現実でない歴史がどこにあるだろうか。

牛祭りが大酒神社の祭礼であったという伝承は、猿楽の起源伝承に触発されて、生まれ、伝えられたものだろう。摩多羅神はやはり、常行三昧堂の建立とともに、はじめて管絃楽舞の故地に奉安されたのであり、念仏修法の中日に、祭神として満願祈禱の祝詞をうけたのである。今日に伝わる祭文は、滑稽諧謔の語をまじえた、いわゆる「もじり祭文」の祖型といわれ、卑猥にわたる悪口雑言をもって名が高いけれども、基本は、摩多羅神を敬祭して、招福除災、天下安穏、寺家泰平を願うところにある。そして、『太秦牛祭画巻』所収の祭文はこう続けている。

摩多羅神のお練り

「十列の風流に似たりと雖ども、体はただ百鬼夜行に異なら」ざる祭例をねんごろに奉修する所以は、「万人の逸興を催すを以て、自ら神明の法楽《ほうらく》に備へ、諸衆の感嘆を成すを以て、暗に神の納受を知らんとなり。」

諸人を楽しませ、神を楽しませる。それが、諸人もまた楽しむという積極的な方向へ傾けば、練り物、仮装、踊りとなって現れ、祭りが成立する。すなわち、風流である。牛祭りは天文・永禄（一五三二〜七〇）のころには、摩多羅神風流の名で行われていた。当時の祭りに立ち会ってみたい気がしきりにするのである。

しかし、当時どころの話ではない。牛祭りは昨年、一九八八年もまた、中止になった。三年続きである。かつての風流は、今日の風流でなくなったということかもしれない。鉄斎が聞けば、さぞ嘆くことだろう。

あとがき

鹿島さんの急逝から、半年、折りにふれて、昔からのさまざまのことを、考えるというでもなく、思い出していると、いかにも鹿島さんだなあと思わせられることが多い。あれだけくっきりした個性の輪郭をもった人はそうそう見当たるものではない。好き嫌いが強く、それだけまた、勘が鋭い。日常の言動にも、さすがに骨があった。そして、このことは鹿島さんの学問のありかたにまっすぐ結ばれている。学問は、ただ年月長く倦ずおこたらずして、はげみつとむるぞ肝要にして、と本居宣長は言っているが、とりわけ言葉にかかわる学問については、感覚が深く澄んでいなければ、知識の蓄積さえままならない。その意味で、鹿島さんが、泉井久之助という明眼の師に出会い、稟質の研磨を受けたことは生涯にわたっての幸福であった。年譜を編みながら、私はつくづく、ヨーロッパ中世の世界への美しい憧れに導かれた知的生涯の芯の強さを思わないではおれなかった。

鹿島さんの仕事の主なものは、本書におさめた文章でほぼ尽くされるだろう。まず、母堂のきみさんが費用のかかる出版の申し出をこころよく受けいれられ、すべてを委ねてくださったことに深く感謝したい。編集にあたって、といって大したことをしたわけではないが、多くの方々にお世話をかけた。序文をお願いした西田龍雄氏、八度もご一緒されたヨーロッパの旅について、思い出をお書きくださった三宅徳嘉氏をはじめ、皆さんに御礼を申しあげる。

なお、大高順雄氏が「国際オック研究学会会報」第七号（ロンドン大学）に、Kinu Kashima（1935-1990）と題する追悼文を寄せて頂いていることを付記する。

B・ベレンソンは晩年のある書物を亡き友に献じて、こんな言葉を記している（『美学と歴史』みすず書房刊の島本融氏の訳文を一部改変）。

エーリュシオンの野にあい会うことを得ば
またこの世にてなせしごとく
楽しく言い争わばやと思う

楽しく言い争ってきた友を失うほどつらいことはない。言い争ってきたなどと書くと、なんだか激論ばかりしていたようだが、鹿島さんは非常に親切で、思いやりが深く、さらに女らしいつやのある人だったから、言葉はいつも、共感を呼ぶ、暖かい場所からすっと立ちあがって、知的な閃きを包んでいた。そこには、格別に鮮やかなものがあった。しかし、いまは、この世の鹿島さんに出会ったことを喜びとし、慰めとしなければならなくなってしまった。

さて、この本が出来あがったら、鹿島さん、あの響きのよい声で何と言うだろうか。

一九九一年二月　愛宕山に雪のある日

『松山本草』の鳥類図

大和は国のまほろばというが、榛原（奈良県大宇陀町）から宇陀川ぞいに南へ下っていくときにも、この古代歌謡の一つがおのずと心に浮かんでくる。菟田野の宇太水分神社から、そのもう一つ西の川筋になる、森野旧薬園のある大宇陀にかけての里山と田園のたたずまいには、ひっそりしたなかにどこか怪異な骨太さを感じさせるものがある。むろん、古代などとはとんでもないとも言える。新しい自動車道が山を削り、野をうがって、昔からの道を寸断し、つまりは風光と人びとの暮らしを無益な混雑に追いこんでいるのがまざまざとした現実だから。しかし、それだけに、森野旧薬園のいちばん高みにある、元禄の建築の風をいまに残すといわれる桃岳庵の縁側にかけて、南にひらけた薬園の斜面のかなたに、とんがり帽子の鳥ノ塒屋山を遠く見晴るかしていると、大和と呼ばれる古き代から江戸をへて今日にいたる時の流れがこの春の日だまりの一瞬に凝縮するような感覚に襲われる。そして、これはどうやら桃岳庵の主人の心事に通底しているにちがいない。そんな気がしてくる。

桃岳庵をすこし登ったところに、賽郭《さいかく》祠堂という小さなお堂があり、庵の主人夫妻、賽郭森野藤助と妙恵、そして従僕佐兵衛の木像が安置してある。上田三平氏によると、いずれも寿像（生前に作った像）で、体内に臍の緒、歯、毛髪をおさめた木箱を蔵するという。すべて影像は過ぎゆくものでしかないとはいえ、森野藤助はいまもみずから創始した薬園と大和の山野を見つめている。これを比喩と言い捨てることは誰にもできないだろう。自身はこんな辞世を残したそうである。これはいかにも詠みすてたという姿を感じとれば、それでよい歌で、巧拙を言ってみてもはじまらない。

賽郭はまだ死もせずいきもせずはる秋ここにたのしみぞする

祠堂の右手に、賽郭の嗣子武貞の養子好徳の建立した賽郭翁祠堂之碑が苔むして、立っている。文は皆川淇園。時は寛政十一年（一七九九）三月十三日。いま、この漢文をかいつまんで賽郭の行状を記してみる。翁は、諱を通貞、号を賽郭、俗称を藤助と言い、代々宇陀に住んで、農をもって業とした。性、薬物を好んで、家園の小山を拓いて、路をめぐらせ、左右に薬用植物を植えた。享保十四年（一七二九）四月、幕府の薬草御用植村左平次が大和の産物を検めに来たとき、郷里の者が皆、通貞の薬物に詳しいのをもって、随行に推薦した。左平次は、享保十七年、二十年、寛保三年（一七四三）にも来て、通貞を召し、薬物の良否を弁じた。これより先、享保十四年十一月に、公役を勤めたゆえに、甘草など六品の漢種の薬用植物をとくに賜った。同二十年、早藕（カタクリ）を毎歳献じることを命じられ、また山帰来、延胡索など九品の漢種を賜り、元文二年（一七三七）には、黄芩、酸棗仁など十八品の漢種を賜り、薬種の製法と販売を許された。

歳五十九にして、家を子武貞に譲り、みずから草木図状を著して、七十八歳で病没した。元禄三年（一六九〇）—明和四年（一七六七）。

賽郭は農のかたわら葛粉の製造を業とした。森野家はいま吉野葛の老舗として知られている。その裏山へ急な石段を登っていくと、アカネ、トリカブト、ハシリドコロ、トチバニンジンといった薬草のほか、カタクリ、ハナノキの巨木なども栽培された斜面を越えて、南面した薬園に出る。現在も二五〇種にのぼる植物が栽培されているという。安永六年（一七七七）の草木目録を上田三平氏が写したのを見ると、甘草（カンゾウ）、東京肉桂（ニッケイ）、天台烏薬（テンダイウヤク）、山茱萸（サンシュユ）、防風（ボウフウ）、知母（チモ＝ハナスゲ）、山帰来（サンキライ）、白朮（ビャクジュツ＝オケラ）、黄芩（オウゴン＝コガネバナ）、朝鮮種人参（＝オタネニンジン）などの拝領の外来種をはじめとして、一六一種の名が挙がっている。採薬使植村左平次に随行したおり、各地の山野に得た薬草を工夫をこらして栽培し、おいおい薬園としての体裁、規模を整えていったもので、安永のころには、薬種屋として繁盛し、京大坂の方面にその名が聞こえていたという。嗣子武貞もまた本草物産の学を好み、薬草御用、御本丸御用（カタクリ粉）として、よく薬園の経営に当たったからである。

賽郭は桃岳庵に隠退ののち、もっぱら淇園の言う草木図状の制作を楽しんで、日を送ったらしい。この図譜が『松山本草』である。稿本、全十巻。その内訳は、巻一、二、草。巻三、山草・湿草・毒草。巻四、介（貝類）。巻五、穀菜。巻六、蔓草・藤。巻七、鱗虫禽獣。巻八、芳草・灌木。巻九、水草・石草。巻十、木となっている。収載の植物は六二六品。動物、二六四品。動物のうち、貝類、一八一品は、所蔵の貝類標本を写生したものだろう。鳥類は巻七に収められるが、題簽には『松山本草　鱗蟲禽獣』とあるのみで、巻数はなく、第一丁表に、「二十六丁」と記して、下に「薬園主人」という白文の方印を捺した紙片を貼付してある。この巻には、他に、鯨、クラゲ、カニ、亀、魚類、蛙、昆虫類、蛇、ネズミ、狸、牛、馬など八十種類を超える動物が収められているが、とりわけ、狼の図があるのが注目される。大宇陀（松山は旧名）は最後のニホンオオカミの捕獲地である鷲家口にほど近い。

次に、鳥類の全二五品を図譜の順にしたがって挙げる。図はすべて彩色図で、一葉に二種類の図を描くこともある。賽郭は多くの場合、名をまず漢字で記し、下にカタカナを付している。カタカナはいま丸カッコに入れた。また、丁数は鳥類の第一図を第一葉とし、種に通し番号をつけた。鉤カッコ内は筆者のコメントである。

第一葉　1. 熊鷹〔クマタカではなく、ミサゴ。その特徴をよく捉える〕
第二葉　2. 鷲（ワシ）〔種不明、羽づくろいをしている〕
第三葉　3. 鷹（ハイタカ）〔雌か、同画面のカワラヒワを追う〕
　　　　4. 川原金翅（カワラヒワ）〔ススキの茂みに逃げこむところ〕
第四葉　5. 仏法鳥（ブッポウサウ）〔足指が対趾足に見える。針葉樹にとまる〕
　　　　6. （日光ジヒシン）〔ジュウイチの幼鳥。岩に立つ〕
第五葉　7. 鵺（ヌヘ）〔空想的。ライチョウの雌雄か。雲海の山〕
第六葉　8. 鵙（モズ）〔針葉樹にとまる〕
第七葉　9. 青鳩（アヲバト）〔枝にとまる〕

第八葉
10. 山鳩（マバト）〔真鳩。キジバト。同じ木の枝にとまる〕
鶺鴒（セグロ）〔名のみ〕
第九葉
11. （シリビキ）〔ツメナガセキレイ。川辺の風景を絵画的に描く〕
12. 繡眼児（メジロ）〔柿の実のなる枝に二羽並ぶ〕
第十葉
13. 桑鳲（アツトリ）〔アトリ。地面に降り、ユリ科の草の実をついばむ〕
14. 蝙蝠（マメマワシ）〔イカル。木にとまる〕
第十一葉
15. 川鳥雅（カワガラス）〔流れの岩にとまる〕
16. 啄木鳥（キツツキ）〔コゲラ。右の木の幹にとまる。左の松に空白〕
第十二葉
17. 鵯（ヒヨドリ）〔青虫をくわえて、枯枝にとまる〕
18. （シナイ）〔シロハラ。画面に立つ〕
第十三葉
19. 鵺（ヌエ）〔トラツグミ。画面に立つ〕
20. 鶉（ウズラ）〔画面に立つ〕
第十四葉
21. （ウソ）〔雄。桃の枝にとまり、花をついばむ〕
22. 金翅（ヒワ）〔マヒワの雄。カヤツリグサ科の草にとまり、実をねらう〕
第十五葉
23. （イスカ）〔松の枝にとまる。実を描く〕
24. 鶫（ツグミ）〔実をついばむ〕
第十六葉
25. 雉（キシ）〔キジの雄。画面に立つ〕

以上の画面を通覧して、もっとも興味をひかれるのは、賽郭の筆がたんに鳥の形と色を写すにとどまらず、鳥の生態をよく捉えていることである。ハイタカにカワラヒワを追わせ、メジロを柿のなった枝に並んでとまらせ、ヒヨドリに青虫をくわえさせ、アトリに草の実をついばませるのは、一見、当然のことのように映るかもしれないが、江戸期の鳥類画としては、これだけのことでもほとんど例外的と言わなければならないだろう。

尾形光琳（一六五八—一七一六）の『鳥類写生帖』を例にとって、この間の事情をすこし考えてみると、光琳はまことに精妙な筆使いで、五九種の鳥の形色を写生したが、それらは頭部、翼などの部分図はむろんのこと、全身の図であっても、生息環境からまったく切り離されて描かれている。[1] 鳥のとまる木の枝が形式的に図示されることはあり、また飛翔の姿、水を泳ぐ姿、地面に立つ姿というふうに、生活の環境を予想することは確かにできるけれども、大切なのは、この種の情報が不要のものとして画面から意識的に追放されていることである。情報は画家の頭のなかにいわば巣くっているだけで、色も形もとらない。なぜこうなるのかと言うと、写生図は花鳥画のための粉本にすぎないからである。『鳥類写生帖』は孔雀の雌雄のさまざまな姿態を十五図（部分図を含む）にわたって写生し、羽根（上尾筒）を拡げた雄のスケッチには、たとえば「舞時口少アキテ尾ノシン大方白シ」といった留書がある。そこで、光琳の『孔雀立葵』の屏風を見ると、雌雄を描くうち、雌は頭部がわずかに高く、したがって頸がやや細く伸び、いっそう優美な形をとる以外、片足で立っている点まで、写生図に等しい。雄については、上尾筒を拡げた彩色図は失われたのかもしれないが、さきほどの留書のあるデッサンを基本とすると見てよい。留書の尾羽の白はもちろん、「舞う（羽根を拡げる）とき、口を開く」も順守された。この頭部については、角度をほぼ同じくする部分図もある。では、二羽の孔雀はどんな場所にいるかと言えば、花をつけた梅の枝が鋭い屈曲を見せている崖の側である。梅も崖も、孔雀という鳥が導き出した景物ではなく、構図の要求するリズムにひたすら忠実にそこに存在させられているにすぎない。つまり、すべては花鳥画というジャンルの成否にかかっている。

したがって、博物画としての鳥の図がまずみずからに課したのは、花鳥画の装飾性から抜け出すことであり、粉本のありかたをさらにおしすすめて、ものの写生に徹し、それによって粉本の効用性をも廃棄してしまうことであった。そこに、写真あるいは真写という言葉が生まれた。写真は真を写すことだけが目的であって、ひとまず他に効用というものはない。真はそれ自体で完結しており、美のための素材ではない。美を言うなら、真の完結性が美である。このような考え方の変化を美意識の枠組みだけで説き去ることは無理で、当然、もっと大きい枠組みとして、博物学的な眼の成立という事情を考えなくてはならない。いま簡単に述べれば、この眼を現実に働かせているのは自然の事物（動物、植物、鉱物）に対するひたすらな好奇心であり、好奇心はあくまでも事物の現に眼に見えている表面の形と色、つまり知覚の像としての表象に向けられていた。表象の精確な把握は言葉よりも、絵筆によるほうが行いやすい。ここに枚挙ということが加わって、博物画の第一歩が踏み出されることになる。これがおおよそ十八世紀中葉以後の事態であり、たとえば、細川重賢（一七二〇―八五）の『群禽之図』、堀田正敦（一七五五―一八三二）の『堀田禽譜』に見られるように、鳥類図を愛好した大名の意識も、実際に図を描いた人物（絵師）の意識も、鳥そのものへの志向を基本としていたと考えてよい。そこでは、鳥の真の把握はますます精密さを加えるが、他方、鳥にかかわる別の種類の多くの情報は排除されて、画面には、鳥の形姿だけが、約束事として、あたかも地面に立っているかのように描かれることになる。この画法は粉本のそれに由来するものだろうが、重要なのは、力の方向が異なっている点であり、これを見落としてはならない。伝統に加えて、模写や、観察の機会を得られないまま、死体なり、当時生状《いけつくり》と呼ばれたらしい標本なりをもっぱら写生していることなど、さまざまな条件がこのような画法のありかたを規定したことは確実である。しかし、鳥そのものに働く強い好奇心が根本になければ、『群禽之図』が執拗に生替（アルビノなどの変異個体）を描き、『堀田禽譜』がいまでは絶滅した朝鮮鴛鴦（カンムリツクシガモ）の図を残すことはなかっただろう。そして、博物図は円山応挙（一七三三―九五）を代表者とする、写生を基調とした、新しい流れの花鳥画に吸収されてしまったかもしれない。要するところ、事実として、細川重賢の『昆虫胥化図』の蝶の変態の図をものした、その同じ眼が鳥類にもそそがれていたわけである。

図１　ミサゴ（第一図）

さて、『松山本草』にもどれば、その鳥類図が花鳥画の伝統からすっぱり切れていると言うことはできないだろう。花鳥画でいう鷙鳥画（ワシタカ類の画）に対する関心が第一、二図のミサゴとワシの形姿の構成をかなりの程度規定していることはまずまちがいない。明らかに写生と思われる他の図と異なって、筆使いに稚拙さがないことにも、それなりの理由を考えるべきだろう。しかし、同じく鷙鳥画の第三図については、ハイタカの翼の下面の鷹斑の違いを雨覆、大雨覆、次列風切と描き分けているのを見ると、実物の精密な写生にもとづくものと思われるし、全体の構図、獲物を追って急降下する鷹という構図は、たとえば長崎派の花鳥画にも例があるけれども、翼に優美にすぎるデフォルメを加えないで、より自然な形態をとらせていることからしても、単なる模倣とは考えにくい。この画面は、ハイタカの狩猟行動の観察の経験がなければ、おそらく実現しえなかっただろう。そう思わせるだけの大胆な迫力をもっている。

図2 ハイタカ（第三図）

言いかえれば、鳥類図として、『松山本草』のうちでもっとも完成されており、あのオーデュボンの描いた北アメリカの鳥たちのダイナミズムをなにほどか感じさせるところがある。ヨーロッパにおいても、このようなダイナミズムが鳥類画にようやく導入されるのは、オーデュボン（一七八五―一八五一）の力技によると言ってよいから、かなり遅れる。加えて、この導入のためには、鳥の死体や剝製の写生のみならず、生息環境、行動、食性などの多面にわたる実地の観察がどうしても必要であったことは、『アメリカの鳥類』（一八二七―三八）の図のどれかを開いてみれば、すぐわかる。鳥の個体を無地の空間に描くのではなく、鳥が世界と結んでいる関係の断面を切り取ろうとするかぎり、その世界についての経験的な知識がなければ、画面を構想することはできない。オーデュボンにおいて、ダイナミズムはわが花鳥画の美に相応するもので、鳥類画の生命を扼する、制作上の基本原理になっているが、その劇的効果はあくまでも知識の組み合せにもとづいて計算され、その結果として生み出される以外にはない。計算を規制しているもの、さらに、知識の組み合せの真を保証しているもの、それが、画家ならぬ、博物学者の眼であることはもはや言うまでもない。『松山本草』の画家についても、規模と力量はむろん比較にならないけれども、事態の本質は同じことと思われる。森野藤助はたしかに博物学者の眼をそなえていた。少なくとも、野外観察者の位置をみずからに確保していた。たとえ何周遅れかであるにせよ、彼はオーデュボンと同じトラックを並んで走っていたのである。さきに、江戸期の鳥類画として例外的と述べたが、その由来するところは、大半の鳥類図がどこまでも個を、個体をめざすなかにあって、賽郭が個と世界の関係の断面をともかく捉えようとした、その姿勢にある。

ところで、賽郭が後代のこんな文章を読めば、どうもむずかしいな、私はただ楽しんで描いていたのだよと言うかもしれない。いかにもそうなのである。『松山本草』の鳥類図は決して博物画として完成されたものではない。あくまでも素人画家の作品である。しかし、と言うより、むしろそれゆえに、その鳥類図の多くは、専門の絵師の達者な筆からは生まれえない、一種とぼけた味わいをそなえている。メジロも、アトリも、キジバトも、流れの石に立つカワガラスを見下ろしているイカルも、木の幹にとりついて、尾羽で身をささえているコゲラも、シロハラをしてやったりと見下ろして、威嚇しているヒヨドリも、どこか自足した様子である。いま筆使いの明らかな稚拙を言うのみでは足りないだろう。眼差しの温かさ、鳥という生き物の生活に向けられた眼差しの温かさを保証するだけの開かれた心がここにはある。自足しているのは、したがって、画家のほうということになる。つまり、賽郭は珍鳥をもとめて右往左往することなく、わが薬園の

図３　メジロとアトリ（第十二図）

高みにどっかり腰をおろして、日々の観察を楽しんでいたというわけだ。

実際、『松山本草』の鳥で、やや珍鳥と言えるのは、ライチョウは別として、[▼2]ツメナガセキレイのみで、他は留鳥か、イスカ、ウソのような漂鳥か、ツグミ、アトリ、シロハラのような冬鳥であり、近畿でふつうに見られる種類が多い。そして、これらの鳥の行動は、とくに食性の観察にもとづいて描かれている。すでに挙げたハイタカ、メジロ、ヒヨドリ、アトリのほか、桃の花をついばむウソ、草の実をねらうマヒワ、松かさのついた枝にとまるイスカ、灌木の赤い実（名がわからない）をついばむツグミなどである。『松山本草』が六百余種の植物図を収めているだけあって、賽郭の筆は植物に対してさすがにもっとも巧みで、これらの図に描きこまれている植物にもなかなか生彩がある。しかも、単なる添え物ではない。それぞれの鳥の食性との関連で選ばれているところが観察の精細な働きである。

賽郭はたぶんいろいろな鳥をみずから飼っていた。その餌についての配慮が日常にあったから、野外での観察がとくに食性に向けられたのであろう。その眼が鳥たちを生かしている。『松山本草』を眺めていると、他の鳥類図譜を見ているときにはまず経験することのない、明るい光が生き物の世界を満たしているような安堵の念に包まれる。それがなによりありがたい。

『松山本草』の鳥のうちで、もっとも話題を提供するのは、「仏法鳥」の図であろう。図は二つあり、「仏法鳥」という名を記して、その下に、一つは「ブッホウサウ」、もう一つは「日光ジヒシン」とさらに名が書きこまれている。日光ジヒシンは慈悲心鳥、つまりジュウイチである（ただし、胸から腹にかけての斑紋から見て、幼鳥と思われるが、嘴の彩色などにやや疑問が残る）。そこで、問題はまず、「仏法鳥」が今日の名で言えば、何なのか、すなおにブッポウソウとしてよいのかということであり、つぎに、「仏法鳥」とジュウイチとの関係はいかんということになる。

図４　ブッポソウ（第五図）

まず後者から考えてみると、賽郭は両者を雌雄と見ていたようである。というのは、賽郭は宝暦十年（一七六〇）、大坂の医師戸田旭山が会主となって開いた物産会に「仏法僧」を二品、出品しており、[3]この会の記録である『旭山先生文会録』（一七六〇刊）を見ると、「仏法鳥　和名ブツホウソウ〇日光ジヒシン」として、雌雄の略画を添えたうえで、「雄ナル者」、「雌ナル者」、それぞれの特徴を文に記しているが、雄の記述は「仏法鳥」の図に、雌の記述は「日光ジヒシン」の図にぴったり一致しているからである。したがって、賽郭ばかりでなく、戸田旭山、直海元周など、物産会の主な会衆も両者を雌雄と見ていたと考えてよいだろう。[4]そして、現実の出品物は、なんらかの細工をほどこした標本の可能性も否定はできないが、佐藤成裕の『飼籠鳥』（一八〇八年、成稿）の「念仏鳥」の節に、[5]「和州松山の森野賽郭翁が飼つる雌雄の形状委しく文会録に出せり」とあるのを見ると、生品を出したとも考えられるので、この雄の鳥がなんであったかと言えば、やはりブッポウソウであろう。これは賽郭死後の明和七年（一七七〇）のことになるが、嗣子武貞が江戸の植村左源次（左平次の息）を訪ねたおり、「仏法鳥」を持参した旨が左源次の書状に見えている。上田三平氏が引用されたこの書状から関係する部分をかいつまんで記しておく。

「仏法鳥は高野山の名鳥で、この山で仏法僧とさえずるのを聞く人はまれにあっても、姿をよく見た者はないが、このたび高野山の近所で獲ったので、お見せしたいと言って、武貞が持参したのを一覧したところ、珍しい鳥であり、田村元雄にも見てもらうと、はなはだ珍しいそうで、元雄は所蔵の絵図に引きあわせて、仏法鳥にまちがいないと言った、云々。」

この鳥もまた、物産会のものと同じく、ブッポウソウであろう（これは標本か）。したがって、『松山本草』の「仏法鳥」の図はブッポウソウであると考えたくなる。色彩はほぼ正確で、とくに、鉤状になった上嘴の先端が黒く塗られているのを見ると、実物を観察した結果のように受け取れる。しかし、頭部や嘴や頸の形態がかなり異なっているために、全体として、ブッポウソウとは様子のちがった印象が強い。実物を眼のまえにして描いて、これほどちがった形になるであろうか。しかも、足指が前二、後二の対趾足になっている。もしブッポウソウであれば、三対一のはずなのに、どう見ても、二対二にしか見えない。これは、どう考えるべきであろうか。

賽郭はブッポウソウの飼い手として、おそらく、この鳥が仏法僧とは鳴かないことを知っていたであろう。仏法僧と鳴くのがフクロウの仲間のコノハズクであることは昭和十年になってようやく確認されたが、江戸時代にも、当然、うすうす気づいていた人はあった。仏法僧と鳴く鳥が仏法僧なのだから、ブッポウソウは仏法僧ではありえない。しかし、ブッポウソウが仏法僧であるという説はすでに俗間に広まっており、また、これをめぐって種々の論議があった。江戸本草学の泰斗田村藍水（一七一八—七六）が手もとに持っていたという仏法鳥の図にも、ブッポウソウが描かれていたはずである。そうでなければ、武貞の持参した標本が仏法僧と判定されることはなかったであろう。賽郭が真の仏法僧、つまりコノハズクの足指が二対二の対趾足であるのをみずから観察したとは、図の全体からして、まず考えられない。これはやはりジュウイチの仲間（ホトトギス科）が対趾足であることからの発想であろう。しかし、少なくとも、この野外観察者が、小野蘭山（一七二九—一八一〇）が後年、『本草綱目啓蒙』に述べた考えにかなり近い位置に立って、「仏法鳥」の図を描いたことはまず確かなように思われる。すなわち、いま詳しく述べることはできないが、仏法僧は形も色もブッポウソウに酷似しているが、ずっと小さく細身の鳥であるという考えである。私のこのような見方がもし正しければ、したがって、『松山本草』の仏法僧は『文会録』の物産会に出品された鳥を写生したのではなく、賽郭のいわば胸中にある鳥を写したものだとしなければならない。この鳥がなにか、それを決定するのはおそらくできないことであろう。ただ仏法僧と言うほかはない。これを描くに際して、なにかお手本があったと考えられなくもないが[▼6]、ともあれ、通説との不一致については、賽郭は沈黙を守ったのである。

注

▼1　真保亨編『光琳鳥類写生帖』岩崎美術社、一九八三年。本書では、鳥の種の総数を、不明種を加えて、五八種としているが、乙の三上の鳥（63図）はイカルではなく、ブッポウソウなので、計五九種となる。名の留書がないことからして、この図はおそらく光琳の写生であろう。もしそうなら、管見に入った、ブッポウソウのもっとも早い写生図となるが、この点については、なお今後の調べにまちたい。

▼2　第五葉の鵟は、図像そのものが空想の産物だが、全体の形色、とくに目のうえの赤い肉冠を立てている（雄の図）ところから見て、ライチョウの雌雄の姿を基本とする。跗蹠と足指が渉禽類を思わせる形になっている。ライという音が鵺鳥（雷鳥）と水鳥の信天翁の双方に通じることから生まれた空想であろう。貝原益軒の『大和本草』（一七〇九）、越谷吾山の『物類称呼』（一七七五）、参照。なにか原図を模写したものと思われる。ヌエという名のつけかたに、どうもおかしいという賽郭の気持が現れているようでもある。同時代の鵺鳥の図としては、元文二年（一七三七）刊の寺田正晴『扶桑雷除考』（武田科学振興財団杏雨書屋所蔵）所収の雌雄の二図がある。疎略な描法だが、跗蹠と足指が渉禽類のものに類するほか、目の肉冠を額板のごとくに描いている。これとそっくり同じ図が後藤梨春の『随観写真』（写本一〇冊、一七五七年序、東京国立博物館所蔵）巻之十六の「鵺」の項に出ている。正晴の跋に「此鵺鳥の図ハ親しき人の許にひめ置れしを云々」とあるのは、後藤梨春を指すかもしれない。しかし、梨春が明和四年（一七六七）に刊行した『震雷記』（杏雨書屋所蔵）に載る「加賀白山の雷鳥」の図はまったく異なる図柄であり、また明らかにライチョウを実見した上でのものではないことからすると、『随観写真』の図は『扶桑雷除考』の図の写しと考えるほうが正しいであろう。ともあれ、賽郭の時代には、ライチョウの姿はまさにヌエのごとく判然としていなかったのである。

▼3　賽郭は享保二十年（一七三五）江戸に上っており、おそらく植村左平次を通して、田村藍水とも面識があった。藍水は宝暦九年（一七五九）、森野薬園を訪れている。平賀源内が宝暦十二年（一七六二）壬午の物産会に際して製作した「東都薬品会」の引札（『平賀源内全集』第二巻付録）の諸国産物取次所の項に「大和宇

陀松山　森野藤助」とあり、また、『物類品隲』(一七六三刊)巻二石部、礞石の項に「大和葛下郡下牧村産上品壬午主品中田村先生具ス同国宇陀郡松山森野賽郭始テ得之ト云」とある。

▼4　直海元周が前年(一七五九)に刊行した、杜撰な書『広大和本草』(西尾市立図書館岩瀬文庫所蔵)巻九に仏法僧の記述はない。

▼5　『飼籠鳥』第十四巻、候鳥部、東京国立博物館所蔵写本。

▼6　江戸期の鳥類図譜で、仏法僧が口を開き、ときには舌を見せている図柄がまま見られるのは、明らかに、仏法僧と唱えているからで、これは画家の作為である。たとえば、小野蘭山の衆芳軒旧蔵の『禽譜』(彩画三帖、東洋文庫所蔵)。コウヤマキの枝に止まった仏法僧と慈悲心鳥を一画面に描く。仏法僧の形は『松山本草』の図とよく似ており(ただし足指は茂みに半ば隠してある)、共通の図柄がお手本としてあったのではないかと思わせる。これは「日光ジヒシン」についても言えるであろう。

参考文献

上田三平(三浦三郎編)『改訂増補日本薬園史の研究』渡辺書店、一九七二年。

木水弥三郎『森野旧薬園の人々』森野旧薬園、一九六六年。

『大宇陀町史』大宇陀町、一九五九年。

上野益三『年表日本博物学史』八坂書房、一九八九年。

Anker, J., *Bird Books and Bird Art*, Copenhagen, 1938 (Reprint 1990).

(付記)

『松山本草』の閲覧を許可された、森野藤助氏に深謝いたします。

鳳凰

『芬陀利華』が二百号を迎えるそうだ。お祝いに、以前、鳥の話を連載してもらった縁があるので、おめでたい鳥のことを書いてみよう。

瑞鳥といえば、鳳凰。言うまでもなく、古代中国の人びとが空想した鳥である。しかし、空想とはいっても、これは、宗教的な世界観にはぐくまれた空想であった。白川静の『漢字の世界』によれば、方神、東西南北の方位をつかさどる神は神意をつたえるために風神を使役したが、風の字は古くは虫（つまり、龍）ではなく、鳥をもって示したという。すなわち、鳳であり、風はこの神鳥の羽ばたきによって起こされる大気現象であった。

この鳥が原初において、どのような姿であったかはすでに知るよしもない。学者によって、音からゴクラクチョウにあてたり、また、クジャク、フウチョウ、キジとする人もあるそうだ。乱暴なことを言うようだが、鳳凰の神鳥たるゆえんは、のちの書物に、頭は鶏、頸は蛇、頷は燕、背は亀、尾は魚で、五彩の色をし、高さ六尺あまり、とあるような、神話的な姿をとるところにあるので、たとえ原型にせよ、鳳凰がこの地上の鳥の一種であっては、なんともおもしろくない。ともあれ、古き代に伝えるところでは、鳳は雄で、即即と鳴き、雌の凰は足足と鳴き、声は鐘と鼓によく調和する。梧桐でなければ、棲まず、竹の実でなければ、くらわず、醴泉(甘い水)でなければ、のまない。そして、聖人が理想的な政治を布くときにあたって、姿を見せるという。『論語』の子罕第九にある言葉、

子曰く、鳳鳥至らず。河、図を出ださず。吾れ已んぬるかな

の鳳鳥至らずも、先王の道にかかわる嘆きであった。

鳳凰というと、すぐ宇治の平等院の鳳凰堂が思われるが、この鳥の形姿は日本に古くから伝えられた。仏教の伝来と時を同じくすると言われるが、たとえば正倉院の『紫地鳳唐草丸文錦』のように、工芸品の装飾文様としても入ってきたようで、葡萄唐草の輪のなかで、白、緑、赤、黄、紫の五色の糸に織りなされた鳥が翼をひろげ、足をけたてている様子は、今日見ても、エキゾチスムにあふれている。

鳳凰堂は、いま書くまでもなく、定朝の名作、阿弥陀如来を本尊とする阿弥陀堂だが、こう呼ばれるようになったのは近世に入ってからのことらしく、左右の翼廊にはさまれた中堂の棟を飾る一対の鳳凰からついたとも、お堂の全体の布置からついたとも言われている。つまり、両の翼に、中堂のうしろにのびた尾廊がくわわって、鳥の飛翔の姿を思わせるというわけだ。平面図を見ると、なるほど飛ぶ鳥の形になっていて、感心するが、このような設計の由来はまだ明らかではないようである。阿弥陀堂は『観無量寿経』の第六観

の極楽世界の五百億の宝楼閣になぞらえて建てられたものだが、その結構について、記述はむろんない。極楽世界は、ヨーロッパ文学に伝承された楽園の風景と同じように、樹木が茂り、水があり、鳥がすんでいる。観経には、鳧雁鴛鴦の名しか出ていないが、小鳥たちのさえずりも響いていることだろう。極楽世界を涼しく吹きわたっている風は、やはり、鳳凰の羽ばたきによるものだろうか。

グリーグの家

ベルゲンでは、月に四十日雨が降るそうである。降ったり、やんだり、変化がめまぐるしいのだろう。私が立ち寄った二晩三日は幸い降らなかったが、猛烈な風が港町の低く曇った空を吹きぬけていた。低気圧の研究が、たとえば前線の発見のように、北緯六十度のこの町に設立された地球物理研究所で画期的に進展したのも、げにむべなるかな。

グリーグはベルゲンで生まれて、ベルゲンで死んだ。一八八五年、四十二歳のとき遠い郊外の森に家を建て、国の内外をめまぐるしく放浪する生活に別れを告げた。この家がトロールハウゲン（トロールたちの丘）である。トロールはノルウエーの民話に出てくる化け物。いまや土産物の人形になって、怪異にして愛嬌ある顔を行き交う旅人の好奇の目にさらしているが、もともとはキリスト教から見た異教の神々だろう。ヴィクトリア朝の別荘風の瀟洒な白い屋敷にこんな名をつけたのは妻のニーナであった。ニーナは夫の歌曲を歌いつづけた声楽家である。「生きるとは、魂のうちにひそむトロールと闘うこと」とイプセンが詩に書いたような近代的苦悩の嵐をまったく知らない森の小鳥のような歌い手の姿を心にあれこれ思ってみるのは楽しいことだ。

家を出て、フィヨルドの方におりてゆく。針葉樹に落葉広葉樹をまじえた森の小径。途中に臙脂色のペンキを塗った粗末な板張りの小屋があった。異様に緊迫した静寂が小さな建物を包んでいて、作曲家の仕事場だとすぐにわかった。ドアのガラス越しにのぞくと、がらんとした空間に窓が大きく開いている。入江を木々のあいだに望む窓辺の机。無造作に置かれたペンや紙やインク壷。右の壁際に、ピアノ。まさかトロールが出たわけではあるまいが、奇妙に荒々しい力がいつのまにか、作曲という仕事が要求する精神の形式はこれだという思いに、まるで暗い穴に引きずりこむように私を引きずりこんでいた。

吉田秀和はグリーグの音楽を「かなり甘ったるいサロン向きのマンネリズム」と評している。なるほどそうかもしれないが、日本人のわれわれを相手にそんなことを言ってみてもはじまらないだろう。この作曲家の内部には、イプセンと同様、われわれの与かり知らぬ善悪のトロールたちが棲みついていた。グリーグという人がベルゲンの低気圧さながらに不安定なのはそのためである。音楽もまたしかり。

パリのカモメ

メリヨンの銅版画「ポン・ト・シャンジュ橋」を本で見てからというもの、パリのカモメというと、恐怖に似た思いが胸の淵から湧きあがって、心の画面をことさら暗くする。まるで、ロートレアモンの『マルドロールの歌』に「カモメが鳴き、また羽ばたいて、嵐が近づいているのを知らせようとむなしく努めながら、こう叫んでいた、二人はどこへゆくのだろう、あの狂ったような駆け足で」とある、その狂気がのりうつったかのようにセーヌ川を高く舞い低く乱れるカモメたち。もっとも、私はカモメ類と思うが、はっきり決めがたい。アホウドリとする人もあるし、橋のすぐ上の六羽はカモに見える。

画面では、両替橋が六つのアーチを左から右に横たえ、シテ島の河岸に、黒く汚れたコンシエルジュリの塔が革命期の暗鬱な記憶をひめて重々しく並んでいる。石造りの幻想。『パリの憂鬱』の詩人ボードレールはメリヨンのデッサンの厳しさと繊細さをたたえて、巨大な都市の厳粛な本性がこれほどの詩をもって描かれたことはないと評した。メリヨンはこの版画を何度も描きかえていて、カモメは第九段階に出てくる。前のものでは、鳥は後景に退き、かわりに気球が一つうかび、それには希望という文字が読みとれる。あとの段階では、気球の数がふえ、いちばん大きいのには〔ヴァス〕コ・ダ・ガマの字。それなら、カモメたちは都市という悪と狂気からの脱出を、嵐が吹き抜ける未知の海への飛翔を暗示するのかもしれない。

　真っ青な空を旋回する真っ白な翼。カモメは航海の新しい希望にふさわしい。しかし、彼の空は晴れあがってはいない。世界を一周したこともある船乗りメリヨンの空は。怒りと恨みをこめてざわめく空とボードレールも言っている。鳥と気球、空を舞うものたちさえも、人のあこがれの失墜を無残に示すために乱舞しているかのようだ。メリヨンは二年後に発狂し、一八六八年、精神病院で死ぬ。ボードレールと生まれも死も同年であった。

森野賽郭の博物学

森野藤助、隠居しての号を賽郭という。元禄三（一六九〇）年、大和国宇陀松山（現、大宇陀町）の農のかたわら葛粉を製している家に生まれた。早くから薬草に興味をもち、山野に得た草木を栽培するとともに、本草の学をおそらく独学で学んでいた。

折しも、徳川吉宗の享保の改革は多方面の殖産興業策を打ち出していて、その一つに、薬種の製造と供給のために、採薬使を各地に派遣して、薬草の採集を行ない、薬園を経営するという施策があった。

享保十四（一七二九）年、伊勢の出身で、駒場御薬園預りの任にあった植村左平次（一六九五〜一七七七）が御薬草御用として大和に入ったとき、藤助は薬草見分の案内人の一人に推されて、深山幽谷をともに歩くことになる。進取の気性に富んだ、篤学の農民のその後の生涯を方向づけたのは、この採薬使との出会いである。藤助が屋敷の裏山にいとなんだ薬園が史蹟森野旧薬園としていまに存続しているのも、この出会いがあってのことである。

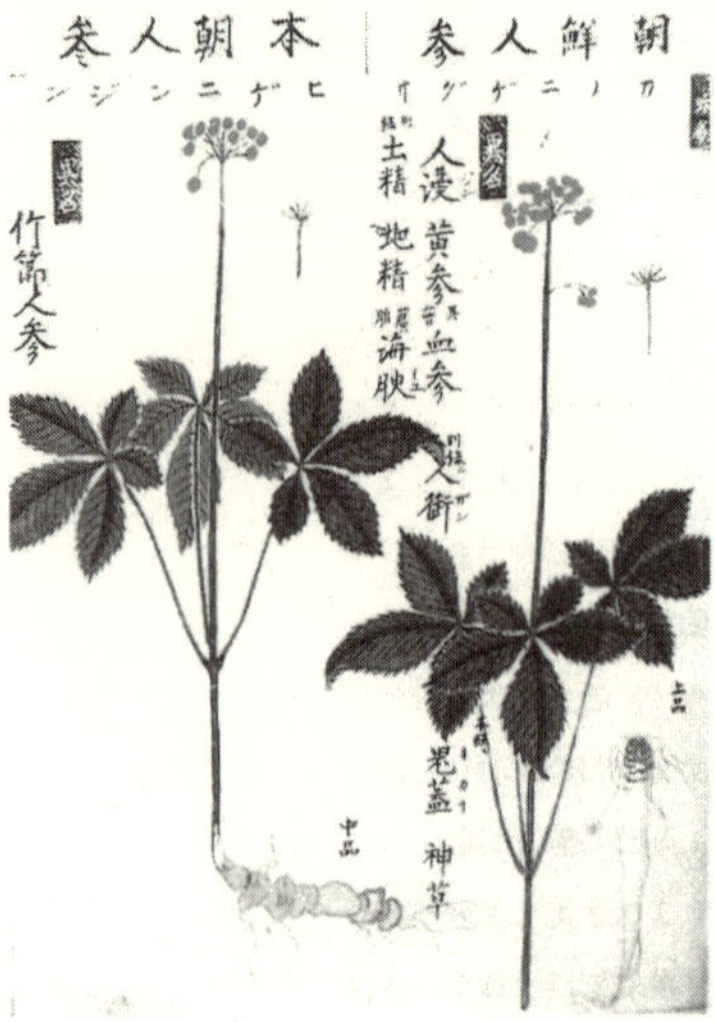

チクセツニンジンとチョウセンニンジン『松山本草』森野藤助氏蔵

イカルとカワガラス『松山本草』森野藤助氏蔵

一行がどんな道筋をとって、どの山に登り、どの谷を下ったか、どんな薬草を採集したか、興味をひかれるところだが、幸い、左平次に採薬日記があり、藤助に『御薬草御見分所控』という記録があって、詳しく分かる。いま上田三平氏が作成された経路図を見れば、藤助は四月四日に室生で採薬使を迎えて、以後四か月近く艱難をともにしている。室生から倶留尊山、神末、そこでカタクリの群落を見つけて、桃俣、麦谷と南行し、吉野川上流に出て、伯母谷から、台高山脈に発する本谷川を往復し、五月五日吉野山をへて、下市に出る。五月九日には下市を立って、大峰の山上ヶ岳に登り、天ヶ瀬に下って、北山川に沿って南行、前鬼をへて釈迦ヶ岳に登り、池原から北山川沿いに大沼（紀州領）に出、竹筒をへて、六月四日玉置山に登る。藤助はここで採薬使と別れて、西の十津川筋に下り、上湯川をさかのぼって、北に転じ、神納川の源流を探ってから、上野地で一行に合流する。辻堂から川原樋川を遡行し、大股をへて、紀州高野山に登り、ふたたび十津川筋に出て、川合まで天ノ川をのぼり、七月五日小古田から下市にもどった。一行は、さらに、金剛山に登って、七月二十七日に伊賀領の名張で解散した。

この間、もっとも探索に努めて、各地で発見しているのは人参（トチバニンジン）である。一名、竹節人参はいま生薬（根茎）の名にもちいる。他に黄連、細辛（ウスバサイシン）など。防風、遠志、黄耆のような中国産の種に似たものも、それとして採集している。

藤助は採薬の功によって、甘草、天台烏薬、山茱萸など六種の中国の薬草を幕府より拝領し、薬園を開いて、年とともに充実させ、同時に、カタクリ粉の製造と納付を命じられたのを家業として発展させた。その後も、左平次の採薬に三度同道しているが、寛延二（一七四九）年、家督を嗣子武貞に譲り、薬園を見下ろす高みに、桃岳庵を建てて、隠居した。

これは私の思うことだが、森野賽郭の人としての本領は隠居の後に遺憾なく発揮されたのではないだろうか。桃岳庵の暮らしは『松山本草』と題する、草木を主とし、昆虫、貝、魚、鳥、鯨、獣なども含む十巻の図譜の制作に捧げられた。それらの図をじっと見ていると、素人画家の筆使いから、自然にみずから親しみ、個物に対する慈しみをはぐくんだ人でなければ表現しえない、暖かみがにじみ出てくる。鳥の図に、とくにその感がある。そこに、深く、大きく根をはっているのは、博物学を支える、もっとも大切なものである。博物学の翁は、こんな辞世を残して、明和四（一七六七）年、七十八歳の天寿をまっとうした。

賽郭はまだ死もせずいきもせずはる秋ここにたのしみぞする

この歌のとおり、賽郭はいまなお薬園の高みから春秋の季節のめぐりを楽しんでいる。というのは、桃岳庵をのぼったところに、賽郭祠堂という小さなお堂があり、そこには、賽郭と夫人の妙恵、従僕の佐兵衛の木像が安置されているからである。主人の像はまことに晴れやかな趣きで、人柄をよく偲ばせる。そして、祠堂の右手には、武貞の養子好徳が寛政十一（一七九九）年に建立した賽郭翁祠堂之碑が苔むして立っている。撰文は、皆川淇園。時の大儒に頌徳の文章をもとめたところにも、児孫の追慕の深さをうかがうことができる。

武四郎と仏法僧

安政四年六月十二日、松浦武四郎は天塩の川筋の踏査の途中、音威子府村筬島《おさしま》の天塩川と支流の頓別坊川との合流点のトンベツホで一泊した。

『丁巳日誌』（刊本一九八二）によれば、トンベツホには、アイヌの家が二軒あり、一の戸主はアヱトモ、六十二歳、もう一つのほうはトキノチ、六十五歳で、それぞれ、七人と五人の家族だが、十歳前後の女児まで天塩の浜の運上屋に雇いに取られて、荒れはてた家屋に残っているのは、老人と病人と預かっている乳児のみというありさまであった。日誌は、例によって、家族の名前と年齢とを記録している。

その夜、武四郎が泊めてもらったのは、トキノチの家らしい。家人は「トレフ餅」（オオウバユリの鱗茎から作る）や、前年の樺太の踏査でよく口にしたというチカリペを思い出させる混ぜ物料理（フキ、クロユリの鱗茎、塩分を含んだ食用土、マスの卵を煮こんだもの）を作って、接待してくれた。客のほうは持参の米を出して、お粥を煮てもらい、皆に振る舞ったところ、家人はその粥を三頭の飼い犬にも少しずつ分けあたえた。

これには、武四郎もさすがに感銘をうけて、「犬をも我が属と思ひ養ふ」アイヌの人たちが「質朴の意をもて万のことに引当思ひ競ぶるが故に、獣畜同様に運上屋や番頭また詰合の役人等に取扱はるゝ事を、実に遺恨に思ひ侍りけるにや」と共感の思いを記した。けだし、松浦武四郎の面目躍如たる文章である。

さて、これは『丁巳日誌』には出てこず、『丁巳日誌』をもとに書き下ろして、自ら刊行した『天塩日誌』（一八六二）に見える話だが、食事もすんで、夜が落ちたころ、不思議な鳴き声が武四郎の耳に届いた。その文を引くと、

夜に入ホツホツ〳〵〳〵と啼鳥有、土人是をアヲタコダンチカフと云、其訳黄泉鳥也、其声仏法と聞ば仏法、また梅干と聞ば梅干と聞ゆ、家主アエトモ六十八歳の言に、昔し最上ニシハ此鳥を聞て、内地にも有て尊き高山に住る仏法僧と云る由語られしと、依て余も始て仏法僧成る事を知たり、〔中略〕夜五ッ過るや一声をも聞ことなし〔読点は筆者〕

『天塩日誌』では、これは一日ずれて、六月十一日の夜のことになっている。泊まったのも、アエトモの家のようでもある。文中の最上ニシハは最上徳内。そして、翌日には、

十二日、平旦、また聞両三声、舟を発し午未、〔中略〕土人岸を指す故見るや雌雄の鳥有、是仏法鳥也と、依て図さんと欲せし間に深林に飛入りぬ、是按に鸜哥の種類か、足の爪踏分けに成たり〔下略〕

と、姿を舟から目撃してもいる。なお、平旦は夜明け、午未は午後一時。
このアヲタコダンチカフ、アウタコタン（黄泉?）のチカプ（鳥）はフクロウの仲間のアオバズクである。それはホッホッという二声の鳴き声と「踏分け」になった足指（二対二の対趾足）とからわかる。インコ（鸚哥）に似ているというのも、たとえばダルマインコの姿を思い浮かべれば、納得がゆく。アオバズクには、耳羽がないから。知里真志保の『分類アイヌ語辞典』動物編（一九七六）を見ると、アオバズクの項目のおわりに、『天塩日誌』からこの名を引いているが、アイヌ語の表記もなく、他では採集されていない言葉のようである。

仏法僧（ブッコッキョー）と鳴く鳥がブッポウソウではなくて、フクロウの仲間のコノハズクであることは、昭和十年（一九三五）にようやく判明したことで、江戸から明治を通じて、さまざまの説があった。武四郎がアヲタコダンチカフの挿話を紀行の文にはさんだのは、もちろん、仏法僧と鳴く霊鳥をめぐって、紛々たる説があることをよく知っていたからである。たとえば、国立史料館寄託松浦家文書の中の『雑纂』（一一二九—一）には、武四郎が他から転写したと思われる仏法僧の図と文をおさめる。図の一つはヨタカであり、もう一つはブッポウソウである。『天塩日誌』に、「インコの種類か」という姿の印象と「足の爪踏分けになりたり」という細部の形態の観察が、こちらはあるいは案内のアイヌの知識かもしれないが、記

『天塩日誌』

されているのも、いま、仏法僧であると定まったばかりの鳥の姿形を明確に記述しておこうという博物学的な意志の表れである。

『天塩日誌』はこの鳥の色刷りの絵を添えている。筆者は、岡本秋暉（一八六二没）。図には、武四郎の友人である本草学者阿部喜任（一八〇五～七〇）の文も見える。喜任は、吉宗の時代に幕府の採薬使であった阿部照任の曾孫で、多くの著述の中に、『将翁軒百千鳥禽譜』（東洋文庫蔵）がある。つぎに、図中の文を引用する。

> 喜任按ズルニ其形状ヲ説クコト地ニヨリテ同ジカラズ或ハタケカラス〔岳ガラス〕ヲ説ク者アリコレ緑山烏百花鳥譜ナリ又慈悲心鳥ト一物トスル者アレドモ其鳴声大ヒニ異ナリコ、ニ図スル者小野蘭山紀州高野山ニ産シ城州ノ叡山ニ住ル〔ト云フ〕モノト同シ〔鉤括弧内、筆者〕

ここで、京都の本草学者小野蘭山（一七二九～一八一〇）の名をあげているのは、その説が、仏法僧をめぐっても、大きな影響力をもっていたからである。蘭山は仏法僧と鳴く鳥の正体を長年考えあぐねたあげく、晩年の大著『本草綱目啓蒙』（一八〇三～〇六）では、ブッコッキョーとは鳴かない山烏（ミヤマガラス、現在のブッポウソウ）、これは烏の類、とは別に、ブッコッキョーと鳴く仏法僧、これは鳩の類、を立てた。京都でときに捕らえられるブッポウソウ（山烏）を観察して、鳴き声がブッコッキョーとはまったく違うことを知っていたからである。喜任の『将翁軒禽譜』も、この説に従っている。

秋暉の絵は『栗本瑞見写生図譜』（杏雨書屋蔵）の仏法僧の図に、形、色合いともによく似ている。こちらは、栗本丹洲（一七五六〜一八三四）が蘭山の鳩の説をうけて描いた想像図であり、おそらく、手本となる原図があったにちがいない。そこで、喜任の手もとにも、蘭山の考えに従って描かれた仏法僧を転写した絵があったものと思われる。

武四郎は蘭山の高弟山本亡羊（一七七八〜一八五九）に入門したとされる（『読書室二〇〇年史』一九八〇）。京都の亡羊の講義を実際に聴いたかどうかはわからないけれども、亡羊の物産会には、蝦夷の物産を出品している（『文久壬戌読書室物産会品目』一八六二）。武四郎が物産に広い興味を示したのは、殖産による民生の向上という明確な考えがあったからだが、その基礎には、純粋に博物学的な興味があったはずである。仏法僧の挿話がはっきり示しているのは、それである。その仏法僧がアオバズクで、アイヌ語の名を擬音でトキトというコノハズクでなかったのは、まことに残念ながら、やむをえない。

改版にあたって

本書の旧版が出たのは一九八四年の四月であったが、夏になって、井上究一郎氏から外房の網代湾の絵葉書が舞いこみ、シャルル・レジェについての資料が手もとにあるので、避暑先からもどれば、送ってあげると書かれていた。私は井上さんの生徒ではない。一九六八年、京大で「プルーストと絵画」の集中講義をされたときにも、怠けて出ていない。「訳者あとがき」に、著者については何も知らないと記したのを読まれたからである。

九月六日、三種のコピーがお手紙を添えて、送られてきた。一つは、レジェの著書『クールベとその時代』（一九四八年）の扉と「同じ著者によりて」で、それを見ると、どうもクールベの専門家らしい。この画家についての本が全部で六冊ある。他には、モネ、ブールデル、マネ、バルビゾン派、など。しかも、単なる美術評論家ではない。バルザック、ペルゴー、レカミエ夫人、など文芸方面の著書も八冊に及んでいる。本書、『ルドゥテとその時代』の筆致から推して、いずれの著作も豊富な資料とその重みをはね返す軽妙な文体とをそなえているにちがいない。亡くなったのは、一九四八年である。

井上さんはお手紙に、ルドゥテのバラの版画がきっかけで、プルーストの『失われた時を求めて』の初版本の揃いを入手した、パリのジャコブ通りの小さな古書店の思い出にふれて、「奇縁」という言葉を記されていた。書物というものも、また奇縁の種になることがある。いや、書物の誕生が奇縁によることもある。

時は過ぎゆく。否応なしに。井上先生も、すでに亡くなられた。書物がいくばくかの時間をへて、なお生命を保つものなら、それは、失われた時の眼に見えぬ粒子が書物の宇宙をエーテルのように満たしているからであろう。

ルドゥテの図版による『J-J・ルソーの植物学』

きら星のごとくならぶヨーロッパの画家のうちで、天才と呼ばれるのは、ただ一人、かのラファエッロである。少なくとも、十九世紀のはじめまでは。そのころ、フランスに、「花のラファエッロ」の名をうたわれる絵描きがいた。ルドゥテ Pierre-Joseph Redouté（一七五九—一八四〇）。「花の」という形容が添えられるのは、この人が植物の絵を専門に描いていたからである。

どうして、植物専門の画家が生まれたか。それを一言でいうのはむずかしいけれども、植物、動物、鉱物をあつかう、博物学という学問がすすんだ結果であることはまちがいない。たとえば、パリには、すでに一六三五年に、王立薬用植物園が設立され（現在のパリ植物園と国立自然誌博物館）、そこには、研究のために、世界中から珍しい動物や植物が運びこまれていた。植物の種子がくれば、種をまいて、育て、花を咲かせ、実らせ、さて、花と果実の姿を記録し、保存しようとすれば、図に描き、標本をつくるほかはない。そこで、博物写生図という絵画のジャンルが誕生することになる。

ルドゥテも自然誌博物館のために水彩の写生図を描いているが、その植物画家としての成功は、点刻という技法をもちいた、多色刷りの版画集の刊行による。ルドゥテの原画による図版集は名高い『ユリ科植物図譜』八巻（一八〇二―一八一六）と『バラ図譜』三巻（一八一七―二一）をはじめとして、挿図を描いた植物学書も含めば、四十五点にのぼる。その一つが、ここに紹介する『ルソーの植物学』である。

十八世紀啓蒙思想の立役者であるジャン＝ジャック・ルソー（一七一二―一七七八）は、いかにも博物学の世紀の人らしく、植物好きであり、植物学好きであった。植物採集をはじめたのは一七六四年、スイスに逃避中のことだから、五十歳をすこし出たころで、植物学はかなりの晩学である。『孤独な散歩者の夢想』という晩年のエッセイには、植物学に愛着をおぼえるのは、植物を思うとき、いつも記憶によみがえってくる、一つながりの心楽しい観念、「草地、水辺、木立、一人でいること、静けさ、そして、すべてそうしたものに囲まれるときに得られる安らぎ」のおかげであると書いている。ルソーは執拗な妄想にさいなまれた人物であり、心の慰籍と束の間の幸福を自然にもとめて、なんの不思議もないが、その自然に向きあう態度は、たとえば、日本の中世の草庵にこもった隠遁者の態度とはまったくちがっている。それは、ヨーロッパの近代が、人間主体とそれが対峙する世界という構図、他のいずれの文化にも見出すことのできない哲学的構図をすでに成立させていたからにほかならない。ルソーはただ自然を歌う人ではなかった。一つ一つの植物について、花を、葉を、根を観察する。分類し、同定する。採集し、標本をつくり、学名を記載する（ルソーの標本は、相当数が現存）。のみならず、植物を愛する道を伝えることに熱意をもやして、親しい人たちに、植物と植物学についての手紙を送り、他方では、初心者向けの用語辞典を編集する（未完）、ということをした。

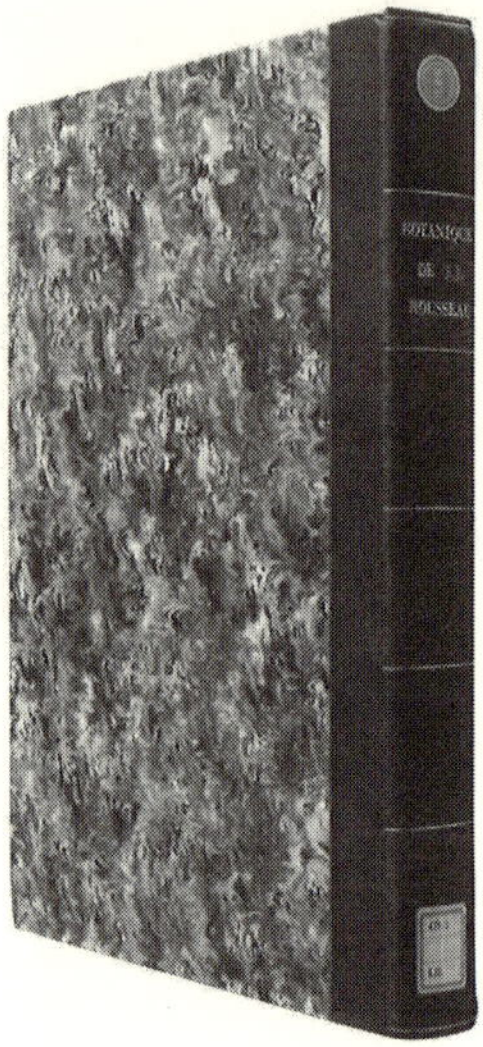

〈写真 1〉

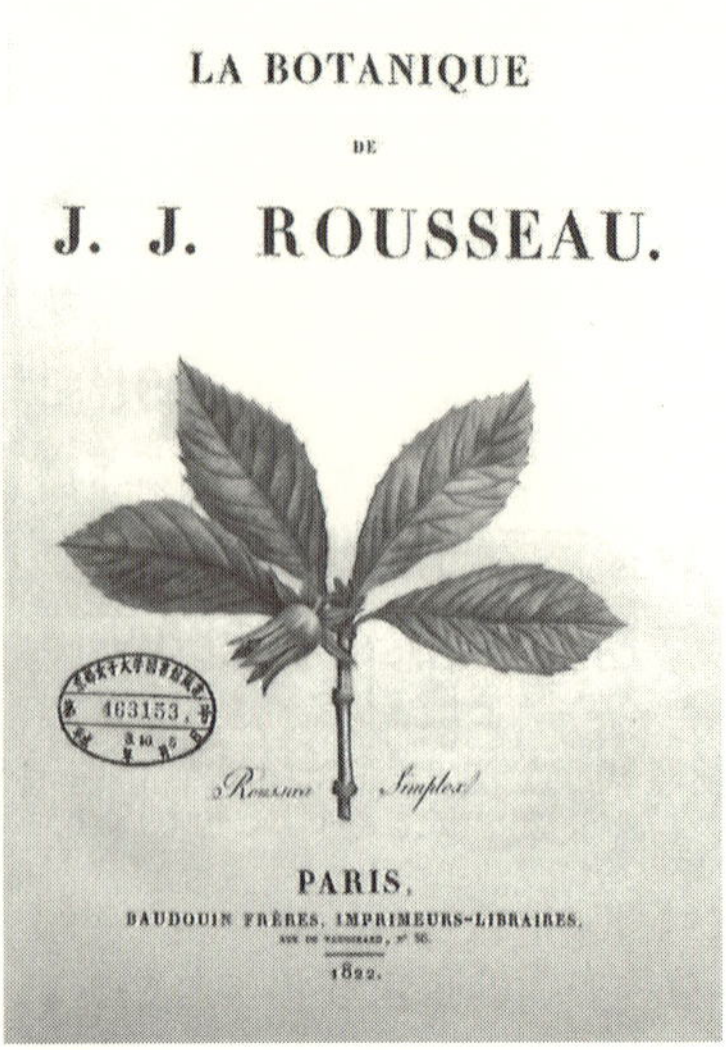

〈写真 2〉

本書、『ルソーの植物学』は、四人の人にあてた、計三十四通の手紙と辞典の草稿をテキストとして、ルドゥテの原画による多色刷り版画六十五葉をおさめた図版集である。初版は一八〇五年で、四折版（多色刷り図版）、二折版（白黒刷り図版）の同時刊行。再刊第一版、一八二一年。第二版、一八二二年。すなわち、本書は再刊第二版である。いずれも、早くから、非常な稀覯書であって、一八七〇年代後半、ラスキンが出入りの古本屋に探させたが、とうとう手に入らなかったそうである。あのゲーテさえも、所蔵していたのは再刊第二版で、そのことを、『植物変態論』の付録の文に、愉快そうに書いている。

さて、本誌に掲載してある挿図を見てみよう。最初は、本書とその扉〈写真1、2〉。カットは、ルソーの名を属名とする植物。

つぎに、植物図だが、もとの図版のうち、はじめの四十六葉は「植物学の初歩を説く手紙」、ある若い婦人にあてて、植物の観察と分類、植物学の勉強のしかたをて

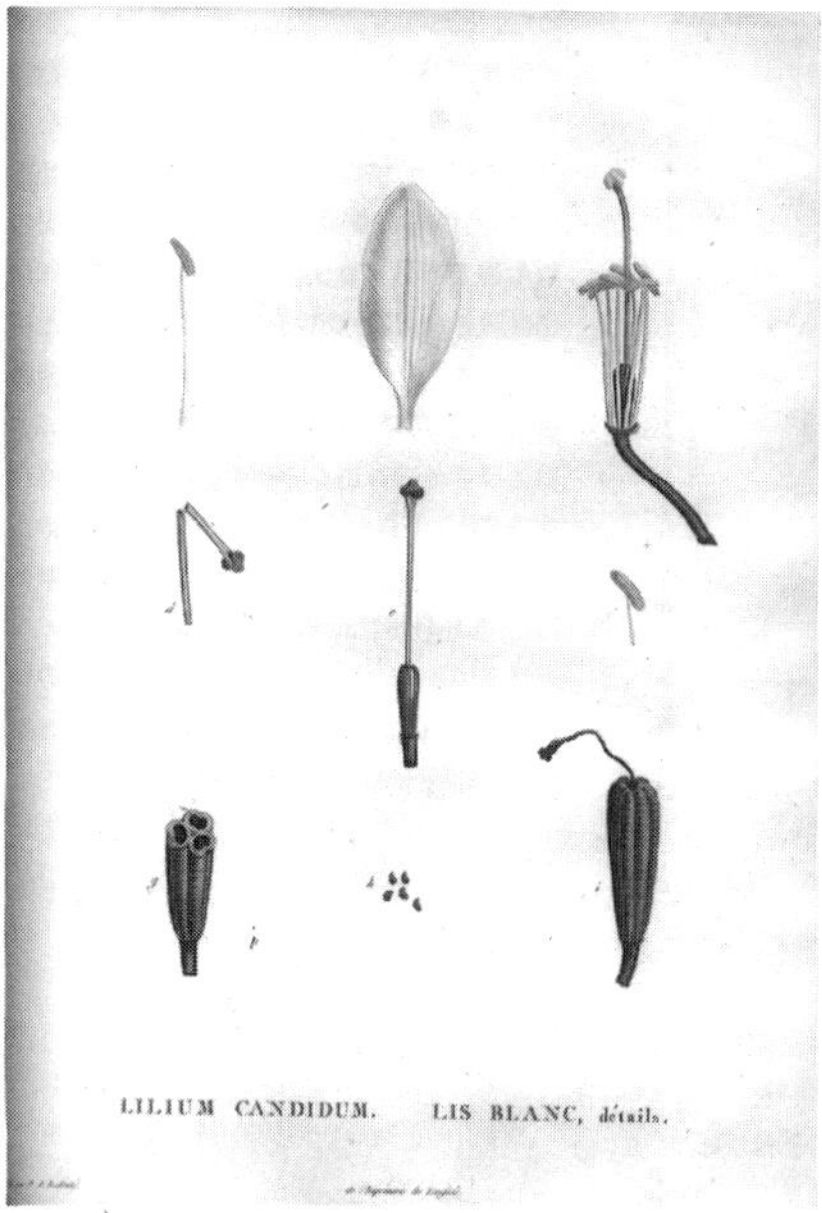

〈写真3〉

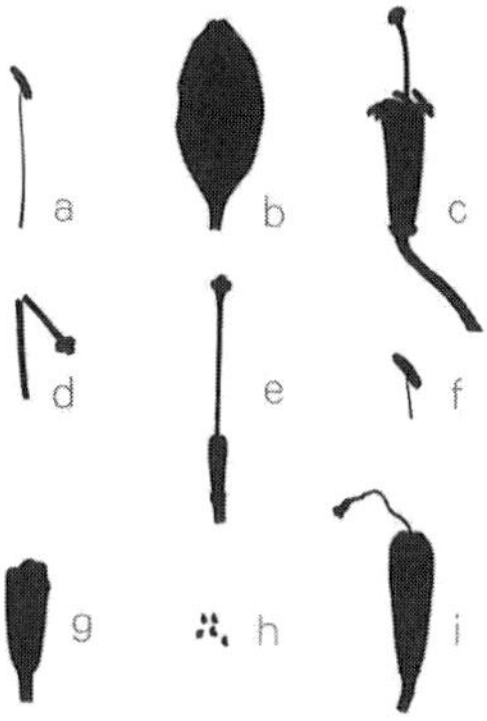

a　雄しべ
b　花弁
c　雌しべと雄しべ
d　雌しべ
e　雌しべと子房
f　葯
g　子房
h　種子
i　蒴果

いねいに説明してゆく、八通の手紙の内容にそくしている。それらの手紙は、現行の科の名でいえば、ユリ科からはじめて、アブラナ科、マメ科、シソ科とゴマノハグサ科、セリ科、キク科にいたり、さらに果樹（バラ科）、押し葉の標本のつくり方でおわるから、図版も、ユリの仲間の草花が、はじめに美しい姿を見せることになる。

そこで、まず、オレンジリリー（Lilium bulbiferum）〈写真4〉。点刻に重ねられた、多色刷りの色合いのなんという微妙さ。複製でさえ、じっと見ていると、これを触覚値というのか、茎や葉や花弁の手触りまで写しとっているような気がしてくる。図の植物学的な正確さについては、もちろん、いうまでもないが、続く図版には、さらに、花と果実のそれぞれの部分が細かく描かれている。花は、フランスユリ（Lilium candidum）〈写真3〉。ルソーは手紙で、

〈写真 4〉

〈写真 5〉

三あるいは六という数字に注意をうながしている。二枚の図で、これらの数字を確認してみるのもおもしろい。

ユリ科の植物から、もう一つ。サフラン（Crocus sativus）〈写真5〉。日本の色でいうと、浅紫に近い、いま咲こうとする花の優美さ。球茎と白い根も印象的である。サフランは地中海の原産で、栽培は紀元前をずっとさかのぼる。日本には幕末、文久のころに渡来した。

つぎに、セリ科のノラニンジン（Daucus carota）〈写真6〉を見たい。野菜のニンジンの野生種である。セリ科のもとの名は繖形科。繖は傘。牧野富太郎は「からかさばな科」と呼んだ。すべて、Umbelliferae という科名（原義は傘）の訳語で、花の姿を傘に見立てたもの。繖形花の分類は古く、蘭学に名高いドドネウスの『本草書』（一五五四）にすでに出ている。いわゆる自然科である。図の左下に、花の果実の小さい部分図がある。

最後に、モモ（Prunus persica）〈写真7〉の図をあげる。この葉。この果実。絵画としてのすばらしい統一感。まことに逸品である。

〈写真 6〉

〈写真 7〉

ルソーは「手紙」で植物の勉強をすすめてゆく態度について繰り返し書いている。それは、観察をなにより大切にするということにつきるから、読者は、植物の具体的な記述がつぎつぎになされるにつれて、否が応でも、みずから観察するように仕向けられ、観察の楽しさをしだいに納得するようになる。その意味で、ルソーは理科教育の先駆者であった。この人の名がいまもフランス植物学史に残るのは、専門的業績があるゆえではない。アマチュア精神でもって、植物学の普及に貢献したからである。後世のわれわれも、子供たちに、この乏しき時代にある君たちにとってもっとも必要でもっとも重要な、真の知識と血のかよった思考の力を通して、君たちの精神と情操を育ててくれるのは、生ける自然を相手とする博物学なのだ、と声をはげまして伝えていかなければならない。

La botanique de J. J. Rousseau（京都女子大学図書館蔵）

感想

歳のせいか、寒さがこたえる。

今年度末をもって、退職するので、『組合ニュース』に一文をもとめられた。薄ら寒い部屋で、『ニュース』の第六号を見ながら、感想と書きつけたが、あとが続かない。寒さがこたえてくる。そこに立ち止まって、とりあえずできたのが、右の第一行である。

それにしても、この冬は、雪がよくふった。二月のすえ、関ヶ原の近くの人が遊びにきて、例年になく雪が少なくて、助かると言うので、びっくりしたが、相手は京都の底冷えに驚いている。その日も、朝から、雪が舞っていた。

近ごろは、世相もずいぶん底冷えしている。いや、こちらは、ひたすら寒々と落ちてゆくばかりで、底はないというほうが正確かもしれない。空恐ろしい現実である。

どうして、こういうことになるのか。

もし明治の精神というものがあるとするなら、それが、修身、斉家、治国、平天下という儒教の理想主義を背骨としていたことは疑いない。明治を見よなどと、愚かなことを言うつもりはさらさらない。古臭いはずの実践的理想主義がリアルであることに注意したいだけである。まず、徳という課題を、思想と政治的行動の基本にすえるところ。そして、言葉を懐疑的にあつかう態度。これは、言うまでもなく、言葉の本来の力を自己のものとするためである。両者は、あいまって、経験のリアリティを形成する。

しかし、原理はさておき、問題はさほど単純ではない。個人が、どう、この経験を思想の血肉と化すか、その仕組み一つを取ってみても、日本社会の本来のあり方を問わざるをえなくなる。かといって、他人の思想を巧みに情報社会向きに仕立てあげ、大道演説さながら、勝手にまくしたてたところで、言葉の欺瞞は虚空の果てに消えゆくのみである。

さて、当然ながら、徳の重視は儒教に固有のことではない。西洋の近代でも、たとえば、フランスのモンテスキューは『法の精神』の前書きで「政治的な徳」を論じている。また、南太平洋のパプアニューギニアの高地民の非世襲制のリーダー、いわゆるビッグ・マンについても、出発点は権力ではなく、人であるとされる。むべなるかな。

徳といえば、さらに、郷愿ハ徳ノ賊ナリという、『論語』の激しい言葉が心に浮かぶ。どういう風な処世をする人物を、自分はもっとも認めないか。その率直な断言である。孔子というリアリストは中庸を説くにも、激越な口吻をもってした人であったことを、とにもかくにも、忘れるべきではない。

III

パラスの『ロシア南部紀行』——風景論の視座から——

私は今春ペーテル・ジーモン・パラスの『ロシア帝国南部地方紀行』の英訳本を通読し、非常な感銘をおぼえたので、一文を草することにした。英訳は二巻本で、書誌的な記載は次の通り。

Travels through the Southern Provinces of the Russian Empire, in the year 1793 and 1794, translated from the German of P. S. Pallas, 2 vols., London, Longman & al., 1802–1803. Vol.I, pp.xxiii+552, 20 folding hand-coloured engr. pls. & 5 monochro., 13 hand-coloured engr. vignettes & 1 monochro. Vol.II, pp.xxx+523, 23 folding hand-coloured engr. pls. & 4 monochro., 10 hand-coloured engr. vignettes & 4 monochro., 3 double-page maps. 4to.

原本は一七九九—一八〇一年の刊行である。

パラスの伝記は西村三郎氏の『未知の生物を求めて―探検博物学に輝く三つの星』（平凡社、一九八七）にくわしい。一七四一年、ベルリーンに生まれ、ドイツ、オランダ、イギリスの各地で動物学を専攻し、帝室ロシア科学アカデミーに招かれて、いわゆる第二次アカデミー探検隊に参加し、一七六八―一七七四年のあいだシベリアを調査した。科学アカデミー教授。帝室国務参与。一七九五年、クリム（クリミア）半島に所領をえて、移住。本書はこの地でなった。一八一〇年、健康上の理由で娘の家族とともに故郷に帰り、翌年、ベルリーンで死去。動物学、植物学、鉱物学、地質学、地理学、民族学の業績のほか、エカテリーナ二世の『欽定全世界言語比較辞典』の編纂にあたった。これは名高いことだが、辞典の改訂に関連して、大黒屋光太夫と面識があった（『北槎聞略』巻之三）[1]。

一七九二年の暮、パラスは女帝に自然の調査、とくに植物図のコレクションを完成するためにロシアの南部を旅行する許可をもとめて、許された。首都の喧騒と社交を逃れて、思わしからぬ健康をとりもどすためでもあった。第一巻の本文の執筆を終えて書かれた序文を読むと、病身のパラスが死を見つめている様子がよくわかる。いのちがもう数年与えられるなら、旅行でえた資料をもちいて博物学の著作を完成し、それをもって書き物の世界に最後の別れを告げたいという意味のことを述べたあと、『オシアン』から死の近きを思う戦士の歌、そしてホラティウスを引用している（『カルミナ』二ノ四）。ホラティウスの詩句は、パラスはすでに五十代の半ばであったので、もとの数字を改めてある。すなわち、五年をはや十と一度終えようという齢の者には Cujus undenum trepidavit aetas claudere lustrum。これは女奴隷に対する友人の恋を讃える歌の終わりの二行で、作者のテキストは決して老齢を嘆いているわけではない。『オシアン』の歌をわが連句の付け合いのごとくにまず引いているのは、パラスが、当然のことながら、ホラティウスの諧謔をよく知っていたからである。ここは、したがって、序文の後半についても、ひとまず言葉の内容よりも言葉を運ぶ技倆を見ておくことにしたい。病気は病気として、学問の意欲にはいささかの衰えもないということである。ましてや、旅に向かう心はまことに若々しかったにちがいない。

一七九三年二月一日の朝、パラスはペテルスブルグを立ち、雪の道を馬橇を駆って、モスクワを目指した。ドイツ人の画家ガイッスラーの他、「ヴォルガの南岸の早春の美しい眺めをともに楽しむために」妻と十四歳の娘が同行している。四半世紀まえのシベリア調査の際には、最初の妻が同行した。娘はこの人の子供の由である。ノヴゴロドをすぎると、ヴァルダイ高地。雪をかぶった古塚（クルガン）が散在している。「勾配のある土地をしだいにのぼってゆくと、湖の南岸からすこし離れたあたりの道路の右手で、四つの塚に出会った。いずれも、モミのかなり大きいのと下生えの茂みをのせていて、いかにも美しく眼に映るので、知らぬふりで通りすぎるわけにはゆかない。北と南の二つがもっとも大きい。」この景観を、章のはじめの小さな飾り絵が写している（七×十三・五センチ）。水彩で彩色をほどこした繊細な銅版画で、枠の左下に、ガイッスラーの素描と制作である旨の記載がある。灰色まじりの雪雲を抱いてかすかに青い空の下に広がる雪原。中景を左から右に高まってゆく四つの塚。くすんだ緑の針葉樹。ところどころに、赤茶けた灌木の茂み。雪原の馬橇。全速力でこちらへ走ってくる二頭立てと三頭立ての馬橇の一つには、赤い外套の婦人も乗っている。止まっている四台の荷橇と人。スキーで道をゆく二人。全体の配置のバランスがよくとれていて、しかも、運動感覚がある。彩色もていねいである。小品ながら、一つの風景画になっている。この風景が当時のヨーロッパ人にエキゾチスムへと拡散する感覚でうけとられたことは疑いない。しかし、パラスはエキゾチスムの効果を期待して、飾り絵をまさに装飾として紀行の本にはさむことにしたのだろうか。本文を見ると、考古学者の眼が働いている。「これらの埋葬の塚は、というのは、その大きさにもかかわらず、自然が生み出したものとは考えられないからだが、いちばん風通しがよく、美しい見晴らしをほしいままにする山の頂きに築かれるのが普通である。わたしの観察によれば、シベリアでも、古き世の墓は決まってもっとも心楽しい場所にある。ロシアの古代についての知識を進めるために、これらの尊重すべき遺物を注意深く調査させる地主がだれか出てくることが望まれる。」では、パラスは考古学の資料の意味をこめて、この飾り絵を採用したのだろうか。

私は本文を読むまえに、冬のサロベツ原野にいるような気持で冒頭の飾り絵を見ていたので、右のような疑問を、紀行を読みはじめてすぐに抱いた。私が見ていたのは風景を描いた版画ではなく、風景であったといってもよい。あの灌木の茂みにはエゾライチョウがひそんでいるかもしれない。しかし、危険だ、向こうの雪の下にはたぶん水の流れがある。それにしても、予感に満ちた、素晴らしい眺めではないかというぐあいであった。絵画はどう見られようが、文句をいうものではない。それでも、勝手な見かたというのはあるだろう。私の見かたも勝手なものだが、見過ごすわけにゆかないのは、ここには風景の発見という問題がからんでいることである。これは、一方では、一般的な歴史の問題である。例をあげれば、歴史の一つの過程として、ヨーロッパの風景画は近代に絵画のジャンルとして自立してゆく。紀行書が挿画をおさめて、眼を楽しませ、同時に文字の補強を意図するのも、風景画と、風景画に発する名所版画の流行のなかでのことである（この画面が名所というわけではないが）。ヨーロッパに限らない。日本でも、歴史の時点時点において風景の発見があった。たとえば、大和絵、俳諧、浮世絵、谷文晁の『日本名山図会』、志賀重昂の『日本風景論』。それらを結んで、風景観の歴史として独立に構成しうるかどうかはわからないが、少なくとも歴史的記述は可能である。右にふれたエキゾチスムについていえば、私はこれを銅版画の風景に感じない。私に限ることではないだろう。それは、一つには、エキゾチスムもまた歴史的な形成物であって、ヨーロッパのエキゾチスムは日本の近代のエキゾチスムと同質ではありえないからである。さらに、時代は十八世紀末から二百年をへて、エキゾチスムの成立に必要な外との距離の感覚が、距離が実際上消滅するとともに消滅した。知識はあらゆる面で爆発的に増大し、世界の相対化に貢献した。エキゾチスムは歴史に果たした奇妙な役割をすでに終えている。風景の発見は、一方では、歴史とこのように密接に関係しているが、他方では、個人の経験の問題でもある。ここで風景と呼んでいるのは、景観生態学にいうエコトープ（景観最小単位）の地域的配置としての景観ではない。[2] この意味での景観は、景観生態学の成果が景観生態学図に表されることに明らかなように、経験を最終的に排除することで成立する。つまり、景観はすでに誰にも見られてはいない。それに対して、風景は景観の経験であり、終始一貫して、個人の視線を前提とする。視線という言葉をもちいると認識論上ややこしくなるけれども、ひるがえって、視線を支えているものは経験である。すなわち、風景は、個人が景観とどういう連関に置かれるかという実践的課題に他ならない。景観もまた自然の相関、気候、地質、地形、水文、植生、動物相のあいだの相関だが、一つの場面で、ある人が景観に身を据えたときには、自然とその人物との連関が生起しているはずである。大森荘蔵の知覚—立ち現れ説が説くように、[3] まるで絵のようだとふと口に出たとすれば、風景が一枚の絵さながらに向こうの眺めに現れている。同じく、なんと月並みなと思ったなら、風景の月並みさがそのまま眺めに現れている。風景が眺めに立ち現れて、そこにあること、これを連関と呼ぶことにすれば、経験は風景の立ち現れという連関を統一する場である。言葉であれ、絵画であれ、風景の表現は万人のものといいうるかもしれないが、風景はあくまで個人の経験に所属している。知識の理論の枠組におさまらないもの、それが風景である。比喩的にいえば、風景はただちに経験にやってくる。経験の深さが風景の深さであり、風景の深さが経験の深さである。この命題を独白に終わらせないためには、考察の中心に言葉の働き（日常言語および科学言語）との関係を捉える必要があるだろう。そこで、まず、科学の言葉との関係について、風景は科学を超越していることに注意したい。科学の分析がとらえるのは、いわば誰が見てもよい景観のほうである。たとえば、自然の個々の現象には成因があり、個別科学なり、景観生態学のような学際的研究なりがこれについて教えてくれる。右の装飾画の場合、考古学者としてのパラスの言を採用すると、雪をかぶった小山は古墳であって、人の手によることになる。真偽については、発掘調査が明らかにするだろう。経験は事実を排除するものではなく、むしろ事実の参照をつねに心掛けているべきだが、真偽の決定を事実のテストにゆだねているわけでは決してない。古墳はもっとも見やすい例だが、一般に、絵画の画面は、レオナルドの絵画論が示唆しているように（「絵画は自然から生まれる」▼4）、自然学と人文学の文字通りすべての領域にわたる主題を網羅的に含んでいる。事情は風景画であろうと、なかろうと、基本的に変わりはなく、自然を全面的に対象とする風景画の場合には、一見、科学言語との関係はいっそう濃密であるように見える。しかし、風景と景観の重なりぐあいをもう一度剝がして考えてみれば、実はそう見ることはできないことが明らかになるだろう。経験の表層においても、風景は網の目のごとき連関である。どこかをつまめば、運動はすべてにおよぶ。風景画の一つの画面が風景の一つの結び目をつまんだとき、びくっと動くのは絵を見る者の経験の全体である。しかし、景観のほうはつまみようがない。見る側が下手につまめば、積み木のように崩れかねない。景観は風景の静態的な構造にすぎないからであり、深さをいいうるとしても、それはたとえば素粒子の生成にまでおよぶ、科学が提示する知識の層に他ならないからである。『モナ・リザ』の背景を例にとると、回廊の手すりと二本の円柱とで仕切られた空間に大気を通して広がってゆく風景はなるほどレオナルドの主張のごとく、自然から生まれたもので、アペニン山脈の海産貝類化石の知識、地表の隆起と浸食についての地質学の知識、空気遠近法の知識、橋の架設にかかわる土木工学の知識、等々がはじめになければ描きえないが、この一つ、たとえば橋について、ルネ・ユイグの『モナ・リザ論』のごとく、道は人の歩みを導きながら、橋となって水を越えてゆくというふうなつまみ方をすると、風景の構造は、意味が一変する。つまるところ、画面の誰の眼にも明らかなあの統一ある深さを保証しているのは、右のように重層された知識ではないということであって、話は、画家にとっても見る者にとっても、はじめの命題にもどることになる。では、日常言語へと論点を進めて、風景の経験はどこまで深まるのだろうか。おそらく、言葉が剝がれるところまで。というのは、逆接的に、知覚の風景は言葉による了解があって、はじめて、視線に対して立ち現れるからである。いまエノキの枝をすかして青空が眺めに現れるとき、立ち現れているものが青空であることは間髪をいれずに了解されている。逆にいえば、この了解がなければ、青空の眺めは現れない。これは人間の経験に固有の事態であって、言語の意味機能がこのような重なりかたで風景に本質論的に関与することによって、たとえば主観と客観という二元論の布置が生まれることにもなる（「わたしが見ているのは青空である」）。私とてこの難問題がかく簡単にかたづくとは思っていないが、言語の主体化作用を一方で見据えたうえで、他方では、経験は、本来、一元論的な、したがって、非言語的な統一に深く根ざしていると考える。たとえば感覚ということを、進化論的認識論にそって動物進化の線上で考えてみると、感覚の風景は、厳密には、言葉に先立つ風景であり、また言葉を剝ぎとられた風景であるといわねばならない。すなわち、前者はネアンデルタール人以後の人類を除く真猿類までのすべての系統の動物の感覚の風景であり、ヒトについては、胎児期からひとまず三歳までをめやすとする幼児期の感覚の風景である。後者はむろん成人の日常の経験ではありえない。しかし、いわば言語の罅に向かい、細かな亀裂を縦横に通りぬけて、みずからを一層あらわに開示してくる力動的なリアリティに、風景により、風景の中で直面させられることがあるのもまた確かである。[5] ゲーテの言葉をかりれば、「経験という永遠の戯れを通して」[6]。そして、戯れがある傾きの配置に達したとき、向こう側からやってきて風景の生命を根拠づける、生気あるものをいまヨーロッパ文学の伝統的な名辞で名ざすなら、それは土地の精霊 genius loci である。事態は、言語の本質に則して、言語の力はみずからを越えると表現することができるだろう。さて、飾り絵をものしたガイッスラーが、あるいはパラスが経験なり、風景なりについて、こういうふうに考えていたというつもりはない。まして、いま素描したごとき、ただに科学の言葉のみではない、およそ言葉を超越するタイプの風景論を、十八世紀の合理主義が育てあげた博物学者に押しつけることはできない。では、この人にとって、経験はあくまで合理主義的な思考の範囲にとどまり、風景はあくまで合理主義的な分析の対象にとどまっていたのだろうか。

さきの書誌的記載に明らかなように、この書には、飾り絵とは別に、五十二葉の図版が折りこみの形でつけられている。主題をおおまかに分けてみると、風景が二十一、民族衣装をつけた人物が十七、家畜、器物、金石文、建築物、その他が十一、地図が三（架蔵本では、地図の一枚は第二巻の末尾に付された地図の一枚と同じもの）。金石文、建築の平面図、地図などいくつかのものを除いて、ガイッスラーの素描と制作である。彫版師の名が記されていることもある。風景画の多くは村落、周囲の田園、町、港を中心に扱っている。いわゆる生活景であって、純粋に自然の景観を写そうとするものは意外に少ない。数点である。その場合にも、このジャンルの伝統的な手法に従って、近景に人物や建物を加えたり、中景あるいは遠景に廃墟や車馬を描いたりしている。たとえば、ヴォルガ右岸高地のドゥボフカ付近の高い崖を右から左にしだいに大きく描く第一巻の第二図版では、近景に三人の男を乗せた三角帆の漁船と二人の男の漕ぐボートがヴォルガの流れに浮かび、崩れ落ちた岸には船がつけられて、二人の男が水際を歩いている。遠景には、漁のためのものらしい構造物も見える。崖の描出はこまかく、傾斜面を浸食する細溝が何本も走り、また、灌木の茂みが地層のある部分に何列か並んでいる。風景を扱ったこれらの版画はすべて手彩色の銅版画で、寸法はほぼ十七×三十センチ。第二巻のセバストーポリの港の図版は十七×五十八センチとずばぬけて大きいが、平均のものでも他の主題の図版と比較すれば、ずっと大きく、彫版と水彩の技術にあいまって、見応えのある出来ばえである。概していえば、上品にして淡白なところが魅力ある持ち味で、紀行文の言語の記述的性格によく寄りそっている。

二巻あわせて二十八図の飾り絵については、風景がちょうど半数を占めている。描きかたは折りこみ図版の風景に類するが、岩と崖の地層を前景に大きくとらえた図柄のものもある。もう半数は器物、金石文、建築物、遺跡図、地形図、その他。なお、図版にも飾り絵にも、説明文が巻頭にまとめて付されている。

さて、パラスは二月十九日、いよいよモスクワを立って、ペンザ、サラトフをへて、ヴォルガ河畔のツァーリツィン（現ヴォルゴグラード）に向かった。ここで一行の旅程を書いておくと、ヴォルガの右岸をサレプタから河口のアストラハンへ、五月の末、ふたたびサレプタにもどって、ここに滞在し、八月二十六日、アストラハンからカスピ海の西岸のステップを南下、クマ川沿いにカフカース地方の北縁に入り、ゲオールギエフスクへ。コンスタンチノゴルスク（現ピャチゴルスク）に往復し、マシュューク山、ベシュトゥー山に登る。九月二十三日、ゲオールギエフスクを立ち、スターヴロポリ、ドン河畔のチェルカスク、アゾフ海北岸のタガンログ、ペレコプをへて、十月三十日、クリミア半島の首邑シンフェローポリに入る。クリミアが最終の目的地であり、紀行の第二巻はもっぱらこの半島の旅と調査の記録にあてられている。ロシアは第二次対トルコ戦争（一七八七―一七九二）に勝利し、ヤシ条約によってクリム・ハーン国の領土、つまり半島とアゾフ海の北岸、東岸のクバン川以北の広大な土地を最終的に版図におさめていた。クリミアで冬を越し、モスクワをへてペテルスブルグに帰着するのは、一七九四年九月十四日である。

ツァーリツィン着は三月二十日。パラスは一七七三年、シベリア調査の帰路、アストラハンからこの町をへてモスクワに向かったので、再訪である。ヴォルガの岸には、春が足早に近づいていた。ガン、ハクチョウなどの渡り鳥はすでに姿を見せている。四月に入ると、町の高台の東と南の側の雪がとけはじめた。奔流をなしてヴォルガにくだる小川。四日、最初のツバメ。六日、雪解け水の流れがおさまり、高みは乾きはじめる。到るところに、ハナサフランとチューリップ属。七日、マミジロゲリの群れ。雨がふり、ヴォルガの氷がすっかり割れる。八日、低地の谷間はもうお花畑になっている。ニオイスミレ、オオアマナ属、ツルボ属、カラクサケマン属。九日、一羽のソデグロヅルが対岸で撃たれた。季節のこんな急激な変化を確かめながら、一行は右岸沿いにサレプタに立ち、ヴォルガとサルパ川の合流点に近い、モラヴィア人の同信団の入植地に十八日まで滞在する。

このサレプタの入植地を、第三図版が視点を画面の手前左に据えて、西南の方角から、春の緑に淡く萌えそめたステップの広い眺望にとらえている。画面の半分はうすら青い空で、中景の中央に、数十の家屋が集まったほぼ長方形の町。周囲が低い柵に守られているように見える。パラスがこの地方を最初に訪れたすぐあと、プガチョフの乱が起こり、この小さな町も反乱の最後の局面で逃亡する軍勢に襲撃された（一七七四年八月）。左の手前に、三棟の大きい建物をそなえた農場。広い畑地はやはり柵に囲まれている。右横の草原には、牛が二十頭ばかり放牧され、町に続く道が白く走っている。さらに右では、サルパ川が屈曲して幅広い流れをわずかに見せている。馬を洗っている人影。川は木立をともなって町の近くで消え、ステップの淡い緑が地平線まで広がっている。前景は、ステップに岬のように突き出た、砂岩を思わせる黄土色の裸の丘。画面の左右いっぱいに、左から右に緩く傾斜しながら、二つが谷をはさんだように近く重なっている。向こうの丘をのぼってゆく一頭立ての馬車。手前の丘には、二人の男女がこちらに背を向けて立っている。帽子をかぶり、ピンクの縁取りのある白の肩掛けをして、右手に小さな籠と布をかけた若い女。女は、左手の人差し指をサルパ川の方角にあげてなにやら説明しているらしい男に寄りそって、横顔を見せている。二人の見ているのとは反対の左手の奥には、狭い帯のような森が広がり、しだいに低く、粒々の線になって、右の地平線までかすかに続いている。この森はヴォルガの複雑な流れがつくっている中洲で、画面では当然見えないが、分流が手前にある。森の向こうには、丘陵が白く連なり、やはりしだいに低くなって、画面の半ばで森に隠れている。これは、さきほど例にあげた第二図版のドゥボフカ（ツァーリツィンの北北東）の崖に続く崖で、ヴォルガ右岸高地の末端にあたっている。つまり、ヴォルガは奥の丘陵と森の間を左（南南西）に流れ、さらに、森の向こうと手前の両側を右（東）に流れている。このような眺望が可能になるのは、ヴォルガがツァーリツィンとサレプタの間で急角度に方向を転じて、文字通り九十度曲がり、サレプタではほぼ東に向かっているからである。地形がそうなっているからといえばそれまでのことだが、ここには、興味深い原因がひそんでいる。ずっと後年の一九二五年、ナンセンはアルメニアからの帰途、ヴォルガを船でのぼったとき、この川がアストラハンから右岸高地までの間で左岸の低く平坦なステップを流れないで、右岸の土手あるいは高い崖に沿っているという注目すべき地形学的事実を観察して、地球の自転によって働く見かけの力（コリオリの力）によるとした。[7] この力は北半球では運動体を運動方向に対して右に曲げるように働くから、ナンセンの説に従えば、ヴォルガは何万年もの間左岸のステップをおおまかに東から西へと次第に身をずらして流れてきたことになる。コリオリが自転による転向力を明らかにしたのはパラスの死後の一八二八年であった。さて、思うだに壮大な風景を眼前にしている画面の男女はパラスと娘のように私には思われるが、もしそうなら、父は娘にどんな話をしているのだろうか。

パラスはすでに前回のカスピ海沿岸低地の調査によって、カスピ海は東のアラル海と西のアゾフ海、黒海とつながって、一つの海（ヒルカーニア海）を形成していたという説を打ち立てていた。これによれば、古カスピ海は、北西はヴォルガ右岸高地と、これを南にまっすぐ延長するエルゲニ丘陵の裾を海岸とし、北はオープシシィ台地の裾を海岸としてステップに広がり、東はアラル海までつながっていた。アゾフ海（黒海）との通路はエルゲニ丘陵の南を抜けている、現在のカルムイキア共和国と北カフカースのスターヴロポリ地方との境界のステップの低地であった。ここはアゾフ海に流れるマヌィチ川の上流で、分水界は支流のカラウス川がちょうど流入するところにある。エリゼ・ルクリュの『新世界地理』第六巻によれば、分水界といっても低地の低い丘の裾らしく、川床も幅が四、五キロもあるそうだが、夏には流れがとまり、雪解け水が出ると、流れは東西に分かれ、東に向かう水は沼また沼を越えて、さらに南から北東に流れこんでくるクマ川の下流域に近いカスピ海沿岸低地に消えてゆくという。[8] パラスは今回の旅で、分水界の近くまでサルパ川の上流沿いに行ったらしい。らしいというのは、旅程が巻末の地図に照らしてももう一つはっきりしないからだが、アストラハンからキズリヤルにおもむく予定を途中のアラブガで変更し、ステップというか、カスピ海の大波が打ちあげた、塩湖の点在する砂丘原の低地を越えて、アラブガのずっと北で分岐している、クマ川中流のテルニに行く道に出たように思われる。すると、道は分水界の東を通る。「この一様に低い土地は明らかにかつてカスピ海とアゾフ海を結んでいた昔の海峡の床である。高度が大変低いので、春の雪解けには水浸しになる。出水の跡と西に広がってゆく入江と水浸しになる低地、とくにアラガン＝クマ、アラブガ、ブエロイ＝オセロの低地とクマ川の河口付近の低地のことを考えてみれば、ここが以前は海峡であったことがいよいよ確かになってくる。これは容易に見てとれることだが、嵐のために堆積した砂の高い土手がなければ、両側の低地は一つながりの流域をなして、もしカスピ海の水位がわずか数ファゾムでもあがったなら、当然、海水はマヌィチ川に流れこむだろう。春に低地に氾濫するクマ川の水がマヌィチ川まで広がって、これと合流するかどうか、わたしはいまだ知りえていないが、この連絡は現実に起こっていると思うので、かくも重要な問題について、調査がさらにくわしくなされることを願うものだ。」西のマヌィチ川は正確には、ヴォルガ右岸高地の西方を流域として南に流れてきたドン川に合流するので、ドンの下流域も黒海につらなる海であり、マヌィチ川の南の、大カフカース山脈に発するクバニ川の下流の低地もむろん海であった。パラスは九月の末、ドンの下流域を通って、自説を確認し、なお、こちらの表層土がカスピ海沿岸のステップのそれと相違する事実を観察して、その原因を推定した。以上を要するに、東西の二つの海を、マヌィチ川の上流の低湿地が海峡となって結んでいた。したがって、エルゲニ丘陵の南端はあたかも岬のように海に突き出していたことになる。現在、この丘陵の東縁に沿って北に流れているのが、第三図版に描かれたサルパ川である。

パラスが推論したヒルカーニア海は地質学の発展とともに成長し、今日、サルマチア海と呼ばれる海になっている。これは新第三紀の中新世中期（約二千万年前）から鮮新世（二百万年前）にかけて存在し、鮮新世に西のウィーン盆地から黒海、カスピ海、アラル海の東の盆地へと淡水化が進んで、やがて分断された。黒海もカスピ海南部も、深部は大洋型の地殻をもつので、石炭紀の末期からアルプス―ヒマラヤ造山運動期（古第三紀）まで存在していたテチス海の名残りとする説がある。

本書では、シベリア調査の記録である『ロシア帝国諸地方紀行』第三巻（一七七六）の所説を十ページにわたって引用し、みずからの推論の証拠を説明している。[9] 第一に、ステップからカスピ海産と類似する海生の貝類が発見されること。第二に、ステップの土壌が一様に海泥のまざった砂と黒色のロームで、ある深さに、粘土層が存在すること。第三に、土壌が塩分を含むこと。塩分と夏季の乾燥のために、ここでは塩生植物しか育たない。極端な例をあげると、マヌィチ川上流の乾燥した塩湖にはアッケシソウしか生えていないところがある。第四に、塩水の湖沼がきわめて多く残存すること。さらに、周囲の高地は黒い沃土の層を含んだ水平の地層を示し、塩分を含まず、海生の貝類が出てこないことを指摘する。[10] 他方、とパラスは興味深いことを付け加えている、ヴォルガのさらに上流の地層で発見されるサンゴと貝類はもっと古い時代の地球規模の大洪水によるものだ、なぜなら、これらの貝類はカスピ海にも黒海にも見られず、深海のみに生息するからである、と。西村三郎氏の前記の著書によれば、パラスはシベリアで発見したケブカサイとマンモスについても、洪水説をつかって説明した。説といっても、これは本来自然神学の教義に由来するもので、キュヴィエの天変地異説（激変説）のごとき理論ではない。パラスは十八世紀の博物学者のパラダイムに従っているにすぎない。ギリスピーの『創世記と地質学』の所説によれば、一七九〇年の当時には、化石はすでに生物の遺骸と認められていて、原因についても特別の注意をひくものではなく、当然のこととして、大洪水という歴史上の現実が原初の動因になって、大規模な変動が地球に起こり、いま眼にするような地表が形成されたと見なされていたという。[11] したがって、九〇年代に、地質学が鉱物と岩石の分類学の段階を抜けて、地球の歴史を正面からとりあげるまでに伸展すると、ノアの洪水との折りあいをなんらかの形でつけなくてはすまなくなる。本来鉱床の成層論に発するウェルナーの水成論が自然神学と統合しやすいためにイギリスでとくにもてはやされたのは、折りあいの一つの例であり、キュヴィエが、動物化石の層序学的研究という新しい方法にもとづいてブロンニャールとともにパリ盆地第三紀層を研究し、その成果を発展させて、天変地異説を立てたのは、そのもう一つの例である（『四足類化石骨研究』序論、一八一二）。水成論は花崗岩を最古の岩石（始源海洋の堆積物）とするが、かたや火山活動を重視して、イギリス各地の古生層に分布する花崗岩の貫入と地層の不整合との観察をはやく八〇年代から積み重ねてきたハットンを理論的先駆者とする火成論とのあいだに有名な論争をまきおこして、一八二〇年代にはすでに敗れさり、火成論者のあいだに大いに流行した天変地異説も、やはりハットンを先駆者とするライエルの斉一説 uniformitarianism によって論破された（『地質学原理』一八三〇—三三）。しかし、この前後の経緯はきわめて複雑であって、単純な乗り越え史観によってよくとらえうるものではない。たとえば、歴史のごく最近の時期に洪水の痕跡を認める洪水論者は『創世記』の大洪水前の六日の創造の一日の時間を延長して、それぞれの時期に地層を対応させ、各地層に含まれる化石動物の地層ごとの創造を想定して、地質年代に、聖書年代学をいわば保存することができた。ノアの洪水は、アガシーの氷河説の発表（一八三七）とともにヨーロッパを覆った大氷床にやがて取ってかわれることになるが、洪積世 diluvium という命名は第四紀の下位区分（更新世）の名称としていまも使用されることがある。さらに連続対不連続という重要な論点についていえば、天変地異説と斉一説はなるほど相反する歴史理論であって、ライエルが、本人の表現をつかえば「地質学をモーゼから解放する」[12]ことを目指していたのはまちがいないけれども（ついでながら、これはライエルが無神論者であったことを意味しない）、両者の対立は要するに天変地異の時期と規模をどう組み合わせて考えるかというところまですでに縮まっていたといえなくもない。キュヴィエがラマルクのトランスフォルミスム（『動物哲学』一八〇九）をしりぞけて、特殊創造説を守り、「革命」がある種の絶滅をもたらすにもかかわらず動物界が存続している事実を移住説によって説明しようとしたように、ライエルもまた『動物哲学』の所説を綿密な検討ののちにしりぞけたが[13]、ラマルクは早く『水理地質学』（一八〇二）で斉一説の時間論を思わせる、九億年という長大な時間単位を前提とする地球史を展開していた人であり[14]、斉一説を説くライエルにしてなお種の変化という進化の理念そのものを承認することができなかったのは、層序学上、博物学上の知見がラマルクの自然発生説に基礎をおく進化要因説の思弁性を明らかに把握したからであるのはまず当然のこととして、他方では、自然神学の特殊創造説が、たとえ「創造の焦点」という、地域ごと、歴史の時点ごとに種の創造を認めるという形での変形をこうむっているにせよ、威力を依然としてひそめていたことを示している。つまるところ、イギリスの地質学界が錯綜した事態をくぐりぬけて、地球の歴史の体系を順次定めてゆくことができたのは、スミスが一七九九年の最初の「層序表」以来確立につとめた地層累重の法則と化石を指標とする地層同定の法則のたまものであって、一見紛々たる議論でさえ、層序学（および生層位学）を基本の前提としていなければ、議論にも何にもならなかったことはいうまでもない。これはキュヴィエに続くフランスの地質学者たちにとっても同様であった。話をパラスにもどすと、ライエルは『地質学原理』第一巻の地質学史を説く章で、パラスについて、山脈構造論（山脈の中核は花崗岩、両側は結晶片岩、さらに化石を含んだ石灰岩、粘板岩、砂岩などがこれを取り巻くとする岩石分布論）、古カスピ海論（地球の歴史のさほど遠からぬ時代におけるカスピ海の海進）、そして、シベリアでの哺乳類の遺体の発見の業績を簡単な説明を付してあげたあと、「パラスの注意をひいた博物学natural history の主題はあまりにも多いので、かれは仕事の大半をもっぱら地質学にささげるわけにはいかなかった」と結論的に述べている。[15] ライエルの理解からすれば、history は記述ではなく、明確に、歴史、それも創造と終末という神学的時間の枠組を取りはずされた、始めも終わりもない永遠の歴史である。比喩を文法の言葉にもとめれば、ここで自然の業は時制をつらぬく未完了のアスペクトにおいて把握されている。この未完了という意味で、地質学は自然の歴史のための客観的な理論であった。パラスはなるほど、右にふれたように、ヴォルガ上流の海産化石含有層に注意して（これをヴォルガ右岸高地の地層とすれば、南部にはペルム紀の、北部には石炭紀の石灰岩が分布する）、古カスピ海の年代の新しさを推定しているが、これは層序学の方法に立つものではなく、歴史の大区分としては、ドイツの水成論の先駆者の一人レーマンの山体の岩石の三分法に立つ時代区分に似た考えをもっていたように思われる。これによれば、第一期は始源海洋に由来する、化石を含まぬ原初の岩脈（花崗岩）で、第二期の成層岩の形成には、ノアの洪水がかかわっていた。ただし、パラスの場合、ライプニッツ流の始源海洋説とのつながりはなく、かえって地層の隆起（造山運動）を認め、この原因については、火山の活動力に注目したともいわれるので、理論上の地位を定めることはなかなかむずかしい。

では、広大な内陸海が保っていたはずの大量の水はどうして失われたのだろうか。かく自問して、パラスは、トゥルヌフォールのボスポラス海峡の決壊説を援用する（『近東旅行記』一七一七）。これは黒海をもとも と内陸海であったとする説で、黒海は湖面水位が地中海よりも高く、ボスポラスをはさんだ東西の陸地を自然の堰堤としていたが、現在の海峡の位置が地震あるいは水圧によって崩壊し、水が流出したというものである。先年マスペロ社から出版された発見叢書二巻本の『近東旅行記』は抜粋で、所説の部分がなく、私は詳細を知らないが、ビュフォンが『博物誌』第一巻（一七四九）所収の「地球の理論の証拠」の第十二論説「海と湖について」で説明しているのによれば、ボスポラスとジブラルタルの二つの海峡の決壊にあわせて、ギリシアの洪水伝承、とくにプラトンの例のアトランティスの水没を考える説らしい。▼16 トゥルヌフォールは黒海南岸をトラブゾンまで航海し、陸路チフリス（トビリシ）まで行っているが、北カフカースの東西に広がる低地帯には足を踏み入れていないので、パラスの内陸海説との直接のつながりはないはずである。つまり、援用であって、この説をとれば、カスピ海と黒海の分離がうまく説明できることは明らかだろう。両者をつないでいた海峡の比高を考えればよい。しかし、難点はカスピ海の湖面水位が海面よりもずっと低いことで、パラスは水位の低下について種々の説明を加えて、決壊説を補強している。

ところで、ビュフォンは黒海とカスピ海、さらにはアラル海がかつて一つにつながっていたと早くに考えた人であって、『博物誌』第一巻の本論の第二「地球の歴史と理論」でも右の第十二論説でも所説を開陳している。屈折ある行文の趣旨をごく簡単にまとめると、まず、地中海形成説。これはジブラルタルが開いて、海水が通常の流れとは逆に、西から東に浸入したことによる。黒海は地中海ができる以前からあった湖で、カスピ海とつながっていたが、両者は多数の河川が運搬する土砂の堆積によって連絡を断たれた。黒海はボスポラスの決壊で地中海と連絡しているが、こちらに水を一方的に排出しているので、湖とみなすべきであり、この海峡もいずれは土砂の堆積のために埋まって、両者は分断されるはずだという。[17] さらに、ビュフォンは三十年後にもう一度『博物誌』補遺第五巻（一七七八）の「自然の諸時期」で同様の所説を述べ、地球の歴史の第六期、大陸の分離の時期の記述にあてている。こちらでは、決壊のほうに大きい役割を認めて、まずボスポラスのそれがギリシアの洪水と地中海沿岸の低地の水没を、ついでジブラルタルのそれが第二の洪水と水没をひきおこしたことになっている。地中海も、二度の決壊のまえから、現在の半分の大きさの湖として存在していたという。そして、古カスピ海説について、パラスの所説を引用して「証明」としている。[18] ビュフォンの理論は地質学的衣装を、たとえば河川の流量と湖水の蒸発量の考察に見られるごとく慎重かつ執拗にまといながらも、アリストテレスの『気象論』（泉治典訳、全集五、岩波書店）の水や川や海の記述とよく似たところのある、悠揚迫らぬ思弁から成り立っている。地中海の形成説にしろ、海峡の決壊説にしろ、発想は先の註に一例をあげたような古代の地誌作家の種々の記述に由来するもので、これははっきりと思弁的であった。思弁が、良くも悪しくも、地質学の未来をいわば先取りする形で出ているところに、『博物誌』の個性を認めるべきであろう。決壊説は十九世紀になっても古典を持ち出して説く人がなおあったらしく、キュヴィエが批判しているが、そこには、ビュフォンもパラスも出てこない。[19] つまり、地球の転変の歴史を一般的に構想するという、一七五一年にパリ大学神学部の譴責をこうむった、ビュフォンの先駆的な業績を認めざるをえなかったということだろうが、ビュフォンはともかく、パラスが古カスピ海説を打ち立てたのは現地での観察の結果であって、かれがビュフォンの説を事前に知っていたことはまちがいないとしても、観察が既成の知識を点検し、新たな知識を生み出してゆくとき、これを既成のレヴェルで評価することは許されない。地質学は、ハットンの火成論がワットの蒸気機関をモデルとして、地球を熱機関と見るところに生まれたように、[20] 産業革命がいやましに進展してゆく社会経済的条件を基盤で担っている時間意識のもとで知識を形成してきたが、これが統一の新しい段階に達していることを、キュヴィエはむろんのこと、パラスもよく感じとっていたことだろう。両者の大きい相違は、後者が個別の観察と記述とを自己の仕事と思い定めていたのに対して、前者が個別の知識に基礎をおきつつ新たな理論をさらに模索して、天変地異説に向かったことである。パラスが統一理論に無関心であったわけがないが、本領がそこになかったことは明らかである。[21] さて、パラスは『ロシア帝国紀行』を引用する最後で、古カスピ海の証跡をさらに例示するついで、サレプタの入植地に近い、ムー・ハムルと呼ばれる、岬のように突き出した砂岩の丘の斜面に見られる砂と石灰質とが結合した凝結物をあげて、砂と海水に含有される石灰質成分とが海岸の湿潤と乾燥の交互作用で固まったものだとする。このムー・ハムルがさきの第三図版の男女が立っている丘であると思われる。

パラスは四月十九日サレプタを立って、右岸をアストラハンに向かい、この町を拠点としてヴォルガ（アフツーバ川）の左岸のステップで植生を主とする調査を、ときにはテント泊まりでおこなったのち、五月二十五日ふたたびサレプタへもどって、八月三日までここに滞在する。一つには、ヴォルガの両岸でステップの火事が起こって、熱風で調査が困難になったためであり、もう一つには、娘がここで天然痘にかかったためである。天然痘は冬のはじめから猛烈にはやっていたが、このころには収まりかけていた。思わぬ足止めをくったわけだが、これはもっけの幸いでもあった。「サレプタは植物と昆虫の知識をふやすのにとても恵まれた場所なので、六月中はここの調査に没頭して、このさきの旅行のことは考えなかった。」七月には、家族を残して、ツァーリツィンから再度左岸の調査に出かけた。そして、八月に入って、娘の健康も回復し、いよいよ出発というとき、こんな文章を記している。「いまや、わが生涯において二度も、植物学に打ちこむ、晴々と心楽しく、いつまでも忘れえぬ楽しみを授けてくれたヴォルガの土地に最後の別れを述べるときとはあいなった。」サレプタという小さな町の住みぐあいのよさ、人々の親切なはからいはいわずもがな、加えて、土地の自然が博物学者の心をなによりとらえていたことがよくわかる。画家のガイッスラーがようやく病の癒えた娘を父とともにムー・ハムルの丘に立たせたのは、パラスの思いをすでによく感じとっていたからであろう。

しかし、第三図版のサレプタの風景の説明文は、自然の景観としてはわずかにサルパ川とヴォルガの島の森にふれるのみで、あとは、町の建物を図中のアルファベットの順に（これは英訳本の図版にはない）、教会、同信者の家、監督の家、夫をなくした女の家、市場、宿屋、ビール醸造所、牛飼いのカルムイック風テント、菜園というように指示してゆく。これは本文を見ても同じで、町がプガチョフの反乱ののちによりよく再建された様子を、図版の説明を加えつつ、市場の広場、教会、住宅、蠟燭製造所、トウモロコシ・ウィスキー醸造所、大通りという順に述べて、水の事情、住民の人口、婚姻、健康、家族の仕事、土壌の改良の方法、ブドウ酒の製造にふれ、ブドウその他の農園を営んだり、酒類の醸造に取り組んだりしている技術者の苦心の事業のあらましをかなりくわしく述べ、織屋、時計屋、金細工師、製本屋、靴屋、仕立屋、染物業と職人の店舗を列挙し、皮なめし、大工の作業場、屠殺場、女子宗徒の住居での仕事（刺繡、菜園など）、ここで作られる蠟燭がペテルスブルグをへて外国に輸出されること、製粉場（水車）のぐあい、ビールの醸造がもっとも利益をあげていること、交通、塩の精製が緒につき、今後に有望な商品であること、等々を、かくのごとく雑然とならべて、サレプタの記述を終えている。これでわかるように、パラスは地方の殖産の全般に、農業、畜産、養蚕、漁業から鉱業（石炭、鉄、硝石など）、工業（織物、染色、皮革、ガラス、石鹼、製塩、醸造など）に至るまで注意深い関心を幅広くもっていた。これは地域経済の振興に対する実践的な関心であって、産業革命の後進国という条件のもとで、町なら町、村なら村の生活がどうすれば充実し発展するだろうかという頭がつねにあった。ある土地で産業を起こそうと努めている技術者、企業家とたえず接触し、好感をもって記しているのも、そのゆえである。アストラハン（カスピ海の交易港）の条では、他のヨーロッパ諸国と競合するペルシア貿易の現状と得失と改善策を、まことに細かく品目と価格をあげて論じている。アゾフ海の交易港タガンログについてもほぼ同じである。植林、その他についての献策をしたこともあったという。紀行を読み進みつつ、関心の執拗な持続につきあっていると、ライエルの評の言外の意味にもかかわらず、これが博物学者パラスの偉さだという気がしてくる。博物学は十九世紀の半ばともなれば、研究の分化に伴う訓練の専門化のために、博物学者といえる学者を生み出すことが次第にできなくなってくる。ウォレス、ダーウィンのような顕著な例外はあるけれども、それには素質に加えて、不断の鍛錬が個人的に必要であった。まして、経世の志が明らかな形をとって結実するのは、たとえばパストゥールのごとき医学の研究者に時に恵まれる幸福ではあっても、博物学者にとってはすっかり縁のない話になってゆく。パラスの場合、この志は紀行の本文に明らかなように、紀行書に普通に要求されていた範囲を越える人文地理学的な目配りにいつも裏打ちされていた。かれが近代人文地理学の学徒でなかったことはいうまでもないが、自然地理と文化の相関について、明確にして具体的な理解をすでにもっていたように思われる。見やすいところ、景観の人文的要素にことさら敏感であった。それはガイッスラーに描かせた風景画の多くの図柄にもよく現れている。民族誌的な記述はカフカースの諸民族についての系統だった論述をはじめとして随所に見られるし、政治の状況に関しても、ペルシアの帝位継承の紛争について延々と記した箇所がある。現に人が住んでいる土地だけではなく、考古学にも関心が強く、遺物、遺跡、廃墟にたえず目を配っている。本書のクリミアを扱う第二巻では、前半は紀行の体裁だが、「クリミア半島総括所見」と題する後半が住民、現状と経済の改善、農業事情、ブドウ栽培、果樹園、森林、有用植物、家畜と動物相、塩湖、工業と商業、と章を立てて、詳細な記述をおこなっている。すでに述べたように、パラスは一七九五年からクリミアに居住していたので、第二巻の出版の一八〇一年まで病身を押して研鑽を重ねたものである。紀行のほうも後年の調査を加えて、第一巻にくらべて、よりくわしく、また余裕ある文章で、半島の地理、地質、植生、古代ギリシアの植民市からクリム・ハーン国に至る遺跡と歴史を折々に記述している。帝室国務参与としてのイデオロギーはいざ知らず、博物学者としての自然に対する興味は、パラスの内部で、文化の全般にわたる強い興味とほどよい均衡をとっていたということができる。▼22

さて、パラスはサレプタのムー・ハムルの丘でヴォルガ南岸の盛夏の美しい眺めを楽しみつつ、娘に、風景の歴史、眼下のステップがどのようにして生まれてきたかを物語り、また、悠久の自然が織りなした風景に文字通り囲まれて、自然に適応し、また自然と戦い、人間と交流し、また人間と戦いながら、ステップに生きてきた人々の興亡の歴史についても物語ったはずである。そして、「人はもし旅をしなければ、世界の美しさと偉大さをどうして知ることができよう」と日記に記して(セミョノフ『永遠のシベリア』加藤九祚訳)、ほぼ百年後の一八九二年、シベリアの探検調査の途次、コリマの河畔に逝った流刑ポーランド人のシベリア学者チェルスキーの思いと同じ思いを口にして、ヴォルガの春に出会うためにわざわざ雪を冒してともに遠路難渋の旅に出た、病みあがりの愛娘をふと見やったことでもあろう。それは、むろん、私の想像である。紀行は、右に述べたごとき資質をそなえた博物学者の観察にあくまで終始して、個人的心情にかかわることがらにはまったくといってよいほどふれていない。さきに引用した、サレプタに別れを告げる文の調子は稀な例といわねばならない。キュヴィエはパラスを追悼する演説の冒頭で、科学に生活を捧げて、ひたすら観察し、報告を作成するだけで、なんら取り立てた出来事もない人物の生涯を述べるには、著作を分析するほかはないが、それも、文章に装飾というものが一切拒否されていれば、分析の必要さえなく、読んで字のごとし、パラスの場合がまさにこれだ、と例のごとき傲岸さで述べている。[23] 本人の言をかりて、弁解すれば、「著者はとくにすべての些事を念入りにはぶいて、日記には他の観察者の注意をまぬがれた事実の細かい点のみを入れておいたので、寛大なる読者諸賢には、前著の『紀行』に賜った愛顧をこの書にもくださるものと確信する。」（第一巻序文）パラスの文章は、自然の博物学的記述は精細にして執拗だが（クリミアの紀行では、いってみれば一足歩むごとに、地層、岩石、土壌を記載している）、全体のスタイルがいかにも淡々としていて、十八世紀が完成した記述的散文のそれよりもあるいは乾燥しているかもしれない。[24] しかし、それは明らかな抑制の結果ではあるまいか。私の見るところ、この人は、十八世紀の文明の成熟が現実に生み出したオネットム（紳士）の一人であった。大黒屋光太夫の送還に際して「学士パーウラスより茶五俵、同妻より砂糖一塊、娘より護領一條を贈る」（『北槎聞略』巻之三）という温雅なもてなしをしたところにも、オネットムの開明的な家庭のさまを偲ぶことができる。だから、とくに、抑制というのは、溢れるものがあってのことだという一般則を忘れてはならない。やがてジャン・ジャック・ルソーという野蛮人がロマンチスムの息吹を文明に吹きこむとともに、オネットムは革命の渦に巻きこまれてゆく。この非常の時代にあった博物学者の内部には、したがって、パラスの内部にも、ロマンチスムが繊細な根毛をひそかに張っていたのではないだろうか。

そのもっとも見やすい例は、一七六九年の生まれだからパラスに二十八歳の年少で、ちょうど一世代遅れ、一七九七年生まれのライエルには一世代早いアレクサンダー・フォン・フンボルトの場合である。フンボルトは五年に及ぶアメリカ大陸の大探検旅行（一七九九―一八〇四）に、ルソーの弟子であるロマンチック、ベルナルダン・ド・サン＝ピエールの『ポールとヴィルジニー』（一七八八）を携えていった人である。かれはどういうものか、インド洋に浮かぶ熱帯の未開の孤島を舞台とする、当時大当たりをとった、この感傷的恋愛小説が好きで、みずからの提唱にかかる地球学、Erdkundeを集成した最後の大著『コスモス』（一八四五―六二）の第二巻第一部「人間の想像力に対する外界の反映」において、文学に現れた自然感情の歴史をたどりつつ、とくに読者の許しを請うて、この小説を熱帯の風景に包まれて何度も読み返した印象の思い出を綴っている。[25] フンボルトがなしとげた巨大な仕事について、ロマンチックという形容がときに冠されることがあるのは正鵠を射ている。ところで、フンボルトは一八二九年、念願の中央アジアの旅行（アルタイ山脈まで）の帰途ヴォルガの左岸をサマラ、サラトフ、アストラハンとたどり、さらにアストラハンからサレプタをへてツァーリツィンまで右岸を歩いた。調査の成果は中央アジアの山脈成因論とは別個に、『自然の絵巻』第三版（一八四九）の第一篇「ステップと砂漠」に取り入れられたが、残念ながら、ヴォルガとカスピ海の沿岸のステップの記述は少なく、植物の分布のことがわずかに出てくるのみ。パラスの名は見えるが、古カスピ海説にはふれられていない。『中央アジア』（一八四三）、さらには紀行を見れば、サレプタでの見聞についてもくわしいことがわかるかもしれないが、いずれも未見。後者は同行の鉱物学者ローゼにまかせて、本人は書かなかったようだ。そういうわけで、ここでは、フンボルトの自然の享受がまさにロマンチックな形をとっていたことを、この書の第一版の序文に見ておきたい。なお、自然の絵巻 Tableaux de la Nature

という仏訳の表題は（原題は*Ansichten der Natur*）、言葉を絵具のように使って、自然の光景を眼に見える絵に描こうとする著者の美学的意図をよく汲みとっている。序文の終わりには、次のようにある。[26]「わたしは本書の至るところで、自然が人の心の傾きと人類の運命とにおよぼす尽きせぬ感化に立ちもどった。それらのページはメランコリックな魂の持ち主にとくに向けられている。人生の嵐をまぬがれたいと願う人は喜んでわたしに従って森の奥に歩み入り、果てしないステップを横切り、また、アンデスの高い頂に立つことだろう。」これはロマンチスムに典型的な風景論であって、ヨーロッパ文学の風景表現、ウェルギリウスを規範とする田園詩の伝統的表現に源を汲むものではない。かの預言者の無為 otium という言葉（『農耕歌』二ノ四六八）が象徴してきた、都市に対比される田園生活の理想、ホイジンガの言葉を借りれば、この歴史的生活理想はいまや非日常的な、労苦と危険にみちた行為に大胆に置き換えられて、文明を呑却する現実の未開の風景が有為の人の魂をひたすら遠く駆りたてている。それは社会の規範を逃れて、「自由の王国たる自然」（『コスモス』第一巻序論）に慰籍をもとめる魂であった。フンボルトのこの言葉は尋常ではない。思い返せば、カントの哲学において、自然はニュートン力学が具現する法則の世界であり、自由が支配する王国は実践理性の世界である。しかし、ここで大切なことは、フンボルトが自然の享受と自然の認識、すなわち風景と科学が不幸な乖離を示している歴史の一時代の避けえない局面を内心に鋭く感受していたということである。この乖離の意識はかれの自然学の原動力であったが、同時に、激しい情動を喚起する力でもある。フンボルトの類稀な頭脳に発する神経の切っ先では、メランコリーに浸された情動が物狂おしく火花を散らしていた。この暗い光に照らされて、かれは風景にどこまでも踏みこまないではやまず、経験を自然学を越えたところにまで引きこまないではやまなかった。

パラスはこのようなロマンチックな魂の持ち主ではなく、かれの自然学が自然哲学の様相を帯びることはない（これはライエルについても同様で、ライエルは一八二〇年代のパリでフンボルトに親炙しているが、資質の相違は明らかである）。その紀行が、一語の形容であればともかく、風景の印象をある程度まとまった言葉で述べることとさえまずないのにあらためて注意したい。次に引くのは、クリミア半島の南岸のバイダリという山間の寒村についての文で、私の気づいたほとんど唯一の例である。クリミアを訪れたすべての旅行者がこの土地の明媚な風光を褒めたたえてきた事実にふれたあと、「なるほど、この心地よい谷間は人に多くの魅惑をさしだしてくれるが、それはシベリアに行ったことがない者を相手にした話である。この谷間はわたしには人と同じ印象を生み出さなかった、と正直にいわねばならない。それは、わたしがシベリアでもっと広大で、もっと威厳のある自然の風景をいつも眺めわたしていたからである。いや、カフカースの谷間ですら、この名高い土地をはるかにしのいでいる。とはいえ、ここは変わった地形のためにずっと目立ってはいるが。」この回想の文章から、パラスが風景のどういうところに心を動かされたかがわかる。シベリアのツンドラ、タイガ、ステップ、大河、湖沼、山脈。未開の自然の無限の広がり。その威厳ある美しさ。風景に対するこのような感受性には、なにほどかロマンチックなところがあるけれども、これだけでは、取り立てていうほどのことではないだろう。なにしろシベリアである。そして、文もあくまで平静に見える。確かなところ、かれは、幸か不幸か、フンボルトのメランコリーのごとく鋭敏に文明の変動の局面に反応する磁針をもちあわせていなかった。しかし、時代というものは激変期であれ、安定期であれ、人の心に必ず刻印を押す。いま、ヴォルガのステップの風景を見つめるパラスの心に一片のメランコリーもなかったと誰が言い切ることができるだろうか。本論のはじめに言及したように、パラスが『オシアン』の読者であったことは、その一つの証左である。十八世紀末のオシアン・ブームを巻き起こしたのはイギリスのマクファースンの『スコットランド高地で収集された古詩断片』（一七六〇）で、過ぎし世のケルトの吟遊詩人オシアンの歌の翻訳と称して、ケルトの戦士の功業を北方のメランコリーに満ちた風景の鮮やかな描写、ロマネスクな筋立て、超自然的な道具立てをないまぜて歌いあげた。評判につれて、模倣の作が続出し、真贋の論争も起こり、また真正のゲール語からの訳も出されるなかで、ブームはやがてヨーロッパ各国におよんで、プレ・ロマンチスムの文学に大きく影響し、風景論、つまり風景の見方と表現に新しい形式をあたえた（ヴァン・チーゲム「オシアンと十八世紀のオシアニスム」）[27]。霧のかかる夜の丘、城の廃墟、月光に浮かぶ朽ちた墓標、暗い湖、ヒースの荒れ地、針葉樹の梢を吹きぬける風、谷、果てしない山岳。低く雲のたれこめた闇の野をいま向こうに消えてゆく瀕死の戦士の影。詩の風景がこうしてかもしだす、遠い夢のごとくに空漠として止まることなく、無限の空無へとひたすら流れ去って、いかほど争ってみても、二度と取り返すことのかなわぬこの世の人の定めを思うメランコリックな感情は、進歩の波に呑まれ、硝煙の臭いをたえず漂わせながらようやく破綻をきたしつつあった文明の行く末に甘美な不安を抱いている十八世紀人の心に水がしみこむように確実にしみこんだ。パラスについて、どこまで、どうであったか、ほんとうのところはわからない。しかし、このオネットムもひとたび死を思うときには、みずから言葉の抑制をゆるめて、引用という節度の範囲で、心情の一端を吐露した。それは、博物学者の経験が科学の合理主義にすっぽり覆われてしまうことはなかったことを示唆している。そして、事態の意味はこれにつきるものではない。見方をさらに深めていえば、風景と科学はなお乖離しないで、幸福な契合を示していたと敷衍することができる。おそらく、ここに、パラスという学者の自然学の歴史における位置がうかがえるだろう。本人にいわせれば、すべて些事かもしれないが、この些事は人の経験というものの本来的なありかたの一つの現れである。ヴォルガ河畔のサレプタの丘でステップの悠久の無限にふたたびあいまみえ、ふたたびあい別れるに際して、風景はパラスにどのように立ち現れたか。それはまことに心の秘密である。他のよく知りうるところではない。とはいえ、心事をわずかに忖度するなら、少なくとも、こうはいえるだろう。娘の耳に届く父の声は、いかに老練の博物学者の言葉といえども、あたかも本書の序文に見えるオシアンの歌を誦するかのような響きを重く帯びていたにちがいない。

But the time of my departure is approaching
Nigh is the hurricane that will scatter my leaves !
To-morrow, perhaps, the wanderer will appear —
His eye will search for me round every field,
And will — and will not find me.▼28

註

▼1 村山七郎『漂流民の言語』吉川弘文館、一九六五、所収、第六、第七論文参照。

▼2 景観生態学の方法については、横山秀司『景観生態学』古今書院、一九九五、参照。

▼3 大森荘蔵『物と心』東京大学出版会、一九七六、その他。本論にいう意味での風景論に関係する「風情論」については、『時間と自我』青土社、一九九二、参照。以下の本文の肝心なところが氏の知覚動作の説、

また面体分岐説からそれるのは遺憾ながら、やむをえない。

▼4　“…for painting is born of nature — or, to speak more correctly, we will say it is the grandchild of nature; for all visible things are produced by nature, and these her children have given birth to painting. Hence we may justly call it the grandchild of nature and related to God.” J-P. Richter (ed.), *The Notebooks of Leonardo da Vinci*, Dover, 1970, Vol.I, pp.326-327.

▼5　このリアルな力動性はゆきつくところ、大森荘蔵がいう「王陽明的観方」、あるいは略画的世界観における「活きた自然との一体性」(『「私」の追求』、新岩波講座哲学2、一九八五。『知識と学問の構造』日本放送出版協会、一九八五）に似た経験をもたらすことになるかもしれないが、ここでは私の基本的な考えを追って、言語論の観点から、言語の「盲点」を増大する力動性と考えたい。言葉が剝がれるという比喩は表現点が盲点に呑みこまれるという比喩に等しい。表現機能が盲点の存在によって成立しているという言語の本質的性格については、泉井久之助「言語芸術におけるリアリズムの必然性」『言語の研究』有信堂、一九五六、参照。なお、言語論が盲点の増大という事態を説明しないことはいうまでもないが、これに関連して、井上忠の「先言措定」説に立脚する言語機構分析（『超＝言語の探究』法蔵館、一九九二）とのつきあわせが必須の課題となる。

▼6　「根本現象がわれわれを楽しませるのは、それが経験という永遠の戯れを通して生気をあたえられたときだけである。」ゲーテ『自然と象徴—自然科学論集』高橋義人、前田富士男訳、冨山房、一九八二、八七ページ。

▼7　F. Nansen, *Through the Caucasus to the Volga*, London, 1931, pp.246-249. なお、ホームズ『一般地質学』（邦訳、巻II、岩波書店、一九八四）はインドのコシ川を、河川の流路におよぼしたコリオリの力の例として挙げている。

▼8　E. Reclus, *Nouvelle Géographie Universelle, vol. VI, l' Asie russe*, Paris, 1881, pp.122-123. この地点の六二

万分の一の地図を付している。

▼9 架蔵の仏訳本では、所説は第五巻に見える。*Voyages de M. P. S. Pallas, en différentes provinces de l'Empire de Russie et dans l'Asie septentrionale*, tome V, Paris, 1793, pp.187–198.

▼10 塩湖の残存に限らず、パラスは海退をかなり単純に考えているように思われるが、今日の地形学の知見によれば、第四紀の海成堆積層からなるカスピ低地北部の地形は乾燥条件下での河川、湖、風の作用によって大きく変化している。塩湖についても、岩塩ドームの上昇にともなって形成された凹地とされる。エムブレトン編『ヨーロッパの地形』上、大矢雅彦、坂幸恭監訳、大明堂、一九九七、参照。

▼11 Ch. C. Gillispie, *Genesis and Geology*, Harvard, 1951, p.42.

▼12 E. Barley, *Charles Lyell*, Nelson, 1962, pp.77–78.

▼13 Ch. Lyell, *Principles of Geology*, vol.II, London, 1832, pp.3–17.

▼14 拙稿「『動物哲学』の成立」、ラマルク『動物哲学』朝日出版社、一九八八、所収、参照。

▼15 Ch. Lyell, *Op. cit.*, vol.I, London, 1830, p.54.
ライエルはパラスのヒルカーニア海の説にふれて、「ステップの諸現象を生み出した激動が地球の歴史ではどんなに近年であっても、全変化のごくわずかの部分は過去二十ないし三十世紀のうちにおこってきたと仮定しても推論と矛盾することはない」と斉一説の主張を述べている（vol.I, p.320）。

▼16 *Œuvres complètes de Buffon, avec les suites par M. Lesson*, tome II, Paris, 1845, pp.28–30. ビュフォンはここでまず、ディオドロスの『歴史叢書』第五巻に見える、サモトラーケー島の洪水伝承にまつわる黒海の出口のシュムプレーガデス岩礁とヘレスポントゥス海峡の決壊の伝説（Diodorus Siculus, *Library of History*, V.47, Loeb C. L., Vol.III, pp.227–231）にふれて、トゥルヌフォールの説を紹介し、なお部分的に批判している。古代作家の伝える洪水伝承の数々については、聖書を含めて、キュヴィエの検討がある。G. Cuvier, *Discours sur les révolutions de la surface du globe*, Paris, 3e éd. française, 1825 (rep. 1969), pp.165–179.

▼17　Buffon, *Ibid.*, tome I, 1845, pp.99–102, tome II, pp.27–35.

▼18　J. Roger, *Buffon, Les Epoques de la nature* — Edition critique, Edition du Muséum, 1988, pp.175–186.（菅谷暁訳『自然の諸時期』法政大学出版局）パラスの古カスピ海説は本文とは別立ての『自然の諸時期』に報告した事実を証明する注」に見え、『歴史政治新聞』一七七三年十一月三十日号が掲載した、パラスのペテルスブルグ帝室アカデミーでの研究発表要旨の通信記事からの引用である。「わたしはヴォルガ川、ヤイク川〔ウラル川〕、カスピ海、そしてドン川のあいだに広がる広大な荒れ地を歩いたとき、このステップあるいは荒れた砂地が至るところでヤイク、ヴォルガ、ドンの河床のおおかたを一望に見晴るかす高い丘陵に取り囲まれていること、河川はこの囲まれた土地に流れこむまえには非常に深いのに、ステップに入るとたちまち島と中州だらけになること、クマ川のような大河もステップの砂に消えてゆくことに気づいた。こうした観察を結びあわせた、わたしの結論は、カスピ海が往時はこの荒れ地をすべて覆っていたこと、この土地を現在取り囲んでいる高い丘陵が昔の海岸に他ならないこと、そして、黒海ならびにアゾフ海がカスピ海の一部ではなかったとする場合にも、カスピ海はドン川を介して黒海と通じていたこと、である」（引用の全文）。ビュフォンはこれに続けて、「パラス氏はまちがいなく当代のもっとも学識ある博物学者の一人である。わたしは、氏がカスピ海の昔の広がりについて、またこれが黒海とかつて連絡していたという根拠ある蓋然性について、わたしとまったく同意見であるのを知って、大きい満足をおぼえた」と書いている（*Ibid.*, pp.242–243）。

▼19　G. Cuvier, *Op. cit.*, pp.157–159.

▼20　E. Bailey, *Op. cit.*, p.15. ハットンは元来化学・農学技術者で、ワットと親しく、一緒に地質調査の旅に出かけている。

▼21　前掲のロジェの校訂版に付された書誌によれば、パラスは一七七九年に『山脈の形成と地球におこった諸変化についての、ド・ビュフォン氏の博物誌に資する観察』と題する書物を出版している。ここには、地球の一般史についての見解が述べてあるかもしれないが、未見。

▼22　本書の言葉のはしばしからうかがうに、パラスはツァーリズムの為政者一般に共通する態度でもってロシア社会の現実に対していたように思われる。これは、狭く考えれば、勅任官であるお傭い外国人という立場に由来するものだが、ゲルツェンが名著『ロシアにおける革命思想の発達について』（一八五三、金子幸彦訳、岩波文庫）に述べている、スラヴ的世界の表層が、ヨーロッパに対するアンチテーゼという大きい枠組のなかで、西ヨーロッパの文明要素をとりこんでいった歴史の過程の産物である。つまり、十八世紀に独自の形態をとったロシアの貴族—官僚階級のイデオロギーを、パラスがそのままうけいれた結果にすぎない。パラスは学問のあらゆる分野にたずさわったと評されることがあるけれども、本紀行がたとえばロシアの民族音楽（民謡）に関心をまったく示していないのは、ゲルツェンがいう「地理と歴史との中間の存在」であるロシア農民の悲惨な日常について記すところがないのとまさに見合っている。検閲その他に対する配慮があったかもしれないが、先進文明国ドイツの人、パラスが自己のイデオロギーを自然的なものとうけとって、なんら疑いを抱かなかったことはまずまちがいないだろう。

▼23　G. Cuvier, *Recueil des éloges historiques*, tome II, Paris, 1819 (rep. 1969), pp.109–110.

▼24　第一巻の冒頭の「訳者の序」（訳者名なし）は、ドイツ人の筆がつぎつぎにものする書物の、近年世に現れた英訳本のうちで本書に匹敵するものはあまりないという意味のことを述べたあと、こう書いている。; though originally written in an *uncouth* and almost *barbarous* style.（強調、筆者）このような見方に対して、他方では、ロシアの詩人マンデリシュタームが、この人は一九三〇年代にリンネ、ラマルク、ダーウィンなどの著作の文体を分析し、学史的に比較する犀利なエッセイ「博物学者について」を書いているが、パラスのブュの一種の昆虫の記述を引用して、その魔法のような絵画的効果に着目し、「パラスの仕事では、眼のみごとに鋭い感度、細部への注意、そして記述にかかわる本物の名人技が限界にまで磨かれ、細密画法の極みに達している」と述べている。文体というものの捉え方がちがうわけである。ここで細密画といっているのは、博物学の内容としては分類学に対応し、『種の起源』の機能的文体に対比される文体の比喩である。なお、マ

ンデリシュタームは「アルメニア紀行」でも「才能ある大地の科学者」について「ロシアの風景を覆っている、御者泣かせの灰色の帷子をパラスのように成功裏に持ちあげた人はいない」と述べる文章を頭に置いて、想像力あふれるパラス論を短い一章ながらものしている。引用は、Osip Mandelstam, *The Complete Critical Prose*, translated from Russian, Ardis, 1997, pp.212, 248 による。

▼25 A. de Humboldt, *Cosmos. Essai d'une description physique du monde*, traduit par Ch. Galusky, tome II, Paris, 1855, pp.74–75.

▼26 A. de Humboldt, *Tableaux de la Nature*, traduit par Ch. Galusky, Paris, tome I, 1866 (rep. 1990), p.4.

▼27 P. Van Tieghem, *Le Préromantisme. Etudes d'histoire littéraire européenne*, vol.I, Paris, 1924 (rep. 1973), pp.197–287.

なお、ヨーロッパ近代の風景論を論じるには、J. Appeleton, *The Experience of Landscape*, Revised Edition, Wiley, 1996 が巻頭に大筋を描いているような、美学をはじめとする関連分野の踏査が必要なことはいうまでもない。

▼28 ゲーテはウェルテルを死なせる、その前夜、ウェルテルがドイツ語に訳していたオシアンの歌をロッテの部屋で纏綿と朗読させた。二人の涙は融け合い、そして、朗読はついに引用の詩行で終わる。「されどわが凋落の時は近く、わが葉を振ひ落す嵐は迫れり、さすらひ人は明日來るべし、わが美しかりし姿を見しさすらひ人は來るべし、來りてわれを野面に求めさすらふべし、されどわれを見出ださざるべし」(『若きウェルテルの悩み』高橋義孝譯、新潮文庫、一九五九)。

（一九九七年五月稿）

付記

註の17に関連して、近年の研究は、ボスポラス海峡の形成が新石器時代、約八千五百年前であり、それに伴って、黒海の水位が急上昇したこと、また、黒海の低温水が地中海の東部に流出して、八千二百年前に至る、世界的な寒冷期への移行という変動に影響したことを明らかにしている。鹿島薫「過去二万年間の気候変動の復元」、西秋良宏編『遺丘と女神』東京大学出版会、二〇〇八年、所収、参照。

（二〇一七年六月記）

IV

ルソーの植物学

ド・ジュスューという家系が十八世紀はじめからの百五十年間フランス植物学界の中心であるパリの王立薬用植物園〔革命後、自然誌博物館に改組〕に勢力をはったことはよく知られている。この家は三世代にわたって五人の植物学者を輩出し、のちにジュスュー王朝の異名をとる。第二代ベルナールは中興の祖と呼ぶにふさわしい人物であり、学識博大、さらに高潔をもって世に鳴った。ルソーはこの人とすくなくとも一度会ったことがある。終生王立園の植物学実習副官〔教授兼実習教官の下位職〕の地位にとどまったベルナールは一般の人たちのために野外採集会を主宰しており、一七七〇年九月、エルムノンヴィル近辺の採集会にルソーが参加したのだった。老齢と持病の底翳のために、これがベルナールの最後の採集会となったから、世に名高いエピソードは生まれるべくして生まれたものと考えてよい。ルソーはベルナールに、どういう方法〔分類法〕に従えばよいかをたずねる。自然が植物を提示しているそのままの秩序において、研究されよ。観察の見出す植物相互の関係〔類縁性〕に従って、分類されよ。そして、ベルナールはかたわらの人につぶやいた、ルソーのごとき人が植物学に専心するなら、必ずやわれらに教えるところがあろう、と。

この話はさすがによくできている。実は、はたしてベルナールその人が答えたのか、どうか、疑いがあり、そこから異なった方向の読みが生まれるが、それはルソーに直接にかかわらないからいまは問わず、内容は間然するところがない。つまり、質問者が心に望んでいる解答のことばを見事におさえているということだ。打てば響くということばがあるが、この場合はそれで、自然に従えという答えをうち出したのはルソーだったといって差しつかえない。ルソーの歴史観はしばらくおき、その植物学について自然にかえるということが問題である。一七七〇年といえば、八年に及ぶ逃避行を終えて、パリにもどった年であり、この数年間に、ルソーは植物学についてそれだけの力を身につけていた。どういう勉強をしたか、その筋道をたどることは植物分類学の動向と密接にからんでいて、きわめて興味ぶかい。

「植物の研究ほど、私の生来の趣味に一致するものはない」、もし若くして勉強をはじめていたなら、「私は大植物学者になっていただろう」と『告白』第五巻は述べている。事実、ルソーが植物採集をはじめたのは一七六四年、スイスに逃避中のことだから、五十歳をすこし出たころで、植物学はかなりの晩学であった。青年時代、ヴァランス夫人のもとにあったとき、薬草の収集栽培に熱心だった夫人が、散歩のおりなどに、花の構造について珍しいことをいろいろ教えてくれ、それがやがて植物学への興味を抱かせることになったというが（第六巻）、あの当時は植物学の知識などすこしもなく、むしろ軽蔑と嫌悪をもっていたともある（第五巻）。「そんなことは薬剤師のする仕事としか思えなかった。」後年の本草嫌いの主張の萌芽が見られるというより、回想のなせる業であろう。一七六四年十一月の書簡の一節、「試しに植物学の勉強をしています。博物学の一つの分野としてではなく、煎じ薬が作れるように、せいぜい薬屋の小僧のつもりです。」これは、ビュフォン批判を残した博物学の先輩マルゼルブを相手としたゆえの謙遜である。このたびの先生はヌーシャテルの医師J＝A・ディヴェルノワという人で、ジュラ山地の植物目録を作成した研究家の由であり、この人が手ほどきをしつつ、最初にすすめた植物学書はリンネの『自然の体系』（一七三五）であったらしい。ルソーはたちまちリンネの熱心な読者となる。第十版第二巻植物界部（一七五九）をすぐ手に入れたようだ。『自然の体系』の植物分類の体系を、リンネは性体系と命名した。いわゆる二十四綱分類であり、この時代の多くの分類体系と同様、種の同定を暗黙の前提として作られているが、植物そのものと植物とについて、あらかじめかなりの知識をそなえていなければ、学名と専門用語の氾濫にただ驚くばかりで、種はおろか属の検索もできないだろう。だから、ルソーの勉強は本格的なものだったと思われる。その楽しさは私にもいくらかわかる気がする。リンネの用語はいずれも明確な規定をもち、文はよく選ばれた用語でもって石材を積むように構築される。基礎さえしっかりしておけば、石材は横に連結し、縦に重層して、やがて大建築が植物界の全体を覆うはずだ。私はいま『植物哲学』（一七五一）を頭に浮かべているのだが、このリンネ植物学の概論は構築的記述のお手本のような書物である。しかし、ルソーが繰り返し述べているように、植物学はことばの学問ではない。ものの学問である。ものをことばに、ことばをものに突き合わせる苦労は、図鑑にも辞典にも恵まれた私たちの思いのよく及ばぬところがあっただろう。加えて、学者によってさまざまに異なる命名法と分類体系の錯雑紛糾がどれほどのものであったか。ルソーの「植物用語辞典のための断片」（以下、「辞典」と略す）の序説をまつまでもなく、リンネ以前の植物学書を二、三こころみに開いてみれば、すぐわかる。こうした苦労がのちに植物用語辞典を作ろうとする動機となった。植物学者の著作はすべて学者のために書かれている。「私が必要とするのは、なにも知らぬ者に知識に通ずるすべを教えてくれる書物のようです」と、ルソーは一七六九年モンペリエの植物学者グアンへ書くだろう。この意味で、はじめにリンネの学説、その分類体系、命名法に接したのはやはり幸運といわねばならず、以後一貫して二名法の信奉者であったこともうなずける。こうして、一七六五年秋、サン＝ピエール島に移ったときには、とっくに植物の観察と採集とに夢中になっていて、ルーペと『体系』を手に湖の小島を歩きまわりながら、ピエール島植物誌 *Flora petrinsularis* をものす計画をたて、もう整理をはじめていたという。

植物誌に flora という語をあてたのは、リンネである。これがフランスにも伝わって、それまでの名称に代えて、flora を冠した書物がしだいに現われる。ダリバールの『パリ植物誌先駆』（一七四八）はフランスではじめてリンネの性体系を採用した植物学書として名を残した。ルソーはこの書をサン＝ピエール島に落ち着いてまもなく入手している。同年、さきほど名を出したグアンが『モンペリエ植物誌』（一七六五）を刊行する。フランス植物学発祥の地モンペリエにも、リンネの影響が及んでいたことがわかる。滞在わずか五十日に足らず、夢と終わったルソーの植物誌はけっして孤立した作業ではなかった。

ルソーの興味がこのままリンネに忠実であったなら、その植物学についてことさら調べる必要はなかっただろう。ところが、そうではなかった。まさに時代のしからしめるところだが、『告白』第十二巻につぎのような文章が見える。

「朝の残りの三、四時間を植物学とくにリンネの体系の研究にすごした。私はこの体系に情熱をもやしていた。それが無内容と知ってからも、熱はなかなかさめなかった。」（傍点、筆者）

『告白』が完成したのは一七七〇年であり、この年八月、パリへ帰った直後のルソーは、リンネのウプサラ大学における同僚ビョルンシュタールという人物の訪問を受けている。おそらくこの人物の仲介があって、翌七一年九月、ちょうど「植物学についての手紙」（以下、「手紙」と略す）の第一と第二とのあいだの時期に、リンネに書簡を送り、「無学ではあるが、あなたのお弟子のうちでもたいへん熱心な一人の弟子」として、リンネを鑽仰する。この年にもなにか交渉があったらしい。手紙はごく短いもので、あなたの『植物哲学』が、迫害とおそろしい憎悪とに取りまかれていた身に、どういう道徳の書にもましてためになった、云々と記すのみで、植物学に具体的にふれるところはない。したがって、リンネの分類体系にも言及されない。誰しも初見の相手にいきなり無内容というような評語をぶつける非礼は犯さない。こう見ることはすでに批判の一語をたとえば筆のすべりと読まぬ側に立っており、それは正しいが、ただ非礼という以上に明確な理由がルソーにあった。「手紙」が、批判の対象である二十四綱分類に依拠していたという事実であり、外部の事情がどう働いたにせよ、この事実の確認がいまルソーをしてリンネを鑽仰せしめたのだと考えたい。

そこで、まず無内容という評語はどういう批判的内容を担っているのか。批判にもかかわらず、結果としてルソーの植物学の代表作となった「手紙」がリンネに依拠するとすれば、そこでは、どういう対応がなされているのか。

「手紙」八通がひとまず目標をとげた時点で、ルソーは所期の狙いがなんであったかをあらためてドレッセール夫人に説いている。よくまとまった文なので、すこし長いが、つぎに引用したい。一七七三年八月三十日付書簡の冒頭の節、

「親しいいとこ、あなたが子供たちの楽しみのために植物をいくつか知っておきたいと言って寄こしたとき、私はこう考えました。いくぶん方法立った勉強をするように仕向ければ、子供たちは注意と観察と正しい推論のしかたになじむから、遊びつつためにもなるわけだが、ただ植物の名を教えるのでは記憶の負担となる

ばかりで、子供たちの楽しみは長続きせず、すぐ忘れるだろうし、忘れてしまえばそれだけのことで、なんの足しにもならない、と。そこで、子供たちとあなた自身の力をためしつつ、結実部位の一般的な説明をすることから始めました。結実部位には、植物のうちでいちばん本質的かつ恒常的な特徴（形質）が宿っており、これによってもっともよく植物を分類することができるからです。そこで、植物界でいちばん数も多く目に立つ科から五つ六つを選んで手はじめの対象とし、あなたが家族の似たところを結実部位においてわかるようになるまで、この大切な部位の見分けと区別に眼を慣らすことに努めました。科の似たところは結実部位がなくても科を区分しますが、十分に訓練された眼にしかとまらないのです。」

まず科という用語について。ルソーがある植物群を科 famille という名で呼ぶとき、この植物群は一つの家族 famille であるというニュアンスがはっきり働いている。家族の者はどこかしら似たところがある。そして、似ていることで他と異なっている。誰もが経験しているこの類似と相異が、同じように、ある植物群を一つにまとめ、他の植物群から分離する。ここに科という分類単位が構成されるというのだ。「手紙」第四は、数の多い単弁整斉花類について、家族というより一国民だといっている。いかにもルソーらしい。これらの箇所にかぎらず、famille のニュアンスははじめて植物学を学ぶ人に有効に働くばかりか、すでに二人の子供をもつ若い婦人に宛てた手紙が親密な雰囲気をかもしだすのに貢献している。これは家族的雰囲気と呼んでいいもので、当時ようやく、社会に距離をおいた家庭という新しい家族意識が開明的な市民階級のあいだに生まれつつあった事情を思いあわす必要がある。「手紙」に登場する二つの家の人々について、ルソーが本来家族間のものである愛称を用いているところに、家庭というものに対する配慮がよく現われているし、「いとこ」と呼びかけられる当の裕福な家庭の主婦がルソーの思い入れをどういう気持で受けとったかも想像にかたくない。そういう次第で、科という訳語ははなはだ都合が悪い。これはもと韋廉臣輯訳、李善蘭筆述『植物学』（清咸豊七年、一八五八）の訳語であり、近年上野益三博士の解題を付して復刻された同書を見ると、属に族の語をあてるので、止むを得ず、科という文字を採用したものかもしれない。牧野富太郎は、時到ればナカマとしたいと書いた。仲間を似た者同士という意味にとるなら、このほうが当たっている。家族 familia というラテン語は十七世紀末のフランスにおいて分類学に導入されたが、これを可能としたのはことばの隠喩としての働きだった。ルソーのことば遣いのとおり、家族のように似ているということ、このことが植物の分類にかかわってあらためて着目された。いいかえれば、ある植物群を相互の自然類縁性のみにもとづいて分類すること。自然方法と呼ばれるこの分類方法を目標として、家族＝科という新しい分類階層の名称は提唱されたのだった。だから、科は、十八世紀を通じて、諸形質が明らかな類縁性を示している属レヴェルの植物群を統合する最上位の分類階層と考えられていた。綱、目、科、属、種という今日の基本分類群に見られる中間単位ではない。この分類群はアントワヌ＝ロラン・ド・ジュスューの『植物諸属』（一七八九）の分類を祖形とするもので、科がさらに区分され、上位階層が設定されていく過程がすなわち自然方法、植物学史にいう自然分類の発展に他ならないといえる。科 familia はリンネ以後自然目 ordo naturalis という名称に取って代わられるが、フランス語においては、家族の語がそのまま使われていた。いわゆる自然科である。植物学のテキストは科の日常語としての意味を拭い去っているけれども、読もうとすれば読むことはでき、それが植物学にかぎらず学術用語一般に通ずるヨーロッパ諸語の強みであろう。科という訳語が類縁のニュアンスを写していないのに反して、ルソーがこれを巧みに利用しえたのは、その一例にすぎない。

ルソーは明らかに科＝家庭という用語に親しみをおぼえていたが、話はそこにとどまらず、自然分類の合理性をよく理解していたというところが根本である。一七七〇年一月のある書簡は注目すべき文章を記している。「とはいえ、正直に言いますと、植物の研究においてぶつかったさまざまの困難のおかげで、私は、研究を容易にし、かつ他の人たちにも有益なものとする手段について、二、三の考えを得ました。トゥルヌフォールとそのすべての後継者たちの方法、リンネさえ例外ではありませんが、それらの方法に比べて、より漸進的で抽象度の低い方法によって、植物体系の糸をたぐっていくのです。私の考えは、あるいは実行不可能なことかもしれません。」（傍点、筆者）

ルソーはここで口を閉ざしてしまったから、この方法が具体的にどのように構想されていたかを知ることはできない。二つきりの修飾語は十八世紀にもっとも流行を見た自然の連続性の思想に立つことを標榜するにすぎず、新しい着想をうかがわせるに足りない。むしろ自然的ということばの使用がことさら避けられているように、私は感じる。この文章から申し分なく読みとれるのは、ルソーが自然の合理的記述をめざす方法について明確な理解をもっていたということだけだ。とりあえずはしかし、これで十分であり、無内容というリンネの体系に対する評語の意味することがらは見てとれる。すなわち、二十四綱分類は植物学史にいわゆる人為分類であって、自然分類ではないということである。ここに至って、はじめのエピソードが生きてくるわけだ。

ベルナール・ド・ジュスューにならって、ルソーのごとき性情の人なら、野外観察を重ねるうちに独自に科による分類の発想に達しただろうと考えるのは、魅力がある。自然分類の歩みはルネサンスの本草学にはじまったことが思いあわされる。本草家の植物誌は似た植物を一つの群にまとめる作業を含んでいるが、そこでは分類するというより記載の便法として類縁性が利用されたのだった。いいかえれば、規定を立て、形質を定めて、植物群を区分していくはっきりした分類意識がなくとも、類縁性によって統合される自然的な植物群は把握できる。このとき働くのは直観的観察というものであり、これは、数はすくないにせよ、いくつかの自然群の識別に有効だった。さきに引用したルソーの文がいうとおり、「科の似たところは結実部位がなくとも科を区分」するのであって、ここから分類形質を定めて自然群を立てる自然分類の方法が育っていった。たとえばシラネセンキュウがニンジンの仲間であることは結実部位つまり花と果実を調べなくても、花序を見れば一目でわかる。両者はルソーの「手紙」第五の繖形花植物であり、本書四五ページ以下が注意するように、繖形花序のみをもって科を定めることはできないにせよ、ともかく見当はつく。だから、繖形花植物はもっとも早く類縁性によってまとめられた植物群の一つだった。ドドネウスの『本草書』(一五五四)は繖形花類 umbelliferae herbae(ラテン訳)を一つの群として記載している。余談ながら、『本草書』はわが国の博物学史に長く影響を及ぼした書物であり、くだって山本亡羊の読書室にも初版本を蔵する。繖形花植物 umbelliferae あるいは聚成花植物 compositae といった原語において由緒あり訳語として正確かつ先達の労苦をしのばせる用語が、セリ科、キク科という単なる符牒に取って代わられたのはまことに残念なことである。そういうわけで、ルソーが「科の似たところに」着目し、新しい分類方法の発想をえたとしておかしくはないかもしれないが、実は、ルソーはリンネの『植物哲学』のつぎの一文を踏まえて書いている。「経験はあらゆることがらにおいて導き手であり、しばしば植物の外部形態を一見するだけで、その科 familia を言いあてる。」リンネの familia の定義は科つまり自然目と無関係だから、この語が使われている理由がよくわからないけれども、このあと自然目のいくつかを例示することから、科をさすと判断してよい。

繖形花目については、八種の外形 habitus のすべて、すなわち子葉の数、根系、分枝、葉序、托葉のつき方、毛、捩れの形態、花序を記している。リンネは外形の特徴が自然目の設定に有効に働くことを認めているわけだが、それにもかかわらず、分類形質として使うことに反対し、結実部位をあくまで重視した。その自然目の分類についても、結実部位（のすべて）に形質の指標をとる。そこで、もう一度ルソーの文を引いておきたい。「科の似たところは結実部位がなくても科を区分しますが、十分に訓練された眼にしかとまらないのです。」だから、「結実部位の一般的な説明をすることから始めました。結実部位には、植物のうちでいちばん本質的かつ恒常的な特徴（形質）が宿っており、これによってもっともよく植物を分類することができるからです。」結実部位の評価において、ルソーは明らかなリンネ派であった。しかも、「手紙」はリンネの自然目の分類を踏襲してはいない。

ルソーが科による分類に向かうについて、第一に実地の観察、第二に『植物哲学』の読解の二つの要因が考えられる。実際、リンネは二十四綱分類の人為性を認めており、早くから自然目の設定を試みていた。『植物哲学』に有名なことばがある。「自然方法の断片は入念に探求されるべきだ。これは植物学者にあって、最初にして最後の願いである。」『植物諸綱』（一七三八）所収の「自然方法断片」は六十五、『植物哲学』所収の一覧表は六十八、そして『植物諸属』第六版（一七六四）所収の改訂表は五十八の自然目を設定する。それぞれに名称を付し、属を配分するが、いずれの表にも、各自然目の記述がない。ルソーは『植物哲学』によって、分類学の目標が自然分類にあることを知りえたはずだが、格言の域を出ない章句と一覧表のみをもってしては、自然方法の合理性とその具体的規定を把握することはできなかったと見て、まずまちがいない。そのうえ、リンネは性体系の増訂に非常な熱意を抱いており、つねに自然方法の達成の困難を説きつつ、人為体系の必要を強調した。二十四綱分類の自然性の度合の高さに対する自負があったことはいうまでもない。さきほどの雛形花植物について記せば、第五綱（五雄蕊花綱）二雌蕊群のうちに繖形花類の名で一括されている。この点に注目すると、二十四綱分類に対するルソーのアンビヴァレントな態度もわかりやすい。『告白』第十二巻の文章をもう一度読んでほしい。無内容とわかったあとも、熱をあげている。この対応を、私は第三者の介入の結果と読む。すなわち、ルソーのリンネ批判に第三の要因があったということだ。そして、これがもっとも強力な要因であった。

ルソーが植物学の勉強をはじめた前後、パリ王立園の植物学者たちはリンネの影響のもとに自然分類の達成に向けて着々たる歩みを示していた。ベルナール・ド・ジュスューのトリアノン王立園の分類花壇の設営（一七五九―）、ミシェル・アダンソンの『植物諸科』（一七六三）、ベルナールの甥アントワヌ＝ロランの「キンポウゲ科の検討」（一七七三）、同「王立園の植物展示において採用された新しい秩序の説明」（一七七四）、等々。この最後の論文はルソーの「辞典」序説に見えるように、王立園内の植物学校〔分類花壇〕の拡張に際して、それまでトゥルヌフォールの分類体系に従っていた植物の配置を自然目に組みかえたことの報告であり、このときリンネの二名法も採用された。ルソーはパリへ帰ってまもなく王立園をなんども訪れている。しかし、これらの業績のうち、ルソーがもっとも早く接し、深い影響を受けたのは『植物諸科』であって、この労作の読解が私のいう第三の要因である。

『植物諸科』は二分冊として刊行された。いま内容を簡単に紹介すると、まず第一部は長大な「史的序文」を付して、植物分類の歴史、分類学の現状報告、みずからの自然方法のプラン、植物学の今後の目標の四部を説き、ついで本文として植物生理学の分野にほぼ相応する実験研究の諸成果を記述する。末尾には、腊葉標本の作り方、温室の建造法といったことも記され、全体として十八世紀中葉までの植物に関する知見の集大成の観を呈している。しかも、『植物諸科』は単なる整理の書物ではない。アダンソンの意図は自然分類に理論的基礎を置くことにおいて一貫しており、この狷介奇僻の大作をひもとく者はいまも著者の壮大といおうか、ラディカルといおうか、執拗きわまる要求の誠実さにただならぬ感銘を覚えずにはおれない。ついで、新しい分類方法の成果の記述を、第二部が担当し、五十八の科を類縁性にもとづいて設定し、新属を含む総計千六百十五の属をやはり類縁性にもとづいてそれぞれの科に配列した一覧表を提示する。そして、一々の科に名称と記述の双方を与えている。この点がとくに大切とされるのは、これまでリンネあるいはベルナール・ド・ジュスューの例のように、自然目が立てられたことはあっても、それぞれの自然目を構成する植物群の具体的記述がなされたことはなかったためである。ルソーは『植物諸科』を一七六七年一月、イギリス滞在中に入手し、精読した。その証左の一端はルソーの「辞典」の項目本文に多くは無断引用の形をとって現われている。たとえば、「辞典」訳注（五一）参照。ただし、第二部を手に入れていたか、どうか、疑問がある。すくなくとも、残された文章につくかぎり、第二部の読解を確証しうる部分は見あたらない。この点およびアダンソンとルソーの交渉については、すでに書いたことがあるので、繰り返さず、結論をいそぎ記すにとどめたい。第一に、『植物諸科』はルソーの植物分類についての考え方に根本的転換をもたらした。分類における、人為から自然への転換。具体的には、リンネの人為体系に対する批判である。ルソーは二十四綱分類を無内容と評するに至ったが、この発想を自然分類の歩みに正しく位置づけることは、『植物諸科』第一部の徹底した人為体系批判の精読があってはじめてできたことだった。第二に、ルソーの『植物諸科』に対する評価は一七七〇年六月パリに帰着以後、一変する。その様相は「辞典」序説の後半に読みとれるが、王立園の植物学者たち、なかんずくアントワヌ＝ロラン・ド・ジュスューとの交際がからんでいる。アントワヌ＝ロランは自然科の設定をめぐって、アダンソンを論破すべき競争相手とみなしていた。二人の「確執」は問わず、『植物諸科』が定立した自然分類の理論的根拠にふれずにすますわけにはやはりいかない。以下、簡単に記すこととする。

アダンソンによれば、分類体系は植物の一部位あるいは少数の部位のみの考察にもとづくかぎり、恣意的であり、抽象的であって、自然的たりえない。なぜなら、「自然方法は唯一にして普遍的、全体的であるべきもの、すなわち、いかなる例外ももたらさず、われわれの意志からは独立していて、諸存在の自然に則るべきものであり、自然はかれらの諸部位とかれらの諸性質の総体のうちに存するからである。」（『植物諸科』第一部）

アダンソンの主張を具体的に要約すれば、自然的な綱《クラス》、すなわち科を設定するための分類形質は、それぞれの植物群ごとに植物体のすべての部位が提供する形質を枚挙し、分析し、比較し、結果を綜合することによって決定されなければならないというにつきる。そうしなければ、ある科の分類形質が他の科の分類形質に妥当するとして、妥当性の合理的根拠が得られないからだ。あるいは、その根拠は先験的なものにとどまるからである。このことはリンネの体系を例にとると、はっきりする。二十四綱分類は性体系の名のとおり、花の性に着目して、まず両性花（第一―二十綱）、単性花（二十一―二十二綱）、雌雄雑居花（二十三綱）、隠花植物（二十四綱）の大区分をなし、つぎに、両性花について、はじめの十三綱は雄蕊の数、続く二綱は雄蕊の比例、残る五綱は雄蕊の結合様態に指標をとって、それぞれの綱区分を設定する。単性花は同株異株の二綱。雌雄雑居花綱は両性花と単性花の組み合わせ。二十四綱はシダ類、コケ類、藻類、菌類の隠花植物を集める。

花は、リンネの定義に従えば、萼、花冠、雄蕊、雌蕊の四部位からなり、果実（三部位）とともに、結実部位を構成する。そこで、綱という分類階層は結実の七部位の一あるいは二を選択して、分類形質とし、この形質について指標を抽出するという手続きによって立てられているといえる。綱の下位区分、目についても、手続きは同じ。すなわち、分類形質はあらかじめ排他的に選択決定された少数の部位にもとづいており、変更を許さない。許さないという意志は分類する側にのみかかわっている。これが人為分類の人為たるゆえんであり、分類される自然の側に立てば、恣意的といわねばならない。

二十四綱分類のみならず、リンネの自然目もまた結実部位に分類形質をもとめることはすでに見た。なぜ結実部位に排他的重要性が付与されるのか、というと、花と果実は種の保存を目的とする器官であるからだ。ザックスの『植物学史』はここに、リンネがチェザルピノ（「辞典」訳注（五）参照）から受け継いだスコラの先験的原理を認めている。晩年のリンネは種の変化性を認容していたともいわれるが、『植物哲学』は明確に特殊創造説に立ち、自然種を創造的観念においてとらえる。神は個体ではなく、種を創造したのであり、これによってあらゆる生物は時間の秩序のうちに置かれた。個体があり、ついで種があるのではない。種という本質を与えられて、はじめて個体は存在する。個体は本質の形態化の一過程であり、一過程にすぎない。そして、この過程の連続を使命とする器官が結実部位であるということだ。「植物体の本質は結実部位にある。」（『植物哲学』）

さきにふれたように、リンネは性体系の人為性を認めていた。「種と属はつねに自然の手になる作品であり、綱と目は自然と人為の働きである。」（『植物哲学』）ここで、自然の働きともいわれるのは、一つの綱がたとえば第十九綱の聚成花植物のように、自然群をまとめることがあるからだが、それはいわば偶然の事実であり、権利問題の位相において、二十四綱分類が人為的であることはまぎれもない。ここからアダンソンの形質評価の論点を眺めると、その主張は人為性を排除するためにどうしても通らざるをえない迂路であったことがよくわかる。自然的とは人間の側からする恣意的な干渉を排除することばであり、その意味で合理的ということに等しかった。体系は分類形質の恣意的な選択によって複数でありうるし、事実複数だが、「自然方法は一つしか存在しない。」(『植物諸科』第一部)もし方法というものが存在するのなら、それは一つ、自然の方法である。では、自然ははたして方法を知っているのか。はたして合理的であるのか。この問いをあくまで問うことによって、アダンソンは自然分類の理論的基礎に到達しようとした。『植物諸科』は種の変化性という自然の秘密をわずかに垣間見たが、惜しいかな、これを全面的に把握できず、ひとまずの結論をうち出している。自然が方法を知っているにせよ、いないにせよ、人間の側には、方法にもとづく以外に、自然を合理的に記述する手立てはない。方法は自然の記述の手段であるばかりでなく、自然の記述そのものである。アダンソンはこう考えた。そして、この正しい思考が意味の深みにおいて読みとられるためには、さらに四十年の歳月を必要としたのだった。「自然方法と呼ばれるものは、自然がその産物を存在させるためにたどる歩みを、人間が粗描したものに他ならない。」ラマルクが『動物哲学』の第二章にこう記したのは一八〇九年のことであり、さらに付け加えれば、ダーウィンが生まれたのもこの年だった。

はなはだ簡略な行文ながら、以上のごとき自然分類の「理論」をルソーは熟読した。このとき、「自然的であるためには、直接自然の声によって語らなければならない」という『人間不平等起源論』にかつて記した自然法にかかわる文章が頭にひらめいたとして、不思議ではない。ルソーはアダンソンの主張の根本をよく納得できる人だったと考えてよい。

しかし、自然方法の何たるかは理解できたとしても、いざその方法なるもの、形質評価をめぐるきわめて複雑な実践的課題を実地におこなうとなると、困難は思いもよらず大きかったにちがいない。みずから考案したという「より漸進的で抽象度の低い方法」について「実行不可能」と述べたことが思い出される。『植物諸科』第一部入手からほぼ三年をへた一七六九年末ごろ、植物学熱が一時さめるのも、おそらくは、自然科を追求することのむずかしさをはっきりさとったためと思われる。

では、その三年足らずの期間、野外でどういう勉強をしていたのかといえば、それは「手紙」に結実する観察であったと私は考えている。つまり、「手紙」が扱うことになる六つの「科」を、ルソーは当面の主たる研究目標と定めていたのだ。「手紙」第一から第六まで順に、ユリ花植物、十字花植物、蝶形花植物、唇形花植物と仮面花植物（ルソーはこれらを一科とする）、繖形花植物、聚成花植物の六科であり、今日の科名でいうと、ユリ科、アブラナ科、マメ科、シソ科とゴマノハグサ科、セリ科、キク科にほぼ相応する。六科ははじめに決めてあったもので、「手紙」の進行具合によって適宜加えられたわけではない。

これらの植物群の自然性はさきに繖形花植物について述べたとおり、早いものはすでに十六世紀から認められていた。十七世紀に入ると、とりわけプロテスタンティスムの文化圏において、自然群の認識はいよいよ進み、一科のモノグラフも書かれるようになる。そしてルソーの時代には、すべての自然分類の推進者、リンネ、そしてアダンソン、さらにアントワヌ＝ロラン・ド・ジュスューもまた、これらの自然群に科（自然目）の設定のモデルをもとめた。そして、ルソーはむろんこのことを知っていた。

したがって、ルソーの選択は考えうるもっとも賢明なものであったが、さらに考えれば、これら以外に選択の余地はなかったともいいうる。このことは「手紙」の六科が七つの自然群について、トゥルヌフォールとリンネ、それぞれの分類体系を巧みに取捨した上で、構成され、記述されている事実に明らかに示されている。「手紙」は科を語りながら、人為体系に依拠しているのであり、形質の評価について、二人に従って結実部位を重視したのもまた当然だった。「手紙」第一のはじめの一節、「この部位のなかに、自然はみずからの作品を要約して隠したのです。この部位によって、自然はその作品をいつまでも存続させるのです。そして、ここはまた、一般に植物のどの部位にもましてあざやかで、つねにもっとも変異をこうむりにくいところなのです。」第一の文は前成説、第二は種の保存にかかわり、第三文の後半は体系論者伝来の見解の表明であり、そして前半は一人の植物好きの主張である。かくして、ルソーの記述は花と果実にとくにくわしい。聚成花植物に至っては、根も茎も葉もなきがごとくに、結実部位の記述に終始する。ルソーは花に関心を向けすぎると評する人もあるが、リンネ派としてあたりまえであって、その植物好きがトゥルヌフォールの花（冠）の形状によって綱区分を立てる分類にひかれることにも不思議はない。

トゥルヌフォール『植物学要理』（一六九四）の分類はまず草と木の二大区分を設けるが、いま草本について、綱を表示すると、つぎのようである（二二一ページ）。

喬木、灌木の第二部も、花（冠）に形質をとり、すべて五綱。これらの綱をただちに今日の科の分類に相応させることができぬのは明らかだが、本草学以来の自然群の直観的把握を体系的分類に統合しようとするトゥルヌフォールの意図はよく見てとれる。たとえば、アダンソンはこの体系を分類学史を通じてもっとも評価し、唇形花綱、繖形花綱、ユリ花綱、蝶形花綱、舌状花綱、射出花綱を自然的と判定した。これらはすべてルソーの科に含まれている。「手紙」がそれぞれの科について例示する植物はきわめて少数で、かつ著者の観察をへているから、いっそう自然性の度合が高くなるといえよう。属の配分の実際は、ユリ花植物について、「手紙」訳注（二六）に記しておいたので、参照されたい。ルソーはトゥルヌフォールの綱のうち、自然群としての把握の容易なものを科と呼びかえたと見ることができる。十字花植物綱はアダンソンの評価をはずれているが、トゥルヌフォールの属の配分を実地の観察によって組みかえれば、自然性の保証（当時としての）は容易に得られたはずだ。第六科の聚成花植物について、ルソーはこれを科あるいは綱と呼び、管状花類以下の三群を節あるいは科と呼んでいる。ジュスューの『植物諸属』以前の時代において、これはやはり用語の恣意的な使用といわねばならない。聚成花植物という自然群を他の自然群と並列しつつ、名目的にのみ綱と呼ぶのはルソーの科概念のもろさをうかがわせるに足りる。もっとも本人にしてみれば、このとき、トゥルヌフォールの聚成花（冠）の三区分がふと頭に浮かんだということかもしれない。三綱を科と見、これらをまとめて聚成花綱とする。そうすれば、リンネの第十九、聚葯雄蕊花綱にうまく相応するではないか。そういう便宜上の思いつきであろう。

ここで、ルソーの科がトゥルヌフォールにもとづくことを示すおもしろい例を一つ挙げておく。ドレッセール夫人宛一七七三年五月二十四日付の手紙で、ルソーは夫人が送ってきた腊葉標本の同定を試み、第一番の植物について、Saxifraga granulata Linn. とリンネの学名を記し、また第三番について、Ranunculus acris Linn. と記して、ともにバラ科 famille des rosacées であるという。そこで属の配分を調べてみると、両者は、リンネの二十四綱分類はむろん、その自然目、ベルナール・ド・ジュスュー、アダンソン、アントワヌ＝ロランの自然分類のいずれでもトゲ目あるいはバラ科に属しておらず、ひとりトゥルヌフォールのバラ花綱にのみ含まれることが明らかとなる。

つぎに、ルソーはトゥルヌフォールに従いつつ、同時にリンネの性体系を参照している。その綱区分ある

第一部　草、亜灌木。

区分			〔綱〕	〔名称〕	〔ルソーの科〕
単一花（冠）	単弁	整斉	1	鐘形花	
			2	漏斗状花	
		不整斉	3	仮面花	＊4
			4	唇形花	
	多弁	整斉	5	十字花	＊2
			6	バラ花	
			7	繖形花	＊5
			8	ナデシコ花	
			9	ユリ花	＊1
		不整斉	10	蝶形花	＊3
			11	異形花	
聚成花（冠）			12	管状花	＊6
			13	舌状花	
			14	射出花	
無花（冠）			15	無弁花	
	無萼		16	無花類	
		無果実	17	無果類	

いは下位区分と「手紙」の六科あるいはその下位区分との対応については、それぞれの訳注に記してある。いまは第四科について述べることとしたい。ルソーはこの科を構成する単弁不整斉花類を二つの系または節にわかっている。唇形花植物と仮面花植物である。うえの表を見れば、トゥルヌフォールが両者を別の綱に配分することがわかる。それを一科にまとめたのは、リンネの第十四、二強雄蕊花綱によるからであって、この綱の下位区分、裸子群と被子群はそれぞれ唇形花類、仮面花類に相応する。ここでも、科の名称が便宜的に用いられている。前者はシソ科、後者はゴマノハグサ科の植物を含む自然群であり、このことをルソーは当然知っていた。「手紙」は前者について、十六種、後者について、十種の植物を挙げるが、ハマウツボ属の一例を除いて、すべて今日の科の分類に合致する挙例である。ハマウツボ属はトゥルヌフォールの仮面花綱、リンネ、アダンソンの自然分類でも、仮面花目（科）に入るから、ハマウツボ科という科の新設をル

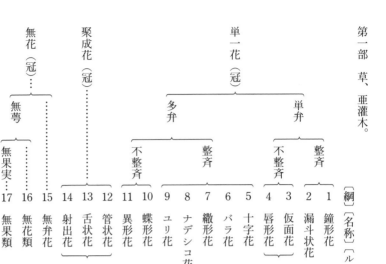

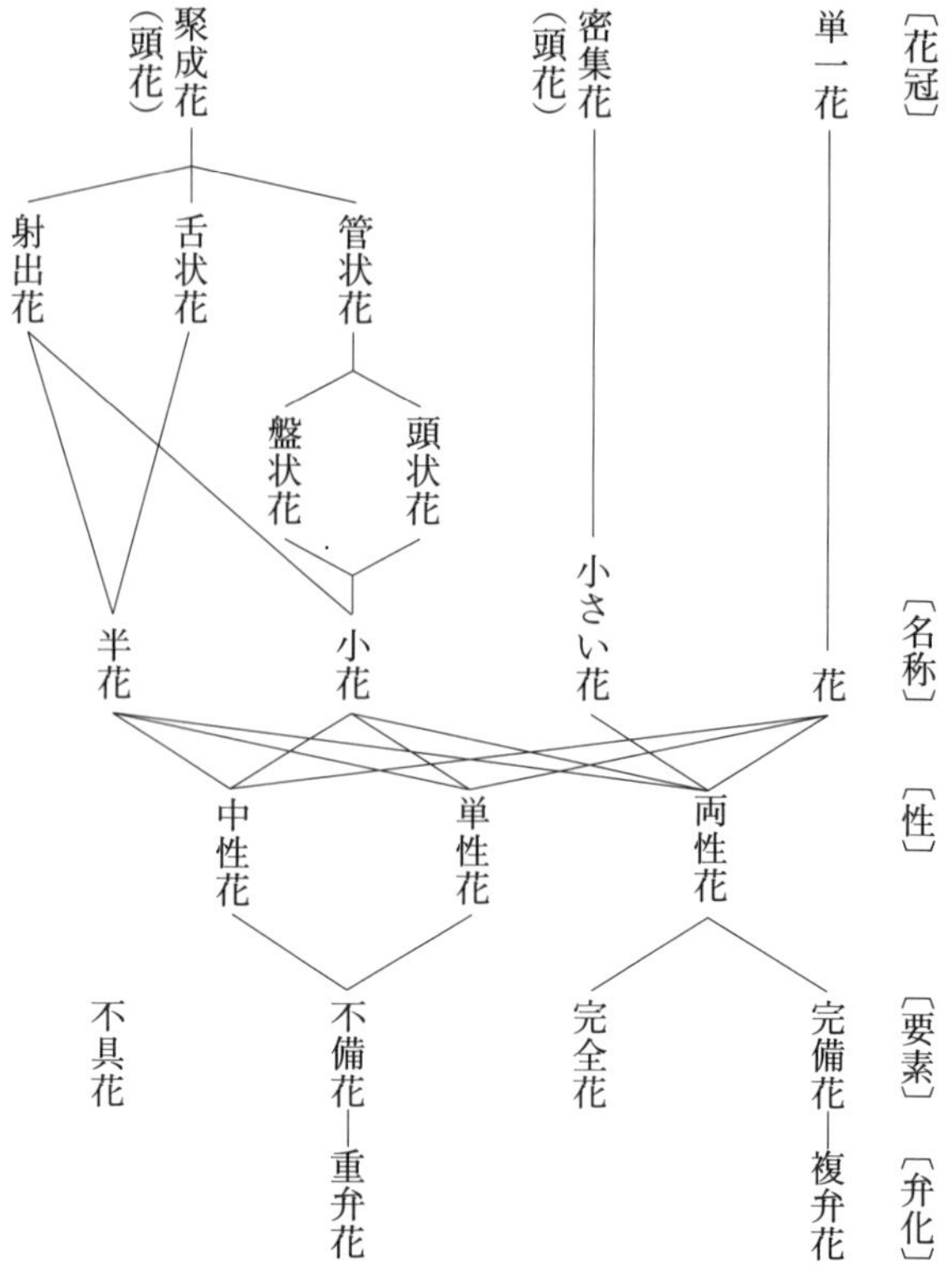

ソーに求めるのはいよいよ無理な話だった。しかし、ルソーの観察が人為体系の枠を破るほど冴えかえることもある。サルビアについて、「手紙」第四はこう記している。「雄蕊が独特の変わった構成をしているため、植物学者によっては、唇形花植物に数えない人もあるのです。自然はそこに登録したように思えるのですが。」リンネは葯隔の部分を花糸と見て、雄蕊を二本とし、二雄蕊花綱に配する。ルソーが退化した二本の雄蕊に気づいていたか、どうか、わからぬのは残念だが、その正しい主張はトゥルヌフォールの分類に従うというより、観察に由来するものと思われる。

「手紙」はすでにゲーテが指摘しているように、観察のやさしいものからむずかしいものへ、植物がしだいに多様性を高めていく順を追って、六つの科を並べている。この配慮はトゥルヌフォールの綱の立て方に由来するが、構造がいっそう簡単な単弁整斉花類がすっぽり抜けている。「手紙」第四はこのことにふれ、問わず語りに、この大植物群にみずからいくつかの科を画定することの困難を告白している。それはよいとして、「辞典」の「花」の項目、とびぬけて長くかつ精細であり、植物好きの本領をうかがわせる力作もまた、トゥルヌフォールの花の構造の記述を基本とする。花にかかわる他の項目を参照して表にまとめると、前ページの図のとおりである。

花の性、要素、弁化による区分を説くのはリンネに従うもので、トゥルヌフォールは植物雌雄説を知らない。ただし、リンネ、ルソーも、トゥルヌフォールと同様、前成説に立っていたが。植物雌雄説は「辞典」が読者と想定していた一般の人人にとって新しいといえば新しい知識だった。ところで、ルソーがトゥルヌフォールの知らぬ花冠という用語をもちながら、花の配置との比較観察に踏みこんでいないのは惜しい気がする。花序の概念はリンネにあるけれども、花冠との形態学的相異の研究は進んでいなかったからだ。しかし、それはそれでよかったのかもしれない。すくなくとも私は感じる、単一花、密集花、聚成花という区分に溢れるいかにも素直な魅力を。密集花は文字通り小さい花が密集した花。もともとリンネの用語だが、あの石材の構築物に草花が根をおろすことはあるまいし、また、それは醜い。しかし、ルソーの小さい花は薫風にそよいでいる。

ルソーの「辞典」は、トゥルヌフォールが『植物学要理』第一巻の巻末に付した「植物用語辞典」の志を継ぐものと考えてよい。二百三十項目ほどの小さい用語集ながら、フランス語で書かれたおそらくはじめての植物学の辞典として、裨益するところは大きかっただろう。以後、ビュリアールの『基礎植物学辞典』(一七八三)まで、この種の書物はなかったようだから、ルソーが植物学の発展にみあった辞典の編纂を計画したことは時宜にかなっていた。ビュリアールの辞典が十年早く出ていれば、ルソーが手控えのノートに手を入れる作業をはじめることはなかったと思われる。手もとのリシャールによる改訂版の巻頭言は、ジュネーヴの哲学者の遺作に対して称讃のことばを捧げつつ、ルソーの「辞典」は、通りすがりに花を摘むことで満足せず、さらに研究を深めようとする者には十分でないと述べている。いかに博物学の世紀とはいえ、一人の独学者が植物学のすべての領域を覆うのはできないことだった。

ルソーは「手紙」で植物学の勉強を進めていく態度について繰り返し書いている。それは観察ということに要約できるから、ことさら説かれていなくとも、具体的な分析がなされるなかで、読者は嫌が応でも観察の実修を強いられ、その楽しさをしだいに納得する。この仕掛けが一見いくらでも見つかりそうでいて、おそらく今日もちょっと比類するもののないルソーの作品の背骨を形成している。観察において一貫する姿勢は個物に対する愛と呼んで差しつかえない。愛情のこまやかさが花の細部に注意深く寄りそっていく様子は、十八世紀に開花した記述的散文に共通する一種さわやかな魅力をそなえている。文章がときに湿気を帯び、もやがかかることはあっても、いったん魅力を知った人は気にもとめないだろう。ルソーは分類の問題などはどうでもよいとほんとうは思っていたかもしれない。個物に対する注意深さを養うこと、これが理科教育の先駆者たる人の主眼であった。しかも、腊葉標本の作成を人にすすめるのは、みずから好んで標本を作ったからだった。(ルソーの標本帖はパリをはじめ各地に現存する。)私はビュフォンを思い出す。まず見ること、大いに見ること、繰り返し見ること、と博物学の研究態度を説きおこすビュフォンの姿はわれわれの植物好きになんら異なるところがない。一七七〇年、パリへ帰る途中、盛名高い博物学者をモンバールの城館に訪問したとき、主人が留守でなかったなら、ルソーは『博物誌』を愛読したゆえんを挨拶のことばとしただろう。私たちも同じ内容のことばを「手紙」の著者に返すことができる。

ルソーの植物学にかかわる著作は死後一本にまとめられ、フランスのみならず、国外にも多くの知己を得た。独訳（一七八一）、英訳（一七八五）のほか、露訳（一八一〇）もある。英訳はもっとも有名であり、ケンブリッジの植物学教授トマス・マーチンという人によるもので、一八一五年までに八版を重ねた。ルソーの文体をまねて、植物学の概要をリンネの二十四綱分類に従って説く二十四通の手紙を書き加えるという趣向であり、イギリスにおけるリンネの普及に貢献した。架蔵の第三版（一七九一）を見ると、図版集（一七八八）との合本で、こちらは本文の手紙の順に、イギリスの植物画家F・ノッダーによる、三十八葉の手彩色の版画を収めて、結実部位の詳しい説明（マーティン）を付してある。その仏訳はポワンソ版ルソー全集に収められた（一七八九）。ちなみに、ロンドンにリンネ協会が設立されたのは一七八八年である。フランスでは、十九世紀に入って、五種の単行本が出た。それらのうち、花のラファエルロの名をうたわれた植物画家ルドゥテの描画による色刷り図版六十五葉に飾られた版本がいまに名高い（一八〇五）。ゲーテはその再刊第二版（一八二二）をもっていた。稀覯本であり、すでに一八七〇年代後半、ラスキンが出入りの古書肆に探させたが、とうとう手に入らなかったそうである。

『動物哲学』の成立

人は二度同じ川で沐みすることなく
——ヘラクレイトス

一、ラマルクの移入と読解について

ここで移入とはむろんわが国への移入をさすが、ラマルクの著作を日本にはじめて請来した人はおそらくシーボルトであろう。板沢武雄氏が発表された、バタビア文書館所蔵シーボルト文書中の「一八二五年ヨーロッパ及びバタビアより舶載、同年中當地着の書籍控」という目録（『シーボルト研究』日独文化協会編、一九三八年）を見ると、物理学、化学、鉱物学、植物学、動物学、地理学などの四十部あまりの書物にまざって、

『無脊椎動物体系』（一八〇一年）が記載されている。したがって、ラマルクの生前すでに、著書の少なくとも一冊が出島に上陸していたわけである。シーボルトは日本産無脊椎動物の蒐集と同定にあたって、ラマルクのこの分類学書を参照したであろう。その動物標本蒐集に協力した石井宗謙、岡研介、大河内存真、高野長英、伊藤圭介といった人たちはラマルクについて聞きおよぶか、あるいは一巻の書を手にしたことがあったかもしれない。しかし、『無脊椎動物体系』の巻頭に収録された「共和暦八年花月二十一日に述べられた開講講義」（本書所収）、ラマルクの進化論（トランスフォルミスム）の「出生証明書」（ランドリュー）とみなされる、この記念すべき講義が、シーボルトを介して、わが国の博物学になんらかのインパクトをあたえたとはまったく考えられない。文政八年のラマルクはあくまで一つのエピソードにとどまっている。それには、内外にわたって、いくつもの理由をかぞえることができるけれども、ここではもっとも大きい枠組として、十九世紀前半のヨーロッパにおけるトランスフォルミスムの低い評価をあげておくのが妥当であろう。

右の目録には、キュヴィエの主著『比較解剖学講義』（一八〇一—〇五年）、『動物界』（一八一七年）が含まれるが、キュヴィエの刷新した比較解剖学もまた江戸末期の博物学に寄与することはなかったにちがいない。

明治に入って、進化論の移入とともに、進化論者ラマルクの仕事がおいおい伝えられることになるが、その名を学説の梗概にあわせてはじめて紹介したのは、興味ぶかいことに、ダーウィンの著作の翻訳であった。進化論関係単行書として、ハックスレー、伊沢修二訳『生種原始論』（明治十二年）について古い、神津専三郎訳『人祖論』三巻（明治十四年）がそれである。この書はダーウィン『人間の由来』（一八七一年）の一八七六年アップルトン社版の部分訳であり、「総論」のあとに、「遞進論沿革略」という一章を翻訳する。これは、元来、『種の起原』第三版（一八六一年）のために書かれた補説、つまり「種の起原についての見解の進歩の歴史的概要」の翻訳である。少々長いけれども、つぎに、ラマルクに関する一節を引用する。

蓋シ此説ヲ以テ夙ニ輿論ヲ一變セシ者ハ刺馬克《ラマーク》ナリ、刺馬克始メテ其意見ヲ世ニ公ニセシハ實ニ千八百零一年ニアリ、サラニ之ヲ擴充セシハ千八百零九年ヲ以テ其動物究理ニ於テシ、サラニ再ビ之ヲ擴充セシハ千八百十五年ヲ以テ其無脊骨動物論ノ總論ニ於テセリ、何レモ生物ハ人獸ヲ問ハズ總ジテ一ノ太祖ヨリ出シ所以ヲ極論セザルナシ、是ニ於テカ有機物及ビ無機物ノ變化ヲ經ルハ毫モ不審議ノ妙爲ニアラズ、固ヨリ判然タル法則ノアルアリテ然ルヲ致ス所以ノ理漸ヤク人心ニ沁入セリ、其功蓋シ大ナリト謂フベシ、抑刺馬克ガ此説ヲ成スニ至リシヤ其由ル一日ニアラズ、刺氏嘗テ生物ノ正種ヲ變種ヨリ區別スルノ難キニ苦シミ、或ル種類ノ生物ニ於テ至高ノ度ト至低ノ度トヲ接續スル生物ノ等位階級ノ精細緻密ナルニ驚キ、養馴生物ノ進變生殖スル例ニ感ジ、遂ニ生物ノ遞進スル理由ヲ看破セシ所以ナリトイフ、然リ而メ變化ノ原由ヲ論ズルニ至リテハ、或ハ之ヲ生路境遇ノ直接ナル影響ニ歸シ、或ハ之ヲ異種配合ノ成果ニ歸シ、或ハ之ヲ世々使用若クハ不使用ノ結果即チ習慣ノ然ラシムルトコロニ歸セリ、就中習慣ノ效驗ニ係リテハ、彼ノ花驢ノ嫩芽ヲ食フ習慣ヲ成シテヨリ、其長頸ヲ致セシ等ノ如キ、自然ニ現出スルアラユル美妙ノ適応變化《アダプション》ヲ以テ之ニ歸シタリ、且刺氏マタ累遷進歩ノ理ヲ信ジ、生物ハ益進遷シテ止マザルモノトス、故ニマタ不完全ナル生物ノ存在スルハ之ヲ偶然ノ生發ニ歸セリ。（傍線、傍丸省略）

意が通じにくいのは、生物学用語の定訳がまだない時期のものとしてやむをえないが、訳文が不正確な個所もある。ラマルクが世論を一変したことはないし、何レモ生物ハ人獸ヲ問ハズ、以下の文は、訳者の種の概念の理解が足らないためであろうか、やはり正確でない。文意はこうである。「彼はこれらの著作で、人間を含めたすべての種は他の種に由来するという説を支持している。」すなわち、ダーウィンはまず、ラマルクがあらゆる種は共通の祖先に由来するという結論に達したことを認めたうえで、ラマルクをこの結論にみちびいたと思われる現象の観察を示し、ついで、種の変化の要因について、生活条件の作用、交雑、使用と不使用（つまり、習性）の三つの要因をあげ、最後に、「彼はまた進行的発達の法則を信じていた」と述べている。ラマルクの進化要因論は二部立ての構成をもつ。一つはダーウィンの言う進行的発達 progressive development、『動物哲学』の用語をもちいれば、漸進 gradation の法則であり、もう一つは環境と習性の影響である。前者を、ラマルクはのち『無脊椎動物誌』の序説（第一巻、一八一五年）で「生命の力」と呼ぶにいたる。そして、これら二つの要因は作用のレヴェルを異にしており、漸進の法則は、ラマルクの分類階層で言えば、綱、目、科のレヴェルにはたらき、環境の影響は属、種のレヴェルにはたらきかける。これは二つの分類群について、分類形質が相違することに起因する。したがって、ダーウィンの要約は、行間に読みとれる個人的評価を別として、さすがに的確である。それは、たとえば、石川千代松『進化新論』（再版、明治三十年）の「動物学の歴史」、丘浅次郎『進化論講話』（明治三十七年）の「進化論の歴史」のラマルクの節とそれぞれ読みくらべれば、明らかである。丘浅次郎の文のおわりを引けば、

ラマルクの考の大體は以上述べた如く、其要點は、第一には動物の各種類は長い年月の間に形狀が次第に變化して今日の有樣になったといふこと、第二には動物の形狀の漸々變化するは主として各器官の用・不用に基づくとのことであるが、此考を以て種々の動物の形狀を觀察すると、一應尤もに思はれる

點が随分多くあり、今日より見れば甚だ不完全な説明には相違ないが、其時代の考としては中々面白いものであつた。

ラマルクの要因論が、ここでは、いわゆる用不用説として、さきほど述べた要因のうち第二のもののみに縮小されていることがわかる。しかし、ラマルク自身の考えからすれば、漸進の法則こそが種の変化性の基本であり、「自然の計画」の発現であった。丘浅次郎にこの第一の要因を無視させたものは、ダーウィンの主たる要因論、すなわち自然淘汰説をより科学的とする理解であると思われる。そこに介在するのは、明治の進化論の移入が不可避的にダーウィニズムの導入であったという事情である。モースによる進化論の紹介がダーウィニズムの学問的祖述でなく、まさにモース流の進化論であったとしても、それが自然淘汰説という巨人の肩にのっているのに変りはない。『人祖論』の出版も、モースの啓蒙活動に触発されたものと考えられる。モースの有名な『動物進化論』（石川千代松筆記）は明治十六年の刊行であるが、そもそも講演の筆録であったことからわかるように、進化論の授業と公開講演は早く明治十年からはじめられていた。

丘浅次郎の「進化論の歴史」がダーウィニズムという紐帯で『人祖論』の「遞進論沿革略」に、そして『種の起原』の「歴史的概要」にまっすぐ結ばれているのは明らかなことである。だから、ひとまず明治の進化論移入の歴史から身を離して、あらためて問わなければならない。ダーウィニズムに立った進化学説史がラマルクのトランスフォルミスムを把握することは原理的に可能であろうか。さらに、学説史が、種の変化説の先駆者の一人としてのラマルクという構図を描いて、自然淘汰説なり、他の進化理論なりへの道を遡行的に整序するかぎり、『動物哲学』の思想、ラマルクの思想を全体として理解するのは不可能なことではないであろうか。

　このような反省的立場は近年の欧米のラマルク研究の動向にも、それぞれ構図とニュアンスを異にしつつ、はっきり示されている。いまラマルクの研究史を三期に区分できるとすれば、第一期は一八六〇年代にはじまるダーウィニズムの検討と密接にからみあった研究（たとえば、カトルファージュ『ダーウィンとそのフランスの先駆者たち』一八七〇年）を生み、第二期は、ネオラマルキスム（一八八五年、パッカードの命名）の潮流のなかで、パッカード（『ラマルク―進化の創設者』一九〇一年）、ランドリュー（『ラマルク―トランスフォルミスムの創設者』一九〇九年）の基礎研究の大冊を生みだした。この時期にはとくに、ラマルクの名は当代の進化理論なり実験的事実なりに関連して、あるいは称讃され、あるいは拒否されてきた。象徴的な例は「獲得形質の遺伝」であろう。だから、第三期のはじまりがルイセンコ説の凋落とともかく年代を同じくするのは、興味ぶかいことである。一九五〇年代のギリスピーの研究はラマルクの哲学的思想の総体的把握をめざして、ラマルクとダーウィンの方法論的断絶を鋭く指摘したものであり、科学史研究がラマルクを十分な距離をとって、遠く、また精細に見ることができるようになった事実をよく示している。ギリスピーは「科学史におけるラマルクとダーウィン」（『ダーウィンの先駆者たち』一九五九年、所収）にこう書いた。「ラマルクの哲学はダーウィンの先取りではなくて、まさに消えようとするこだまのメドレーである。完成をもとめる努力、無機的自然と向きあった有機的な秩序原理、環境をとりいれる有機体としての生命過程、みずからに回帰しようとする火の優越、流動、生成としての世界。ラマルクは、これらの昔ながらのこだまに応答する最後の重要な科学者である。」今日のラマルク研究は、ギリスピーの言う古いこだまの様相をさらに精密な歴史的文脈において把捉しようとする方向を選んでいるように思われる。たとえば、バークハートの「ラマルクと進化生物学」をめぐる重要な達成、『体系の精神』（一九七七年）がそうである。このような方向の研究が大変な手間のかかる、しかも報われることの少ない、地味な作業であるのは、ラマルクが自然—哲学者 naturaliste-philosophe を称して、その自然—哲学を個別科学の多様な領域にもとめた知識によって構成している事実からも、明らかであろう。しかし、ラマルクの自然—哲学をそれ自体として描きだすためには、複雑な共鳴装置のそれぞれの部位についてのくわしい注解の試みがどうしても要求されることもまた確実である。

二、文学論

ラマルクは実際一見意外と思えるこだまにも応答していた。まず、つぎの文章を読んでいただきたい。

詩、文学に分れでたこの美しい枝は、そして雄弁というものも、想像をなしですませられるであろうか。私の考えを言うとすれば、文学は人間の知性のすばらしい成果であって、私たちの情念を動かし、感動させる技法、私たちの思考を高め、大きくする技法、要するに、情念と思考を日常の圏外に拉し去る、高貴で崇高な技法である。この技法はみずからの規則と戒律をもっている。しかし、想像と趣味が、文学がそのもっとも美しい産物をくみとる唯一の源泉である。（『動物哲学』第三部第八章）

動物学の書物にこのような文学論を見出せば、だれしも、少なからぬ驚きと興味をおぼえるにちがいない。動物について詩を語ることはできても、動物が詩を語ることはないからである。この常識はむろん、人間を動物一般から区別することによって成立している。ラマルクも人間という言葉を使っているし、人間を語っているのに相違はないけれども、『動物哲学』の文学論は、ラマルクが人間を動物と、詩をものす唯一の動物とみなしていることに由来する。それは、この書を第三部第八章まで、つまり最終章まで通読すれば、よくわかることである。動物と人間の由来の連続性に関するラマルクの思考ははっきり一貫したもので、これはすでにダーウィンの認めたところでもあった。「人間が他の種とともに、古い時代の、下等な、すでに絶滅したある品種《フォーム》の子孫であるという結論はすこしも新しくはない」――『人間の由来』の序文はこの文章に続けて、こう言っている、「ラマルクはずっと以前にこの結論に達していた。」ここにはダーウィン一流の戦略が感じとれるが、それはいま問わず、人間の起原に関する、また言語の起原に関する（第一部第八章、「人間に関する若干の観察」）、種の変化性の理論に基礎をおいた洞察がラマルクの文学論を生みだし、『動物哲学』における位置を決定したことになる。

『動物哲学』の第三部第八章は「悟性の主要な行為について」と題されていて、注意、思考、記憶、判断の四つの「知性の主要能力」をあつかうが、文学論は、思考の一つの行為とされる想像（想像力）imaginationのはたらきをめぐって展開され、文学と科学の対比におよんでいく。引用文に見られるような想像力の強調は、一見したところ、ロマンチスムの詩論との近縁を思わせないではない。十九世紀の詩人たちが想像力に付与した地位はたしかに格別であり、そこにロマンチスムの特質をもとめることもできる。しかし、十八世紀が想像力のはたらきを無視して、文学を論じていたわけではなかった。ヴォルテールは『百科全書』第八巻（一七六二年）の「想像、想像する」の項目で、想像力を受動的、能動的の二種類に大別し、後者を発明的想像力 imagination d'invention と呼んで、芸術、とくに詩に果たす役割を分析している。「詩人は雄弁家の言葉よりも綾のある、常ならぬ言葉を語る。詩人の作品の基本は虚構である。だから、想像が詩人の技法の精髄である。」しかし、野放しにされた想像力、「秩序と良識を欠いた」想像力は評価されない。「美しい想像はつねに自然らしさをそなえている。」簡単に言えば、ここに、ヴォルテールの古典主義が立ちはだかっている。そして、ラマルクの文学論もまた、崇高、規則、趣味といった古典主義の語彙をちりばめて想像力を規制しているから、ヴォルテールに近い立場の発言と言うべきである。しかしながら、そこに見える「情念と思考を日常の圏外に拉し去る」というような表現はやはりなにほどかロマンチックであって、ルソーの「創造的想像力」をめぐる一節（『告白』第九章、一七八八年）を思い出させる。日常の圏外とは、つまり現実を越えた「空想の国」（ルソー）であり、これを創造するのが想像力というわけである。「創造的」という言葉はロマンチスムに特徴的な語彙であるけれども、すでにマルモンテルの『文学要理』（一七八七年）の「想像」の項目にも姿を現わしているのがおもしろい。この人はヴォルテールより一世代若い百科全書派の文学者で、「想像」は『百科全書』補巻（一七七六年）に発表された。そのはじめに、「想像が、記憶のとりあつめた一団の輪郭線から、全体として、自然界になんら範例の存在していないような画面をみずから構成するとき、想像は創造的となる。そして、このとき、想像は天分に属する。」発明的想像力はヴォルテールにとっても「自然の賜物」であり、天分あるいは天才 génie であった（ラマルクはさきの引用文のすこし先で、「想像がなければ、天分はない」と書いている）。マルモンテルの理論はなるほどヴォルテールの焼直しにすぎないと言えるかもしれないが、「創造的」の一語には、想像力についての思考が地すべりを起しはじめている様子が明らかに感じられる。『動物哲学』の文学論はこの地すべりを共有しているように思われる。

ところで、ヴォルテールは想像力を記憶に依存する能力とみなしており（「知覚が感官を通して入り、記憶が知覚を保持し、想像が知覚を構成する」）、記憶と想像力について、こう書いている。「観念を受容し、保持し、構成するこれらの能力は、私たちの説明できないことがらに数えられることに注意したい。私たちの存在のこうした眼に見えない発条は、私たちをつくりなした至高の存在の手のうちにあり、私たちの手中にはない。」だから、想像力は天分ということになるわけだが、この「神の賜物」（ヴォルテール）をラマルクは人間の手にとりもどそうとした。つまり、注意、思考、想像、記憶、判断という知性の能力に統一的な説明をあたえることを意図したのである。そして、ラマルクのこうした意図は、コンディヤックの『感覚論』（一七五四年）を源泉とする、人間の心的過程を対象とする科学の構築をめざす啓蒙思想の一連の試みにそうものであった。デスチュット・ド・トラシーは『観念学要理』の序文（一八〇一年）に、「もしある動物の知的諸能力を認識していないならば、この動物についての知識は不完全なものにすぎない。観念学は動物学の一部門である。そして、この部門が重要であって、深くきわめるに値するのは、とくに人間においてである」と記した。動物学の一部門としての観念学 idéologie。これが、まさに、『動物哲学』第三部の意図するところである。ラマルクはそこで、動物学の専門家としての自負に立って、体制の一つの器官系である神経系が、体制の進行的発達によって構成的となるにつれて、感覚、感性、内的感性、知性を生みだしていく生理学的過程を追求する。そしてカバニスの『人間の心身関係』（一八〇二年）を相手どりながら、驚くべき機械論的なやりかたで、一切の心的現象の物理的原因の体系的説明を試みたのであった。

三、一七八〇年代のラマルク

ラマルクは革命後の王立薬用植物園の改組に際して、国立自然誌博物館昆虫類、蠕虫類、顕微鏡動物担当動物学教授の職に任じられた。一七九〇(?)年にみずから執筆刊行した、改組にかかわる覚書(「博物学資料室、とくに植物園資料室についての覚書」)を見ると、ラマルクが博物学資料室の構成に動物学(四足類・鳥類、魚類・爬虫類、昆虫類、蠕虫類・石灰質虫類・植虫類)四名、植物学一名、鉱物学一名の人員をわりあて、植物学の担当者に自分を予定していたことがわかる。だから、紆余曲折のすえ、自然誌博物館が一七九三年に正式に発足し、十二人の教授の一人として、植物学ではなく、動物学の二分された領域の一方の講義、研究、資料保存を担当することとなったとき、本人は不本意であったかもしれない。しかし、なにほどかの自恃の念がなければ、他人のわりふりを承諾する人はいないはずである。

ラマルクは、周知のごとく、植物学者として出発した。そして、最初の著作『フランス植物誌』(一七七八年)の刊行によって科学アカデミー会員に選任された。これは、著者が植物分類学の新しい流れを代表する学者の一人とみなされていたことを示している。『フランス植物誌』は「分析法」と呼ばれる植物検索法(二分法)の考案で評判をかちえたが、この成功は、種の同定と種の配置の決定とは切り離すべき問題であるという考えかたから生まれている。植物分類学の真の任務は単に種の記載にあるのではなく、それぞれの分類階層の内部と相互の自然的類縁を探究して、分類の自然的かつ全般的な秩序を設定することである。ラマルクはそう考えていた（『フランス植物誌』序説）。この「序説」の自然的方法（自然分類）にかかわる立論には、ドーバントンの指示によって、鉱物学者アユイが手を入れたと言われる。しかし、そこに、かえって、新進の分類学者の仕事に対する学界の期待を読みとることができよう。ところが、ラマルクはしだいに期待にそわない方向に仕事をすすめていった。そもそも、学界にはじめて登場するのは、「大気の主要現象について」（一七七六年）という気象学の論文によってであったし、一七八〇年には、「主要な物理的事実の原因についての研究」という物理―化学の論文を科学アカデミーに提出し、却下されている。また、友人のブリュギエール、オリヴィエに伍して、貝類の蒐集と研究を八〇年代に開始していたと思われる（貝類学の公開授業を一七九二年におこなった）。学者としての出発当初から、ラマルクの自然界に対する関心は多様であり、自然学のさまざまな領域にふみこんでいた。しかも、理論的関心が深いところに特徴があった。

だから、八〇年代に公表された主要な業績である、『百科方法全書―植物学』八巻、補巻五巻（一七八三―一八一七年。四巻のP以降、ポワレ編）に、自然界の統一的理解をめざす独自な関心のありかたが反映していて、不思議ではない。

たとえば、第二巻（一七八六年）所収の「綱」の項目はいくつかの注目すべき理論的視点を示している。まず、植物界の区分に際して、その全般的系列は両端に、「体制の相違、すなわち器官の数と価値の多様さに関して両極端にある」植物を提示しなければならないと言う。植物にとって欠くことのできない（したがって分類形質としての価値の高い）器官の数なり、完成なりに着目して、配列をおこなうと、体制のもっとも単純なものからもっとも複雑なものまで、一つの秩序がうかびあがる。この秩序が漸進であり、そして、これを漸進と逆方向にとれば、後年の用語に言う漸退 dégradation となる。だから、分類にあたって、漸進あるいは漸退の現象を考慮しなければ、他方でいくら細部の自然的類縁の観察にたずさわっても、自然目すなわち科の相互の配置は決定できない。ラマルクは、植物の全般的系列における科の秩序がいまだ恣意的であることを認めたうえで、科の上位階層である綱について、「その全般的配置は少なくとも、恣意的という非難をまぬがれているように思われる」と述べて、多弁花綱、単弁花綱、聚成花綱、不備花綱、単子葉綱、隠花綱の六つの綱について略述し、さらに、それぞれの綱の含む科の一覧表をかかげる。「体制」の形質はアントワヌ＝ロラン・ド・ジュスューに従って、生殖器官である結実部位からとられている。だから、第一綱、双子葉植物の多弁花（両性花）類から第六綱の隠花植物（シダ類、コケ類、藻類、菌類）まで、漸退、すなわち体制の単純化が認められるわけである。逆に言えば、この全般的系列は第六綱から第一綱へと進行する体制の漸進の秩序を現わしている。

ここで、もっと興味ぶかいのは、植物界の六綱が、動物界を区分する大きい区切りと「完全な対応」をなすという主張であろう。すなわち、動物界もやはり六つの綱に区分されるということであって、漸退の順序であげると、四足綱、鳥綱、両棲綱、魚綱、昆虫綱、蠕虫綱の六綱である。これはリンネの動物分類（『自然の体系』初版一七三五年）をそのまま採用した綱区分にすぎず、さきほどのラマルクの「覚書」の分類にくらべると、後者で、無脊椎動物のうちの蠕虫類の枠組が変化していることがわかる。ラマルクは分類ということに生得のセンスをもっていた人であり、その無脊椎動物の研究はリンネの昆虫綱と蠕虫綱の再区分をもって大きい課題の一つとする（『動物哲学』第一部第三章参照）。しかし、それはさきの話で、ラマルクはいまリンネの六綱の動物と、六綱の植物の対照表をかかげて、「この表は、地球に棲息する生物の総体について私たちの抱きうるもっとも正しい見解を提供し、生物の類縁の性質、器官の完成にかかわる漸進の秩序を指示し、そして、私たちが植物に設定した六つの主要な区切りの価値をさとらせる」と述べている。したがって、動物の系列も、植物の系列に同じく、蠕虫類から両棲類（爬虫類）、四足類（哺乳類）へと体制の複雑化、つまり漸進の秩序を示すことになる。ただし、この秩序が具体的にどういう器官を形質として設定されているかにはまったくふれていない。

こうして、植物と動物は、綱区分において対応する線的系列を構成する。系列は二つで、それぞれ独立し、連続していない。動物の生命は「感覚原理」に従属する点で、植物的生命と区別される。そして、植物と動物を結ぶ移行形態は存在しないとすでに見ているようである。それぞれの系列は漸進の秩序を指標として設定されるから、ただちに、体制の複雑化あるいは単純化を提示する。ラマルクの考えでは、このような理論にもとづいた線的系列の設定が博物学者のもっとも重要な作業課題である。

ところで、ラマルクはこの動物と植物の系列対照表に、「生きている有機体。死をまぬがれず、みずから繁殖する能力をもつ」と題した。これは、自然のもう一つの界、鉱物界の表の題目と対応しており、こちらは、「生命のない無機体。これは生物に属していた複合的構成物質の継起的な変質によって生みだされる」となっている。だから、自然界はもはや伝統的な三区分ではなく、二つの領域に再区分される。有機界と無機界であり、生物と無生物である。これらはあい異なる二つの範疇を構成する。そして、両者の系列はやはり非連続的である。生物と無機物を「連続した鎖をなすような形で同一の線上に提示」してはならないという考えである。これは、植物と動物の系列の非連続性の考えとあわせて、たとえばボネの説いたような、いわゆる存在の連鎖の意想にもとづく自然の三界の単一系列説の否定にほかならない。この非連続観は、『フランス植物誌』の「植物学原理」の章のはじめにも述べられているが、生命を有機的運動とみなして、無機物と対比するという発想は当時の博物学者たち（たとえば、ドーバントン、ドイツのブルーメンバッハ）に共通の考えであったらしい。生命の学＝生物学 biologie という言葉はブルダッハ（一八〇〇年）、トレヴィラヌス（一八〇二年）、そしてラマルク（一八〇二年刊の『水理地質学』において）がそれぞれ独立にもちいはじめたとされているが、それは有機界と無機界という自然の再統合が共通の文脈になっていなければおこりえなかったことであろう。

さて、鉱物界の表について、ラマルクは「鉱物はすべて、生物の遺骸が時とともに継起的な変質をこうむって生みだした」ものであるという「新しい見解」を提出する。生物は地、水、火、空気の四つの原素 principe がさまざまの比率で結合した複合物 composé であり、生物の死とともに、構成物質の分解がはじまると、結合がしだいに破壊される。分解は一挙には起らず、原素がじょじょに部分的に遊離していく。水と空気は他にくらべて遊離の割合が大きい。このような遊離の度合によって、さまざまな結合をした、しかし以前より単純化された複合物が形成され、さらに分解がすすむと、純粋に地の原素のみで構成された物質が最後に残る。この多様な段階の複合物が、知られている各種の鉱物であり、したがって、鉱物は線的系列を構成し、その系列は当然複数になる。ラマルクは四つの系列（動物性腐食土、植物性腐食土、それぞれに二系列）をあげている。たとえば、第一の系列、甲殻類などの遺骸による動物性腐食土の系列を見ると、貝殻土—白亜—石灰石—大理石—雪花石膏—方解石—珪石—長石（？）—燧石—珪長石—瑪瑙—石英—水晶と続き、水晶が地の原素の特性のみをそなえた最終的な鉱物である。堅さ、不変性、不溶解性、無味無臭性が原素の特性であって、水晶は透明、平滑、無色である。そして、第四の系列、草原と森林の植物性腐食土の系列も水晶で終る。これらに対して、第二の墓地、屠殺物廃棄場の動物性腐食土の系列は最終的に自然金属を形成するという具合である。だから、これらの系列は、植物、動物の系列と同様、いま水晶、自然金属までの方向をとれば、いずれの鉱物も他の原素を基本要素としつつ、全体として漸退の秩序をそなえるわけである。ラマルクはこうした鉱物生成説を「かなり以前から準備している特別の一書」で証明したいと述べているので、はやくから、鉱物の起原についての化学的理解（次節参照）をめざしていたらしい。

ラマルクが一七八〇年代に自然界について、以上のような包括的かつ思弁的な、しかし形而上的ではない見解を表明しているのは、なかなか興味ぶかいことである。そこに特徴的なことは、対象の系列的配置に対する言わば偏愛であり、ラマルクはこの偏愛を、やがて数年後、みずから無脊椎動物と命名することになる動物の研究においても一貫して示すであろう。そして、生物の二つの系列はまだ静的な系列であって、種の変化性へと動きだしてはいないけれども、漸進という現象に対する着眼は昆虫類と蠕虫類の綱区分の検討に大きい力を発揮したのみならず、ついに種は変化するという解決を採用させるにいたる主要な論拠を提供するであろう。

八〇年代はラマルクの自然—哲学が内部に成熟しつつあった時代と言える。その多方面な成果は物理学、化学、気象学、地質学、化石研究の著作論文として、博物館動物学教授となって以後、九〇年代から、あいついで発表された。「生物学」の領域では、無脊椎動物の全般的分類に加えて、種の由来の観念にもとづいた生命の原理が一八〇〇年の講義で述べられる。いま主要な著作を年代順にかかげると、

一七九四年、『主要な物理的事実の原因についての研究。とくに、燃焼、蒸気の様態での水の上昇、個体の相互の摩擦によって生みだされる熱、急激な分解と沸騰と生存中の多くの動物の体内とに

おいて感知される熱の原因、ある種の複合物質の腐食、味、匂いの原因、物体の色の原因、複合物とすべての鉱物の起原の原因、最後に、有機体の生命の維持と、その成長、活力、衰弱、死の原因についての研究』、二巻。

一七九六年、『空気理論の反駁、あるいは現代の化学者の新学説について。市民フールクロワがその著『化学哲学』に集成し刊行した諸原理に対する一連の応答を逐条的に提示し、『主要な物理的事実の原因についての研究』と題された、本書に先行し、本書の理解に必要な著作で述べた理論の補足を付す』、一巻。

一七九七年、『物理学・博物学論文集。溶解の一般的原因、火の物質、物体の色、複合物の形成、鉱物の起原、そして、生物の体制について、あらゆる理論から独立した推論を基礎として新しく説明する、国立学士院第一部定例会議で朗読された論文の集成』、一巻。

一八〇一年、『無脊椎動物体系、あるいはこれらの動物の綱、目、属の一覧表。これは自然的類縁と体制の考察にもとづいて、本質的形質と分類を示し、自然誌博物館陳列室に保存される遺体標本のあいだに設けられた配列に従う。前文として、共和暦八年花月二十一日、国立自然誌博物館においておこなわれた動物学開講講義を付す』、一巻。

一八〇二年、『水理地質学、あるいは水が地球の表面にあたえる影響について、海盆の存在、その移動、その地表のさまざまな地点への継起的移行の原因について、最後に、生物が地表の性質と様態におよぼす変化についての研究』、一巻。

一八〇二年、『生物の体制についての研究。とくに、その起原、発達と構成の進歩との原因、そしてそれぞれの個体においてたえず体制を破壊しつつ、必ず個体の死をもたらす原因についての研究。前文として、共和暦十年、国立自然誌博物館においておこなわれた動物学開講講義を付す』、一巻。

以上に、『気象学年報』（一八〇〇―一〇年）、「パリ近郊化石論集」（一八〇二―〇六年）、『植物自然誌』二巻（一八〇三年）を加えれば、『動物哲学』（一八〇九年）にいたる、ラマルクのまとまった仕事はほぼつくされる。

これらの著作の内容をなすラマルクの統一理論は、しかしながら、当時の学界にひややかな反応をもって迎えられた。衆目の期待は統一理論ではなくて、貝類学にあったからである。そして、さらに重要なことだが、すでに専門的な分化をとげつつあった科学のほうから見れば、ラマルクは実験上の事実を無視する理論家、思弁をこととする自然哲学者と映らざるをえなかった。そのような評価は、事実と仮説の役割をめぐって、科学の精密な方法を模索していた一七八〇―九〇年代の科学者のあいだに、とくにラマルクの化学理論を対象として定着していった。ラマルクは自然誌博物館でも国立学士院でもしだいに孤立する。キュヴィエとの人口に膾炙する対立も、根は学界に底流するラマルク評価にあった。孤立と焦燥のなかで、ラマルクは偏執的にみずからの「真理」と信じる、自然界の統一原理を追求していく。そこに進化の理論が生まれた。ラマルクのトランスフォルミスムは自然についてのトータルな原理、惜しむらくは思弁的にすぎる体系的説明から誕生したものである。ダーウィンの理論とは発生の様式を異にする。ガラパゴス諸島は自然―哲学の水平線のかなたに没している。むろん、惜しんでどうなる話でもない。むしろ、惜しむべきところからしか、進化にかかわる最初の統一原理が生まれなかった逆説に注意すべきであろう。

四、『水理地質学』をめぐって

たいていは自分の見解がほめてあるのを見たいと思って、新しい書物に眼を走らせる人たちのためではなくて、読み、深く思索し、新しい真理の認識のためにはみずからの利益さえも犠牲とする少数の人びとのために、私は書く。

自費出版の著作、『水理地質学』の裏扉に記されたこんな宣言は、以上で全文であるが、一七九〇年代の理論的著作に対する学界の無視と黙殺がラマルクにひきおこした心理的反応をよく示すとともに、『動物哲学』にいちじるしい、「私」の強調という文体論的特徴の由来するところをおのずから明らかにしている。『水理地質学』は実際、いたるところでと言いたいくらい、「細部」を重視する科学のありかたを批判し、これをみずからの方法と対置する。

事実の蒐集にひたすら努めること、これが現在高く評価されていることである。事実はあらゆる方面にもとめて、個別に考察すべきであり、要するに、どこにおいても、もっとも小さい細部に関心を限定すべきである。こうしたやりかたのみが評価できるものとされている。

私の考えでは、蒐集された事実を一つに集めて、それらを全体として考察し、もっとも真実らしい一般的成果をえるように努めることがいまや有益である。私たちは自然の研究においてつねに事実を蓄積するだけにとどめなければならない、と結論する人は、石を切り、漆喰、木材、金具、等々の用意をいつも言いつけながら、これらの材料で建物をつくろうとは決してしない建築家に似ている。

真の科学、「哲学者」の注意に値するただ一つの科学は、細部の事実を探索することではなく、「自然の歩みそのもの」を全体として認識することである。『水理地質学』の前文はこのような構想に立って、包括的な自然の学を提唱し、これを地球—自然学 Physique terrestre と命名し、三つの部門に区分する。一、気象学、二、水理地質学 hydrogéologie、三、生物学である。気象学は、地球の大気現象にかかわる考察であり、水理地質学は、当面の主題である、地球の外殻の様態と、それがたえずこうむっている変動と変化を考察し、生物学は、生物の体制の起原と発達についての考察にかかわる。三つの部門ともに、「第一級」の事実のみをあつかい、「小さい事実」はとりあげない。「自然は私たちにいつも大きい事実を提供しており、自然を正しく判断するためには、大きい事実の考察がなにより不可欠」だからである。

ラマルクの気象学の研究は、雲の観察からはじまったと言われる。軍隊を退役後、パリで植物学を学んでいたころ、サント・ジュヌヴィエーヴの丘の安下宿の窓から毎朝空をながめていたのだそうである。伝記作者のいかにも好みそうな話だが、巻雲、積雲、層雲、乱雲といった雲の分類はラマルクの創案であるという(ペリエ)。そこから、天候の変化の周期的な規則性の解明にすすみ、「地球の大気におよぼす月の影響について」という論文を一七九八年に発表した。ランドリューのパラフレーズによると、こういう理論である

——大気は一種の海であり、潮の干満と同じ現象をおこす。月の引力は海にも大気にも等しく作用するからである。大気の運動、つまり風は潮汐にほかならず、風は月により近い極の方向に吹く。風が乾燥地帯を通るか、海上を通るかにしたがって、雲の量が変動し、ある土地の天候が決まる。月の天候におよぼす影響が否定されてきたのは、月相だけをとりあげたからであって、問題は月の黄道に対する位置にあり、この位置の変化が天候の規則的な変化をもたらすはずである。ラマルクはこの理論上の規則性を基礎として、ある土地の晴雨寒暖の確率を計算できると考えた。そして、天候の観測をめぐる小論文と月の位置に関する種々の計算の表を、年間の天気予報とあわせて、一八〇〇年から十一年間にわたって刊行した。『気象学年報』である。

ラプラスが（あるいはナポレオンが）ラマルクの気象理論と天気予報を酷評したことはよく知られている。ラマルクは『気象学年報』を一八一〇年でうちきり、『水理地質学』の前文に述べた「気象学」の著作をついに書かなかった。わずかに、『博物学新辞典』（一八一六）に「大気現象」、「気象学」の項目を寄稿しただけである。しかし、そこでは理論は修正をうけ、太陽の引力と光の大気の運動におよぼす作用が月の作用に加えられた。ラマルクは変動きわまりない大気現象の地球規模の把握、いわゆる大循環論をあくまでめざしていたのであり、そこに、自然—哲学者の面目があったと考えざるをえない。

さて、つぎに、地球—自然学の第二の部門にうつり、『水理地質学』を読んでみる。この書は、陸水および海水が土地を浸蝕し、土地を形成する循環作用（第一—三章）、鉱物の有機物からの化学的生成（第四章）を主たるテーマとしており、ラマルクは四つの問いをはじめにかかげている。すなわち、

一、地球の表面における水の作用と運動の自然的な結果はどのようなものか。
二、海はなぜ、つねに海盆をもっているか。そして、海につきだした陸の部分から海を分離して、海を含んでいる境界をもつか。
三、海盆は、私たちがいま眼にする場所につねに存在していたか。そして、いまや海ではないところに、海のあった証拠が見つかるか、どうか。いかなる原因で、海がそこにあったのか。また、なぜいまそこにないのか。
四、生物が、地球の表面に存在し、地球を覆う外殻を構成している物質におよぼす影響はいかなるものか。そして、この影響の一般的結果はどうであるか。

これらの問いに簡単に答えておこう。まず、水の作用はむろん地表の様態を変化させるのだが、ラマルクの考えは、分解、浸蝕、堆積の三つの作用にまとめることができる。水（淡水）は空気と熱素（後出）の助けで、無機物を構成する分子をたえず変質させ、分解させる。そして、平原を浸蝕して、河川を形成しつつ、土壌の分子を海に運びいれる。土壌は海盆に堆積する。浸蝕以前の平地の標高は一定であり、浸蝕によって、山岳が言わば彫りだされて、形成される。

海は海水の運動（潮汐、海流、暴風、海底火山）によってたえず底をうがたれて、海盆を形成する。そして、海盆に堆積した土壌は海岸にうちあげられるので、海盆を埋めることはない。他方、月の引力を主な原因とする、東から西へと運動する海流のために、海盆は東から西へゆっくり移動している。たとえば、大西洋の海流がアメリカ大陸の中央部をうがって、メキシコ湾を形成した。「何世紀もたつと、この海流の運動はパナマ地峡をうちやぶることであろう。」これは、理論的に非常におもしろい考えかたであって、地質学に言う斉一論（ユニフォルミタリアニスム）の思考方法を思わせる。つまり、日常の時間尺度で生みだされる結果は、どれほど小さくても、地質学的時間において積みかさねられると、巨大な変動をひきおこしうる。だから、現在進行中の地質学的現象の観察は過去の現象の理解に適用できるという考えかたである。周知のように、ラマルクは、キュヴィエの天変地異説に反対したが、ラマルクの自然—哲学の基本に、斉一論的な発想があったことは疑いない。

こうして、海盆の移動はついに地球を一周する。それにつれて、地球の重心が変化するので、二つの極も移動し、やはり地球をめぐる。だから、地球上の各地点は寒暖あいつぐ多様な気候にさらされたはずであり、今後もさらされるはずである。この一周に要する時間は、ラマルクの計算では、九億年。これは驚くべき数字である。ビュフォンが「創造」にまつわる伝統的年代論を、球体モデルの物理的実験の測定値からの試算によって七万四八三二年までひきあげたのは、つい二十五年まえのことであった（「自然の諸時期」『博物誌』補遺第五巻、一七七八年）。ラマルクは地球の生成そのものについては、「地球が球形をとるにいたったのは、ほとんど計算できない長さの時間をかけてのことである」、と無限とも言える時間を想定していた。

ところで、地表の変動とその原因にかかわる、このような考察はラマルクにオリジナルなものではない。一周はともかく、少なくとも、理論の基本的な枠組はビュフォンの「地球の理論の証拠」（『博物誌』第一巻、一七四九年）の最終章「陸の海への変化と海の陸への変化」にすでに総括的な記述がある。そこで、海底、海岸、大陸の大きい変動の原因とされるのは、東から西への海水の運動、潮の干満、風の運動、そして陸水の作用である。海の後退、地震、火山、洪水も原因にかぞえられる。「地表に無数の変革、激動、特殊な変化、変動がおこったことは疑いえない。」ただし、水の沈澱物が地層を構成することを述べている点から見て、ラマルク流の斉一論的な発想も認められる。

海の移動の主要な証拠がラマルクにとっても、ビュフォンにとっても、化石（海産動物の化石）にもとめられることは言うまでもないけれども、化石論についてはひとまずおき、つぎに、ラマルクの化学理論を、燃焼現象をめぐって検討し、第四の問いに移りたい。

ラヴォワジエの反駁（「フロギストン説の考察」一七八三年）以前には、フロギストン（燃素）説が燃焼の統一理論であって、以後においても、たとえば酸素を発見したプリーストリーがこの理論をあくまで信奉していたのは有名であるが、フランスの化学者たちは、八〇年代後半に、ベルトレ、ド・モルヴォー、フールクロワとつぎつぎにラヴォワジエの「空気理論」の正しさを認めた。新しい理論は、ラマルクによれば、こういうものである。「現代の化学者たちは、たとえば空気は元素ではなくて、二つの個別の複合物がある比率で結びついた結合によって形成される混合体であると主張し、その一方を臭気ガスあるいは窒素ガスと命名し、もう一方を生気ガスと呼ぶ。水は単一の実体どころか、複合物であって、脱フロギストン・ガスあるいは生気ガスの基体と言われている酸素と、水素と命名される引火性ガスの基体との結合によって形成されていると断言する。火と光は運動にすぎず、現実の個別の実体ではないと言う者もあり、これらの学者は空気、水、鉄、等々に単一の実体としての特性を認めない。［中略］燃焼は、彼らによれば、燃焼物質の分解にほかならず、これは、空気を構成する原素の一つによっておこなわれ、空気も分解し、みずから燃える。最後に、動物の呼吸も一種の燃焼である。」（『主要な物理的事実についての研究』序説。ランドリューの引用による）この空気理論に対して、ラマルクは火を原素とみなし、「火の物質」の様態の変化によって、燃焼を説明する。いわゆる「火の理論」である。ラマルクの作成した「火の主要様態の表」(『物理学・博物学論文集』ランドリュー)を見ると、火の物質は自然界においてエーテル火、熱素火、固定火の三つの様態をとる。エーテル火はいたるところに広がった自由な流動体で、音を伝播する物質とみなされ、また、なんらかの未知の原因で、電気流動体と磁気流動体を構成する。第二の熱素火は、ラヴォワジエの熱素 calorique の仮説に相応するもので、熱を構成する物質であり、熱素火が物体の分子の間隙に浸透すると、物体を、一、あたため、二、膨脹させ、三、光らせ、四、液化し、五、気化し、六、燃やし、七、煆焼させ、八、塩化し、九、金属化する(煆焼以下の場合には、物体の分子と結合する)。第三の固定火は酸性固定火と炭素性固定火に区分される。前者は不完全な複合物で、水に溶解し、不燃性で、後者はその反対に、完全な複合物で、不溶解性、可燃性である。ともに気体、流動体、固体の様態をとる。後者について、一例ずつあげておくと、引火性ガス、揮発油、木炭。したがって、ラマルクの理論では、燃焼は、熱素火が物質に浸透し、固定され、ついに飽和状態に達した現象である。「熱素という物質が完全に、あるいは飽和状態まで複合物と結合したとき、熱素は複合物にいかなる変質能力も伝達せず、そして、燃焼という方途によってしか複合物から遊離しない。このとき、熱素はある人のフロギストンを、またある人の引火性原素を、今日の化学者の炭素を、私の理論に言う炭素性固定火を構成する。」(『水理地質学』第四章)いささかわかりにくいけれども、熱素火はある種の物質と結合して、炭素性固定火となり、この物質を可燃性とし、燃焼に際して脱却するということであろう。熱素火はフロギストンと同じく負の酸素とみなすことができるから、多くの現象を満足に説明するはずである。ラマルクはラヴォワジエの「仮説」について、「それは、熱素が現実になんであるかを私が発見して以来、もはや支持されえない」(第四章)と書いているが、ついに近代化学の定量的方法を理解できず、元素の概念を把握できなかったわけである。

ところで、ラマルクは化学親和力を認めず、逆に、あらゆる複合物は分解する傾向性をもつとした。複合物は要素分子 molécule intégrante から構成されており、分子の結合様態は無限に変化することができ、ついにはすっかり分解し、純粋な原素にもどる。そして、分解のどの段階においても、新しい様態に応じた特殊な性質を保っている。

他方、ラマルクは化学者ボーメの見解、可燃性の物質（ラマルクの用語で言えば、炭素性固定火）は有機体によって生みだされるという見解（『百科方法全書』「綱」の項目）に従い、またそれを徹底して、複合物は第一次的に生物によって、生物のみによって形成されるとし、この考えを『水理地質学』の第四章でつぎのように定式化している。

生命を賦与されたすべての存在は、あるものは直接の結合を形成し、すなわち自由な元素をともに結びつけて、ただちに複合物を生みだす能力を、またあるものはこれらの複合物を変化させ、そして原素を負荷したり、原素の比率をいちじるしく増したりすることによって、複合物の性質を変える能力を、それらの器官の機能を介してそなえている。

前者が植物を、後者が動物をさすのは言うまでもない。そして、すでにふれたように、植物と動物の遺骸、生命活動によって形成されたこれらの複合物は、有機体の死後、分解の傾向性に従って、いくつかの系列を構成しながら、多大の時間をかけて、しだいに解体していく。鉱物の生成である。そして鉱物は、『水理地質学』では、主要な三系列に区分されている。一、純粋な石灰石と石灰土の系列、二、純粋な粘土質の石と土の系列、三、白亜と粘土の混合によって形成される石と土の系列である。

ラマルクの鉱物生成説は、自然はいかなる複合物も生みだすことができないという見解から出発しており、鉱物の多様性を有機的活動という由来によって説明するものである。ラマルクはこれを鉱物分類に対する寄与と考えていたが、大切な点は、系列を系統関係ととらえなおせば、鉱物生成の化学的過程は非生命的な進化のプロセスと見ることができるという点であろう。ラマルクは、鉱物の系列がそれぞれの連続性を確保していると理論上でみなしていた（ラマルクが鉱物学の「小さい事実」、たとえばアユィの結晶学の水準の知識をそなえていたか、どうか疑わしい）。そして鉱物について、種を認めない。種と見えるものは、ある分解過程をたどりつつある複合物の諸相にすぎない。一つの相が安定的と映るのは、人間的時間との相対性のみにおいてである。『動物哲学』は生物の種について、同一の理論を展開するであろう。鉱物系列説は、生物の系列の時間化あるいは重層化の発想にヒントをあたえたと考えられないではない。少なくとも、ラマルクが両者の系列のこのような合致に意味を認めたことはまちがいない。

ラマルクは一七八一―八二年の旅行の際、ドイツ、ハンガリーの鉱山を訪れ、坑道の地層を観察した（『百科方法全書』「綱」の項目）。この経験が特異な系列説の発想を生みだしたらしい。そして、鉱物の有機体起原説は、明らかに、石灰岩の成因論を拡張したものである。ヴェルナーの水成論を知っていたか、どうかわからないけれども、玄武岩をめぐる、いわゆる水成説―火成説論争を身近かに見聞していたことは確実であり、ラマルクの生成説は水成説に近い。生物は地表あるいは水中にしか棲息しないからである。ラマルクは火山の噴出物について、「水が地球の外殻の底にすこしずつ運びいれた可燃性の物質」（第四章）と書き、また花崗岩について、「これは原初的な物質ではない。その成分あるいは派生物は生物に由来するからであり、この場合、生物が先に存在していたからである。花崗岩と呼ばれる複合した岩石は海盆で形成されたもので、成分の要素分子の沈澱に結果する。これらの分子は河川をくだって、つぎつぎに海盆に運ばれて、ゆっくり沈澱しながら、集成し、私たちの眼にするような塊りを形成した」（語彙表）と書いている。だから、花崗岩も水成岩の一種であることになる。このような説を、フォージャ・サン＝フォン、デマレといった、火山を研究し、火成説を推進したラマルクの博物館と学士院の同僚たちが空想の科学とみなしたことは明らかであろう。

さて、ラマルクの結論を記しておこう。生物が地球の外殻におよぼす作用はきわめて重大である。生物は多様多種であり、驚くべき長大な時間あいついで世代の更新をかさねてきた。地表はいつもその遺骸で覆われている。有機物は水の作用によって分解を促進され、あらゆる種類の鉱物性複合物質がやはり多大の時間をかけて生みだされてくる。すなわち、地球の外殻は、生命活動に起原を発する物質で構成されていることになる。

このような考えかたに特徴的と言いうるのは、現象の多様性を単一の理論的事実をもって裁断し、把握しようとする傾向性である。ラマルクはみずからの「生物学」をひそかにニュートンの「天文学」に比したそうであるが、その意味するところは意外に深いと言わなければならない。

五、『動物哲学』の成立

『動物哲学』は一八〇九年、二巻本で刊行された。その総題はつぎの通り、

動物哲学、あるいは動物の自然誌について、動物の体制とこれによって得られる能力との多様性について、動物の生命を維持し、動物がおこなう運動をひきおこす物理的原因について、最後に、一方では感性を生み、他方、知性を賦与された動物については知性を生みだす物理的原因についての諸考察の提示。

総計九百ページをこえる大著である。

『動物哲学』の序は、この書物が『生物学』という表題のもとに生物についての著書をものすつもりで集めてあった材料をもちいたこと、それで『生物学』と題する本は書かないつもりであることを明らかにしている。他方、序論は、『動物哲学』が『生物の体制についての研究』を改訂増補した新版であると言う。だから、ラマルクの考えでは、『動物哲学』は『水理地質学』前文の地球—自然学の三部門の一つを主題とする理論的著作の性格をそなえている。すべに述べたごとく、「生物学」の部門は生物の体制の起原と発達についての考察をあつかう。今日の言葉で言いかえれば、進化の考察ということになるけれども、そこには、体制の起原と体制の発達という二つの問題がからみあって存在していた。前者は、すなわち生命の起原論であ

り、後者は種の変化論である。

種の変化性が十八世紀博物学の論点の一つであったこと、そして哲学的著作にもさまざまのニュアンスをもって登場することはあまたの進化論史に説かれている。厳密に博物学上の問題として、植物の新種の形成がいくつか報告された。リンネさえ、ウンラン属の新種 Peloria を報告したし（一七四四年）、アダンソンはそれらの新種の形成を例証として、「種は本性を変化させる」と考えた（『植物諸科』一七六三）。しかし、ラマルクが、種は変化するという理論的立場をはじめて表明するのは、ようやく一八〇〇年のことであり、それまでは種の恒常性を認めていた。一七七〇年代にも八〇年代にも、この立場をとっている。種は、「生殖によって永久に存続する、あい似た個体の全体」（『百科方法全書』「種」の項目）であり、「あい似た」とは種の本質的形質の相続を意味する。飼育と栽培は個体的変異によって変種を生みだすことはあっても、自然状態において、本質的形質を変化させることはない。属、科、目、綱は人為的区分であるが、種は人為の産物ではない。種は、「自然界に真に存在する」（「種」の項目）というわけである。これは、『博物誌』第四巻（一七五三）におけるビュフォンの所説に近い考えかたである。「種は、生殖するあい似た個体の恒常的な継起に他ならない。」（「ロバ」の章）そして、ビュフォンは、「種は抽象的かつ一般的な言葉であって、ものそのものは、自然を時間の継起のうちで考察するときにしか存在しない」という微妙な表現をもちいつつ、「あらゆる種の最初の一対が創造者の手からすっかり形成されて生まれたことは啓示によって確実である」と、特殊創造説をうちだして、新種の誕生が知られていないこと、種と種のあいだに恒常的な境界線があること（雑種の不稔性）、そして、たとえば、ロバがウマの退化に由来する動物なら、両者の中間動物が存在するはずであるのに、それが見られないことを理由としてあげている。「だから、ロバはロバである。」しかしながら、ビュフォンはのち「動物の退化について」（『博物誌』第十四巻、一七六六）において、動物の地理的変異に着目し、体制の変化、退化を認めて、その原因を気候、食物量、飼育にもとめるにいたった。この博物学界の大立物があたかも古代の双面神のごとき相貌でもって同時代の人びとの思想をゆさぶったことは疑いない。

ラマルクは一八〇〇年五月十一日の動物学開講講義ではじめて種の変化性を説いた。講義は自然界にいくつもの区分を立てることからはじまっている。まず、有機界と無機界であり、後者について、鉱物理論が述べられる。ついで、動物と植物の一般的区分を説明し、動物はさらに脊椎動物と無脊椎動物にわけられる。そして、無脊椎動物の知識の有用性、とくに、それが動物の体制の漸退という現象をはっきり示してくれる利点をあげて、種の変化性を説く。しかし、種の本性にかかわる定式的な表現は見られず、「自然はおそらくこうした「もっとも不完全な」動物からまずつくりはじめたのであって、その後、多大の時間と好適な環境の助けを借りて、他のすべての動物を形成した」と言うだけであり、環境をめぐる要因論を、例をあげて述べている。なぜか、進行的発達はまだ明確な要因と考えられていない。「動物界の秩序は、体制の構成および体制の能力の数における段階づけられた減少を明らかにあらわしており、自然が一切の生物を形成しつつたどった歩みを予想させる。」したがって、動物の漸退的系列を構成するすべての種は個別に創造されたものではなく、体制のもっとも単純である一つの種を共通の祖先として順次形成されてきたのであり、漸退的系列は時間の逆の推移を正しく表現するという新しい意味をになうものになっている。では、何がラマルクにこのような発想の転換を強いて、種の変化性の考えを採用させたのであろうか。そこで、まず、ラマルクの生命論を見なければならない。

『動物哲学』（第二部第二章）は生命をつぎのように定義する。「生命とは、生命を所有する物体の諸部位における、一つの秩序、一つの事態であり、この秩序と事態はそこに有機的運動をおこすことができる。そして、これらの運動は、これこそ活動的生命を構成するものであるが、運動を刺激するある刺激因の活動から生じる。」

ラマルクは、生命が有機的運動を構成することをむろん早くから認めていたと思われるが、一七九四年には、生命が理解可能な物理的事実であるとは考えていなかった。「ある有機体の生命の本質を構成するものはおそらく人間の知ることのできない原理である。あるいは少なくとも、この原理の認識は、自然が存在する原因の認識と自然界に広がっている活動と同じく、人の物理学的探究を当然まぬがれるように思われる。」（『物理的事実の原因についての研究』ランドリュー）生命が超自然的な原理であるということは、生命を賦与された物体のうちに、身体と区別される、ある特殊な存在、つまり霊魂を生命の座として想定することである。ラマルクは一七九七年に、このような生気論的な考えかたを破棄した。「信仰にかかわることがらをしりぞける」つもりはないけれども、「人間の不滅の霊魂、動物の滅すべき霊魂、等々は私に物理的に知りえないからである。」なんら理由になっていないのは、問題の性質上、決断のほかはありえないからである。「生命は、生物の本質的器官の機能の遂行から、生物の諸部位に生まれる運動に他ならないと私は考える。」（『物理学・博物学論集』ランドリュー）こうして、生命は霊魂から分離され、物理的に探究可能のものとなる。ラマルクはこのときはっきりと理神論者となった。そして、以後、『動物哲学』第一部第三章に明らかなように、神が「事物の秩序」を創造したことを認めたうえで、自然の歩みについては、それが物理的、化学的、生物学的法則性をそなえた理解可能な実在であるとみなして、終生、この考えを変えなかった。

ラマルクが動物学を担当して以来、無脊椎動物の研究にどのようにとりくんだか、その様子は、綱区分の設定と綱の配列にかかわって、『動物哲学』第一部第五章の「動物の分類と綱区分の現状」に年代記風に述べられている。プライオリティへの執心が事実を隠蔽しているところもあるようだが、ラマルクの関心は、明らかに、綱の線的配列に集中している(この点について、キュヴィエの非階層的な型による分類との相違がしばしばとりあげられるけれども、キュヴィエも九〇年代には階層的分類を発表している。『動物自然誌要綱』一七九八年)。ラマルクは綱の類縁性を定めるために、形質従属の原理に従って、神経系、呼吸系、循環系を考察の対象とする。そして、これらの形質自体に重要性の順位があり、神経系がもっとも重要とされる。動物にもっとも一般的に見られる器官系だからである。したがって、当時の伝統に則って、三つの器官系の完成度に応じて、もっとも完全なものから綱を配列すると、おわりにもっとも不完全な動物がくる。つまり、漸退の秩序は、器官系のもっとも単純な動物でおわるわけである。これはとりたてて言うほどでもない、当時としてあたりまえのことであったかもしれないけれども、ラマルクはそこに着目して、生命の存在に欠かせない本質的条件は、この体制のもっとも単純な動物に見出すことができると考えた。そして、これは、生命のもう一つの系列、植物の系列についてはうかびにくい着想であったと思われるし、また、生命を一つの自然現象と見る立場を確保していなければ、成立しえない着想であった。ラマルクはモナス(Monas termo)を体制のもっとも単純な動物とみなしていた。滴虫類の第一属である。この動物の「体軀は極端に小さく、ゼラチン状で透明な一つの点にしか見えないが、収縮性をそなえている。」(第一部第八章)収縮性は、動物体のやわらかい部位の特殊な緊張、ラマルクの用語で言うと、機能亢進 orgasme の一つの様態である。機能亢進は、ある留保をつけて、植物にも認められるが、動物においては、より積極的に、被刺激性と生理学者の呼ぶ、急激な収縮と膨脹の現象の原因を構成している。だから、モナスは被刺激性をそなえているが、これをそなえることで動物なのである。ラマルクはハラー以来の生理学者たちの見解に従って、有機体は固体の部分と流動体の部分から構成されると考えていた。固体は含む部位であり、流動体は含まれる部位である。モナスの体軀は含む部位と、実質的に流動体である、含まれる部位という構成を示している。かつ、いかなる器官系も所有していない。モナスの提示する、動物的生命の存在に不可欠の条件はこういうものである。

さて、さきに引用した『動物哲学』の生命の定義は、有機的運動を刺激する刺激因 cause excitatrice について述べている。これは、具体的に、外界に存在し、有機体をとりまいている「媒質」であり、「微細で、眼に見えず、含まれえない、たえず運動している流動体」、すなわち熱素と電気流動体である（第二部第三章）。ラマルクはこれらの流動体、とくに熱素が生物の機能亢進と被刺激性をもたらす原因であると考え、熱素を生命の第一原因と呼ぶ。刺激因が有効にはたらくためには、含む部位と含まれる部位という物質的秩序あるいは事態がまずはじめに存在していなければならないはずであり、これについてはあとでふれたいが、熱素はこの物質的秩序に浸透し、含む部位を膨張させ、これに特殊な興奮と緊張を伝達する。被刺激性は緊張の保持（トーヌス）であるから、このとき、生命が誕生する。ラマルクの思弁的理論はこうして、もっとも不完全な動物であるモナスの生命の物理的原因に到達した。

ところで、ラマルクは滴虫類（原生動物）の生殖方式、また自己保存のための体表層系の知識を当然そなえていなかったので、これらの動物は、子孫を残すことなく、熱素の減少する寒季にすべて死滅すると考えた。この考え自体、はなはだ論理的であるが、そこから論理的にみちびかれる帰結はただ一つであり、すなわち自然発生という観念である。この観念がパストゥールの実験まで生きのびたことはよく知られている。ラマルクの周辺では、パストゥールのふれているごとく、ビュフォンが地球の第三期における、「内部鋳型」

によって決定された生命の基本型の自然発生を説いた（「自然の諸時期」）。ラマルクは自然発生説の採用になにほどかの躊躇を感じていたように思われないではないけれども（第二部第六章参照）、ともあれ、自然発生説とともに、モナスの生命は、物理的、化学的過程の偶然的な条件に基礎づけられた、一回かぎりの発生をうけたのではなくて、つねに誕生をくりかえしていることになった。ラマルクは一八〇二年にこう書いている（『生物の体制についての研究』ランドリュー）。「もっとも単純な生物の直接形成は過去におこなわれたばかりでなくて、好適である環境においては、いまもたえずくりかえして、おこなわれていなければならず、もしそうでなければ、私たちの観察する事態は存在しえず、存続しえないであろう。」そして、「自然は必然的に、自然発生あるいは直接生殖を、もっとも単純な有機体が位置する、生物の両界の先端において形成する。」ラマルクの基本的な考えでは、自然発生は動物、植物のそれぞれの系列の下端に位置する種、つまりモナスと、藻類の第一科に属するビッススについておこなわれる。ここに現われている自然発生の作用点の相違については、『動物哲学』第二部の要約を参照されたい（第九章末尾）。

これまで手もとの材料の不足のために主として『動物哲学』に頼って文をつくってきた。そのために、ラマルクが生命の起原にかかわる説を立てた年代があいまいになっているので、ここで明記しておくと、上述のような理論は一七九七年から一八〇〇年のあいだの三年間に形成されたものと考えられる。ラマルクは、一七九四年に種の恒常性を表明するが、それはこの年で最後であり、一七九七年に生命現象の可知性を宣言したあと、一八〇〇年に種の変化性を述べるからである。この間、ラマルクは受精の研究にたずさわっていた。そして、『動物哲学』第二部第六章の受精論に見られるように、自然発生の機構と胚の受精の機構のパラレルな理解が立たなければ、ラマルクは自然発生説を採用しなかったであろう。自然発生は、ラマルクにとって、「直接生殖」なのである。こうして、有機界の二つの系列の先端に位置する生命の起原が解明された。ラマルクはそう考える。そして、この解明は、一挙に、それぞれの系列の以後のすべての種の起原を、種の変化性という光によって照らしだしたようである。そのような事情を、ラマルクは一八〇二年にこう書いた、「この困難な一歩をふみだすや、どんな重要な障害も立ち消え、私たちはさまざまな自然の産物の起原と秩序を認めることができる。」(『生物の体制についての研究』バークハートの訳による)ほぼ同じ内容の文章が『無脊椎動物誌』第一巻にも記されている。「自然発生が二つの有機界のはじまり、ならびにいくつかの分枝のはじまりにおいて提示する第一の困難が除かれたあと、動物の体制の構成とそこに観察されるさまざまな特別の器官の形成にかかわる、他のすべての困難は容易に消え去るように私には思われる。」(序説第三部)文章は現在形で書かれているけれども、自然発生説が局面の打開に果たした力の回想がここに底流しているように感じられる。なお、付け加えておきたいが、ラマルクはここで有機界のそれぞれの系列をもはや単一とは考えていない。少なくとも、動物の系列は枝分れをするという発想であり、これはすでに『動物哲学』の「追補」の章に現われている。

ラマルクの当面した「困難」がみずからの化学理論に関するものであったことはまず疑いないであろう。その基本原理、あらゆる複合物は生物の有機的活動の所産であり、つねに分解する傾向性をもつという原理は、いかにしても自然発生を可能とする物質的秩序の成立をはばむからである。生命があらゆる化学的複合物の生成の唯一の源泉であるなら、生命以前に、どうして、含む部位という、含まれる部位という、そして含む部位と含まれる部位という物質の物理的、化学的秩序が構成されうるのであろうか。ラマルクがこの難点をどういうふうにのりこえたか。それは正確には解きえない問題であるかもしれないが、『動物哲学』第二部第七章が化学親和力について、これは力とみなすべきではなく、物質の結合を可能とする適合性と考えるべきであると言って、物質が結合する場合を二つあげているのに注意したい。一つは物質に無関係なある力が結合を強いる場合であり、この「力」は有機的運動の刺激因に由来する力をさしている。つまり、生物による複合物の形成である。もう一つは、それらの物質の親和力あるいは適合性が結合を許す場合であると言う。この第二の場合が、生命以前の複合物の形成を可能にすると、ラマルクは考えているのではないであろうか。そうとすれば、「化学者たちが活発で特殊な力であるとする、あの親和力についての公認の仮説」(第二部第七章)についに譲歩したことになる。

さて、ラマルクに種の変化性をとるようにうながしたもう一つの理論的問題があった。化石である。ラマルクはパリ近郊の第三紀層から出る無脊椎動物の化石(とくに貝類)の蒐集と研究にすでに一七八〇年代からたずさわっていたと思われるが、化石を論じた最初の文章は一八〇一年、『無脊椎動物体系』の巻末におさめられた「化石について」である。内容は『動物哲学』第一部第三章末尾の「消滅したとされる種について」の主張にほぼ同一であり、こちらの題からわかるように、化石は種の消滅を証明しないということである。ある化石が現存種にまったく類似していない場合、考えうるのは、消滅か、未発見の現生の類似種を想定するか、もう一つ、化石種がその後しだいに変化をこうむったとするかのいずれかであろう。ラマルクが変化説をとったのは言うまでもない。それは、地表の地質学的変動に対して斉一論的な解釈をとったからである。「地球の表面では、なにものもつねに同じ様態ではありえない」が、変動は数億年の時間をかけて、現に私たちの眼にしているような緩慢さで、じょじょに積み重ねられてきたと考えればよいのであって、「数人の博物学者」のごとく、種の急激な消滅をもたらすような天変地異説を仮定する必要はない。種は環境の変動に応じて、体制を変化させ、新しい器官系を発達させながら、やがて新しい種に移行していく。移行が進めば進むほど、もとの種と現生種との類縁は認めにくくなる。このような合理的説明を、天変地異説は種の消滅についてあたえることができないとラマルクは考えていた。しかし、種の変化性の証明を移行の中途段階にある化石種の系列の復原によってえようという発想はなかった。ラマルクは化石含有層の層位学的研究に眼をむけなかったと言われる。これをパリ近郊の地層について推進した人の一人は、天変地異説に拠ったキュヴィエであった（『四足類化石骨研究』第一巻、一八一二年）。

　こうして、ラマルクは一七九七年から一八〇〇年のあいだに種の変化性を認めて、トランスフォルミスムを樹立した。無脊椎動物の分類研究に加えて、生命の起原にかかわる自然発生説と化石研究が見解の転向をあとおししたが、それは、つまり、自然を統一的に把握しようとする執拗な理論的欲求のなした業であった。そこに、地球―自然学の体系の構想が生まれ、「生物学」の著作が生まれた。その具体的内容は、読者が『動物哲学』に見られるとおりである。

　文芸批評家サント＝ブーヴはラマルクの講義を聴講して、強い印象をあたえられたらしく、唯一の小説『逸楽』（一八三四年）で主人公の司祭に講義のありさまを回想させている。すこし長いけれども、要点をつぎに引用したい。これは、ギリスピーがラマルクの「哲学の精髄をもっともよくとらえた」（前掲書）とする文章であり、カンギレームが「ラマルクのいかなる人物描写《ポルトレ》によっても、その理論のいかなる要約によっても超えられていない」（『生命の認識』一九八五年）とする一節である。

　私は十日のうち五六日は植物園に通って、ド・ラマルク氏の博物学の講義に出ていた。授業の内容が仮説上の逆説をそなえ、さらに実証的で、さらに進んだ他の統一理論と矛盾することは見ぬいていたけれども、私を強くひきつけたのは、授業のあつかう本源的な重大問題であり、学問にないまざっている、情熱にあふれた、ほとんど苦しげな調子であった。ド・ラマルク氏は、ターレスとデモクリトスからビュフォンまで君臨していた、自然学者と観察家たちのあの偉大な学派の最後の代表者である。彼は化学者、実験家、そして彼のいわゆる小型の分析屋たちと極端に対立していた。大洪水、創世記の創造、キリスト教の理論を思わせるすべてのものに対する憎悪、哲学上の敵意にはかなりのものがあった。ものごとの理解は非常に単純で、飾り気がなく、悲哀感に満ちていた。彼は世界を最少の要素、最少の危機、そして、できるだけ長い持続でもって構成する。［中略］長く盲目的な忍従、これが宇宙の守り神であった。地球の現在の形態は雨水の緩慢な低変作用と海の日々の動揺と継起的な移動にもっぱら由来する。［中略］有機的秩序においても、彼はいったん、できるかぎり小さくて原初的な生命のあの神秘的な力を認めると、この力がみずから発達し、構成的となり、時とともにすこしずつみずからをつくりあげていくと仮定する。陰にこもった欲求、多様な環境における習性のみがついには器官を生みださせる。器官を破壊する自然の恒常的な力に逆らって。というのは、ド・ラマルク氏は生命を自然から分離したからである。自然は、彼の眼には、石と灰、墓の花崗岩、死であった。生命がそこに介入するのは、奇妙な、不思議に巧妙な偶然としてにすぎない。長い戦いはそこここにいくらかの成功と均衡をもたらすが、結局のところいつも打ち負かされる。そして、冷然とした不動性が前後を支配する。［中略］しかし、一人の天才の大胆さが私をいつも考えこませたのであった。

自然は死であり、生命は死におびやかされながら、環境にはりついている。生命の固有の力は適応という方途を見出して、鳥を飛ばせ、草木を繁らせる。しかし、死が、不動がいずれ世界を支配する――サント＝ブーヴのこのような死の強調は、いくら司祭の言葉とはいえ、私にはいささか異様に響く。それは、おそらく、不滅の魂という痛切な目的論が私たちに無縁だからである。私たちは、ラマルクの生命と環境の二元論よりも、二元論を透かして見える「流動と生成としての世界」（ギリスピー）という一元的な世界把握のほうにひかれやすい。鳥と草木は死に前後をはさまれているがゆえに、美しい。花鳥風月の話ではない。ここが私たちの立処である。

『動物哲学』はただ進化論を説いた書物ではない。キリンの首ばかりが有名になったのはこの本の不幸であった。それは、同時に、私たちの不幸でもある。あの大きい図体に大事なものが隠れてしまった。私たちはラマルクの世界と異なる世界に棲息しているわけではない。自然―哲学は、あるいは博物学は科学の分化とともに過去の記念物となりおわったかのように映るかもしれないが、それは錯覚である。自然は私たちにあいかわらず哲学と博物学をもとめている。『動物哲学』はやはり第三部まで通して読まれなければならない。

六、翻訳について

『動物哲学』の翻訳の定本としてもちいたのは、初版二巻本の復刻版である。ベルギー、文化と文明社、一九八三年刊。

「共和暦八年の開講講義」についても、同社、一九六九年刊、『無脊椎動物体系』初版の復刻版をもちいた。あわせて、Hugh Elliot の英語全訳（初版一九一四年）、*Zoological Philosophy*, University of Chicago Press, 1984 を参照したが、これはあまり役に立たなかった。

邦訳の最初は、小泉丹、山田吉彦訳『動物哲学』岩波書店、昭和二年刊である。序、序論、第一部第一─第八章（ただし動物分類表を省略する）、および「第七、第八章の追補」を訳し、小泉丹の凡例と解説を付している。小泉丹監修進化学典籍叢書の第一である。

この書はのち第八章の動物分類表の翻訳を増補して、岩波文庫におさめられた（昭和二十九年）。山田吉彦が訳文に手を入れている。

小泉丹には、別に、ラマルク『動物哲学』の解説書がある。大思想家文庫第二十三、岩波書店、昭和十年刊。ダーウィン『種の起原』との合冊である。序によれば、『動物哲学』を大思想家文庫に加えて、「進化学説の二大源流」を解説する案を立てたのは、小泉丹である。このような文言からしても、小泉丹の仕事が、私の言うラマルク研究の第二期を日本において代表するものであったことは明らかである。

小泉博士がラマルクの業績の紹介に多年つくされたことに対して、敬憶の念が私にはある。小泉博士の行実については、上野益三先生に簡潔な文章がある（『草を手にした肖像画』八坂書房、昭和六十一年、所収）。

第三期のラマルク研究として、八杉龍一氏の『進化学序論』（岩波書房、昭和四十年）をあげることができる。しかし、包括的な研究はわが国ではいまだ現われていない。

主要な訳語については、巻末に対照表をおさめたので、参照していただきたいが、二、三のものについて述べておく。まず、gradation ─ dégradation は明らかな対立概念なので、漸進─漸退とした。漸退という語は字典に見えないけれども、やむをえない。つぎに、circonstance（環境）に類義の言葉として、milieu があるが、これは媒質の意味で、もともとニュートン『光学』の medium の訳語らしい。ラマルクでは、生物の生活環境となる流動体、水、空気、さらに、光、熱素、電気流動体をさす。

もっとも問題になるのは、besoin である。私の考えでは、ラマルクはこの概念をコンディヤックの『動物論』（一七五五年）からうけついでいる。コンディヤックは動物の認識方式を論じて、「動物では一切が同一の原理に従属している」とする。この原理が besoin である。ラマルクが「自然が besoin という唯一の方途によって、これこそ習性を定めみちびくものであるが」（第一部第三章）とか、「新しい besoin をもたらす原因としての環境の形成、活動を生みだすいろいろの besoin の形成」（序論）とかと述べるとき、besoin は動物の活動方式の原理を意味する。この概念のもっとも定式化された表現は第一部第七章に見える。コンディヤックに動物のモデルを提供しているのは哺乳類と考えられるが、『動物哲学』でも、モデルは少なくとも神経系をそなえた動物である。第三部第五章は「神経系を所有する動物」の besoin を四つあげている。一、栄養摂取、二、性的結合、三、苦痛の逃避、四、快楽の追求（三、四はコンディヤック『感覚論』の besoin の定義とほぼ一致する。「現在の苦しみと過去の快楽の比較」）。したがって、神経系を欠いた動物は besoin を感知しない。さて、こうなると、さきの活動原理としての besoin と齟齬する。第一部と第三部とでは、besoin の概念が異なっている。しかも、植物について、besoin をもちいた箇所さえある（第三部第五章）。これのみは必要と訳したが、他は統一することとし、編者の木村陽二郎氏の意見をいれて、欲求と訳した。

ラマルクの文章が「全体として悪文」であることはつとに小泉丹が指摘している。言葉の反復、言いかえが多く、おのずから、文章がくどくどしい。「無脊椎動物では、眼をもっているものも、虹彩にはっきり飾られた眼はもっていない」という調子であって、おおいに閉口した。先生のビュフォンの『文体論』（一七五三年）は当然知っていたはずであるが、知っていたようには思えない。やはり人というものであろう。訳文はなるべく忠実をこころがけたが、長文を切断したところも多いことをお断りする。

なお、ラマルクの肖像について。訳書の口絵にかかげた三葉は、*Centenaire de Lamarck. Archives du Muséum national d'Histoire naturelle*, série 6, tome 6, 1930 所載のもので、いずれも生前、写生にもとづいて制作された肖像である。

テヴナンの油彩画がもっとも古く、かつ真影をよく伝えるとされる。ラマルク家蔵。ラマルクはこのとき四十八歳、かつらをつけ、第二葉のボワイの石版画と同じく、国立学士院会員の正装を着用する。ネクタイを首に幅広く巻いているのは、リンパ腺炎の手術あとを隠すためであるという。

タルデューの版画（挿図）は、盲目のラマルクを写し、巷間にもっとも流布する。こちらは科学アカデミー会員の正装である。これを、丘浅次郎『進化論講話』第十版（明治四十四年）が「老後盲目になりたる」とコメントを付して翻刻するのが、わが国にラマルクの肖像の紹介されたはじめであろう。

さらにもう一点、油彩の肖像があり、複製がつぎの書物に所載されている。*Bicentenaire de J.-B. de Monet de Lamarck*, Editions du Muséum, 1946.

V

ナンセンの肖像

フリチョフ・ナンセンの肖像をもっともよく描いた画家はエリック・ヴァーレンショルトであろう。なるほど、本人にも素描の自画像がいくつもある。ナンセンは画技の全般をきちんと習った人で、素描、水彩画、さらに、版画はかなりの数にのぼるにちがいないが、作品をまとめた画集は出たことがないようである。たとえば『フラム号航海記』(一八九七年)のような著書や伝記類に掲載されているものを見るほかはない。それらはひとまず措くとして、ヴァーレンショルトは何十年にもわたって、始めは、一八九三年、フラム号の出帆のまえにナンセン夫人のエヴァ・サルスに贈った、眉間に果敢さをひそめた青年の沈着なプロフィルから、死の床の姿に至るまで、ナンセンをいくども描いたばかりではない。当然といえば、当然のことかもしれないが、対象の把握の深さ、友情があってはじめて可能になる把握の深さがどの画面にも湛えられている。

なかでも、オスロの郊外リーサーケルにあるナンセンのかつての住まい、プルフェクタの居間にいまも掛かっている油彩の肖像画は素晴らしい出来である。ナンセンは例の幅広の庇のついたソフトをかぶり、灰色がかったオリーブ・グリーンの三つ揃いを着こみ、両手を細身のズボンのポケットに無造作に入れて、画面いっぱいにすっくと立っている。足もとは明るい土壌で、すぐ奥に白や赤や黄の花が咲きみだれた草はら、そして、あたかも光背のように前景の人物を包みこんだ一本のモミ属の大木。針葉樹は冬季の雪の重みでたわんだ枝を左右に張って、三角形の暗い緑の葉むらを豊かにのせ、しだいに尖る勢いで画面の天まで聳えている。茂みをすかして見える遠景はフィヨルドの明るく広い水、その向こうは濃淡二層の緑にかすむ対岸。崖の代赭色がときに太く、ときにすぼまって画面を横切っている。いちばん遠くは空の青く白い帯、という構図である。

私にははじめての絵で、図版をにぎやかに入れた伝記の本などでも眼にしたことがなく、見とれたあまり、制作の年次を聞きもらしたが、一九二〇年の前後であろうか。とすれば、ナンセンは六十代のはじめである。依然として、並々ならぬ精悍さを長身痩軀に示しながら、すでに、老いが老いへの信頼をともなって、明るい色の顔の表情に静かに現れている。そして、絵画として際立っているのは、ナビ派を思わせる色の平塗りがかもし出している色彩の微妙な調和である。

プルフェクタは、ナンセンが設計して建てた邸宅を含む屋敷の名で、一九〇一年の完成の由。没後、オスロ大学に寄贈され、一九五八年からはナンセンの姓名を冠する環境科学の研究所の施設となっている。建物は、外まわりも内部の装飾も原形を保つように配慮され、右の肖像画が掛けられた居間の壁の壁布も、昔のままで、ヴァーレンショルトが描いたものだそうである。ライチョウ、ヘラジカの親子、二、三本のモミの茂み、青い水の流れ、それだけを一組の図柄にして黄土色の地に上下左右に反復する、ノルウェーの風景の簡潔なシンボリズム。ナンセンも手伝って色を塗ったりしたという話であった。

塔の三階の書斎にも案内してもらったが、机上の雑然とした本や小道具や小さな彫刻、地球儀、また、ビョルンソンの胸像、隅に立てかけられた猟銃、その他、その他にかつての生活の雰囲気がよく偲ばれる。木の書棚には、フラム号の探検航海の学術報告（六巻、一九〇〇—〇六年刊）も、幾通りか並んでいた。

二階には、庭に面して、あまり広くないベランダがある。一九三〇年五月十三日の正午過ぎ、ナンセンはこのベランダの椅子にかけ、初夏の陽射しにあふれる森の青葉を眼に映しながら、長逝した。心臓の発作である。「シナノキもやがて芽吹くだろう、二度の春というわけだよ。」それが最後の言葉になった。いま、その大樹の木陰に、簡素な板石の墓がある。

突然の訪問を謝して、プルフェクタを出ると、昼の雨が風のない森に暗く落ちている。市街へもどる車の中で、私はナンセンの肖像を思い返していた。色彩の調和にヴァーレンショルトのメッセージがある。これは見誤りようがない。しかし、画家のメッセージは一つの思念である。それを無理にでもつかみ出せば、どうなるか。図柄をなす、大気、フィヨルドの水、土壌、そして、草花と針葉樹。それらが壁布の模様に同じく、ノルウェーの風景を構成していることはまぎれもない。この風景の中に立つ一人の人物。この人は祖国の風景に潜んでいる、眼に見えるものと見えないものとを謎は謎のままに知り尽くしていたと言ってよいだろう。グリーンランドと北極海と、二度の極地の探検が彼を神経学の研究者から、海洋学者、気象学者、地質学者へと育てあげ、また、彼に世界的な名声をもたらしたが、本人が一九二六年の講演「冒険」(*Adventure and Other Papers*, London, L. & V. Woolf, 1927) で語っているように、探検ということのそもそもは、ヤンチャの虫が、まるで親方が徒弟にふるうような有無を言わさぬ力で、子供の彼を野外での遊びに引きずりこんだせいであった。四つの年から始めたというスキー。山歩き、魚釣り、水泳、ボート。長じての狩猟。

大学で動物学を専攻することにしたのも、それなら山や海に出られると思ったからだ。ナンセンは自然を心底から愛していた。自然がどれほどの力を人間に及ぼすか、それを経験によって知っている人は、彼が一九二〇年代に、国際連盟から委託された難民高等弁務官の任務のさなかに、仕事が外交上の困難な局面にあればあるほどなお一層、一週間でも十日でも故国の山と森と谷との奥深くにたちもどって、心身の癒しを求めようとしたことを共感をもって納得するだろう。そして、激務の渦中にあって、自然の研究を続けていたことも、ほとんど信じられないけれども、事実である。たとえば、一九二八年に、スカンディナビア半島の隆起現象を地殻のアイソスタシー理論に基づいて記述した論文を発表した（The Earth's Crust, its Surface-Forms, and Isostatic Adjustment, *Avhandlinger utgitt av Det Norske Videnskaps-Akademi*, 1927, No.12, Oslo, 1928）。ヴェーゲナーはこの論文の内容について、『大陸と海洋の起源』（第四版、一九二九年）の第四章で言及している。

そういう次第で、ヤンチャの虫はナンセンの死まで彼の内部に深くとどまって、個性を文字通り涵養した。ナンセンの学問と社会的活動の双方を貫く明らかな冒険的性格は、そこに発している（彼の自然学は、一言で言うなら、海洋と大気と地殻と生命が示している多様な現象を、歴史をになった一つの全体として把握することを目指していた）。冒険はなるほどただのヤンチャではありえない。だが、ヤンチャの虫が真ん中に身を据えていない冒険心などというものがないこともまた確かである。ナンセンがどういう男であるかは一緒に山を歩いてみないとわからない、とある友人は言っている。ヴァーレンショルトはもちろん一緒に歩いてみないとわからないことをわかっていた。画家の住まいはプルフェクタの隣りにあり、行き来は終生ひんぱんであった。しかし、そんなことより何より、一枚の肖像画がすべてを語っている。それは、つまり、彼があのモミの大木と同じ資格で風景の一つの要素になっているということ、木も人も、祖国の自然が生み出した子供であるということである。

　画家がこんなことを頭で組み立てて、肖像を描いたというのではない。オスロの国立絵画館に展示されているヴァーレンショルトの作品をずっと見てゆくと、ノルウェーの自然と人々のつつましい生活の伝統とを心に慈しみ慈しみしながら、ゆっくり歩んできた、決して奇をてらわぬ、篤実な絵描きであったことが手にとるようにわかる。民話に画題をもとめたり、民話の本の挿画を描いたこともある。ヴァーレンショルトは一八八〇年代に二度パリに留学しているから、世紀末の波をかぶらなかったはずがない。いや、印象派の荒波にさらわれたからこそ、自己の道をじっと模索したのであろう。ということは、モネとセザンヌを双璧とする新しい絵画の探究が、断崖にまっすぐ通じる孤独な道に他ならないことを、苦痛とともに感知したということである。オスロの古書店をまわって、ようやくもとめた、ヴァーレンショルトの画集（T. Svedfelt, *Erik Werenskiold*, Cappelens, Oslo, 1947）は、色刷りの図版が一枚だけ入っていて、それがカバーにも貼ってある。『立っている裸婦』（一九三八年）という題の通り、一人の金髪の婦人が寝室とおぼしき部屋に立っている。眼を伏せて、両手にはさんだ白く小さい紙片に見入っている、彼女の表情には、静かな翳りがある。それは凝集する祈りのようでもある。色調は赤、橙、黄の暖色系が主で、ボナールの油彩画のあるものに近いけれども、構図は穏やかで、ボナール流の執拗な工夫は見られない。思えば、一九三八年は、ナチス・ドイツがオーストリアを併合した年である。この年の十一月、世を去るヴァーレンショルトの耳にも、軍靴の音が響いていたはずである。ともあれ、この裸婦像は、確かに、作風の集大成であろう。

　思いは、おのずから、ムンクに向かう。八つ年下のムンクは、ヴァーレンショルトとは逆の方向に、つまり、時代のニヒリズムに敢えて踏み込んだ人である。あの『叫び』（一八九三年）の空の赤と黄の雲の上に書きつけられた、「狂人だけに描ける」という文字は画家の自己確認の叫びであったにちがいない。それにしても、油絵具の色合いの何と無気味に乾いていることか。

私は車に揺られながら、疲れた頭をこんな想念にひたしていた。実際には、思いは切れぎれで、筋道立っていたわけではない。やがて、急に前方が開けて、車はオスロ・フィヨルドの入り江の一つ、ヨット・ハーバーのある岸にさしかかった。右に曲がれば、フラム号記念館のあるビグデュイの小さな半島である。一昨日、記念館からの帰りにここをバスで通りかかったら、二十羽ばかりの群れのカオジロガンが海辺の斜面の草地でしきりに餌をついばんでいる。それを思い出して、さして広くもない岸に眼をこらしたが、白い頬と黒い頸とのコントラストがあざやかな鳥の姿はあたりになかった。ほっと面をあげると、林立するヨットのマスト。雨が海に冷たく音もなくふっている。遠く灰色に煙る岬の森と家々の影。すべてが眼に沈みこむように美しく、茫然として私は夏の終わりのフィヨルドを眺めていた。

（一九九六年九月稿）

付記

ヴァーレンショルトが描いた、若きナンセンの肖像はいまプルフェクタの一室の壁を飾っているが、ナンセンの最初の伝記、W. C. Brogger & N. Rolfsen, *Fridtiof Nansen 1861–1893*, Eng. trans., London, Longmans, 1896 にすでに掲載されている。原著はフラム号の出帆の直後に出たもので、When shall I see him again? という文で巻を閉じている。

最後の肖像は『ナンセン書簡集』第五巻の巻頭に見える。*Fridtjof Nansen Brev*, V, 1926–1930, Universitetsforlaget, Oslo, 1978.

また、床に眠るナンセンとその枕もとで筆をとる白髪のヴァーレンショルトを撮影した写真があり、ナンセンの長女リヴによる回想記の巻末に掲載されている。Liv Nansen Hoyer, *Nansen og Verden*, Cappelens, Oslo, 1955. この本は英語訳があるそうだが、残念ながら、未見である。

航海の精神史——ナンセン・フラム号帰還百年の記念に——

I

今年は、ナンセンとフラム号が北極の探検航海から帰って百年になります。一八九三年六月二十四日にクリスチャニア、現在のオスロを出帆し、無線通信という手段がまだない時代ですから、消息不明のまま、三年と二月あまりをへて、一八九六年八月十三日に、まずナンセンとヨハンセンの二人が北極海のフランツ・ヨセフ・ランドで偶然に出会ったイギリスの探検隊の船に乗せてもらって、ノルウェーの北端のヴァルデに着きました。フラム号は八月十三日、スピッツベルゲンの沖で、ほぼ三年ぶりに氷から解放され、ナンセンの到着のちょうど一週間後に、西岸のシャルヴェの港に錨を下ろしました。二つの隊はトロムセで再会し、国をあげての歓呼の中、九月九日、乗組員十三人全員が無事クリスチャニアに帰り着いた。それで、一九九三年が出航百年に、今年、一九九六年が帰還百年にあたるわけです。妙な言い方に聞こえるかもしれませんが、フラム号は出ていったことより帰ってきたことのほうに大きい意味がある。というのも、その航海は一つの仮説、北極は陸ではなく海であって、海流が中央氷原の下に存在するという仮説をテストするために行われたからです。フラム号はそのテストに耐えるべく建造された船で、海上を進むことは二の次、氷海で氷の圧力に耐えて、氷の上に乗りあがるように設計されていました。すべて、極地探検の歴史に、先例がありません。フラム号が無事帰還したということは、すなわち、理論が検証されたということなのです。

ナンセンとヨハンセンは航海の途中、といっても、予定通り、氷原とともに漂流するフラム号と別れて、二十八頭の犬をつれ、橇と徒歩で北極点を目指しました(一八九五年三月)。しかし、氷の状態が悪く、北緯八十六度十四分の地点から引き返して、フランツ・ヨセフ・ランドに向かい、八月の末、暗闇の季節が来るまえにようやく陸地にたどり着いて、その島で越冬します。北緯八十六度は当時、人が到達した最北の地点でしたが、ともかく北極点に立つことはできなかった。南極点に達したアムンゼン、北極点を踏んだピアリーにくらべて、ナンセンとフラム号の名は、わが国では、それほど知られていないようです。それが北極点に到達できなかったせいだとしたら、まさに本末転倒です。なるほど、北極点に立つのはナンセンの当初からの狙いの一つだったにちがいありません。未踏の極点を目指すことは何より、心をそそってやまぬ冒険である。とはいえ、それはあくまでも一つの狙いにすぎませんでした。アムンゼンは遠征の目標を南極点の到達にしぼりこみ、見事に達成しました(ちなみに、アムンゼンはナンセンの許しをえて、フラム号で出かけました)。ナンセンの航海の目標は、仮に一つにしぼりこむなら、いま述べたような仮説を検証することである。

したがって、科学上の種々の観測が何より重要な日々の任務でした。しかし、氷の周辺の海で、観測のデータをいくら積みあげても、検証ができたとはいえないでしょう。北極の氷原は果して海流によって移動しているのか。船は氷の強大な圧力をもちこたえることができるのか。どこで、氷から解放されるのか。それが問題であり、問題は一つ一つの事実によって解かれなければなりません。そこに、フラム号の探検航海の大きい冒険的要素がありました。そして、この独創に満ちた遠征の計画のすべてを、はじめから終わりまで主導した人物がナンセンでした。

さきほど、ナンセンの名は知られていないと言いましたが、少なくとも第二次大戦の前の日本ではそうでもなかったようです。昭和十五年に、F・ナンゼン、アインシュタイン、その他、吉野源三郎訳『わが人生観』という本が岩波新書で出ています。九名の著者の中から、この二人だけが表題に選ばれているのは、訳者の意志かもしれませんが、ナンセンの知名度がかの理論物理学者よりも高かったことを示すものと言えなくもない。そのような評価は、おそらく、国際連盟の難民高等弁務官としてのナンセンの人道的活動によっています。ナンセンについての紹介が寄稿文のあとに三ページにわたってつけてあり、さすがに吉野源三郎氏だけあって、目配りのきいた小伝で、一九〇五年のノルウェーの分離のための外交、第一次大戦中の対外折衝、大戦後の捕虜送還、ロシアの飢饉救済、民族紛争による難民の救済などの活動についてかなり詳しく書かれています。

岩波新書には、さらに、林要という人が翻訳したホール著『ナンセン伝』が入っています。昭和十七年一月の出版です。原著も第二次大戦中の刊行で、本文の最後に、「憎しみは同胞愛で克服されることができ、戦争のなくなる日を来させることができる」というナンセンの「高い夢」を記しています。これは確かにナンセンの夢でしたが、また、訳者の夢でもある。林氏は昭和十六年十二月の日付をもつ短い序に、「稀有多難のをりから人間ナンセンより学ぶべき教訓は決して少なくないと思われる」と書いていました。

フラム号の航海記を最初に邦訳した人は、他ならぬ加納一郎氏で、その『フラム号漂流記』は大戦後、昭和三十五年の出版です（のち、加納一郎著作集第二巻、教育社、一九八六年に収録）。翻訳は英語版、名も高い *Farthest North*, 2 vols, A. Constable and Company, London, 1897 からなされ、抄訳です。氏は戦争前から『極地集誌』（一九四一年）、『未踏への誘惑』（一九五六年）などの本で極地の探検と探検家についての詳しい紹介と考察をされてきましたが、そこには、当然、ナンセンとフラム号の船長オットー・スヴェルドルップも登場しています。晩年、オスロにフラム号を訪ねられた由で、紀行文があります。加納一郎氏が今日存命ならば、必ずや、フラム号の帰還百年を祝う行事を主催されるであろう、と私は思っています。

では、ナンセンという人はどういう人柄であったか、それについて、簡単に述べておきます。グリーグといえば、十九世紀後半のノルウェー国民音楽を代表する作曲家ですが、この人に興味深い文章があります。グリーグは一八九二年の十月にナンセンと親しく話しあう機会があったらしく、友人への手紙に、それまでの印象を訂正して、こう記しました。「彼はただのスポーツマンや冒険屋ではない。注目に値する哲学者です。知識もある。確かに、稀なね。性格はすこやかで、自発性にとみ、自己を恃む気持が強い。しかも、謙虚で、気取りがない。」（F. Benestad et als., *Edvard Grieg*, Alan Sutton, Gloucester, 1988）ここで冒険屋と言っているのは、スキーによるグリーンランド横断（一九八八—八九年）の成功にまつわって、そんな世評があったことを示しています。もっとも、人間のつきあいというのは面白いもので、これで二人の交際が深まったわけではない。ナンセン夫人のエヴァ・サルスは声楽家で、グリーグの歌曲の初演をしたこともあり、また、

『アルネ』の詩人ビョルンソンという共通の知人もありました。それにもかかわらず、です。ともあれ、グリーグはナンセンの人物をさすがによくつかまえています。私がさらに付け加えてよいなら、素直であると記したい。素直であって、自負心が強い、それがナンセンの人柄です。

ナンセンは満ではまだ二十歳の年に（一八八二年三月―七月）、アザラシ猟の船ヴァイキング号に乗りこんで、グリーンランド海の航海に出たことがあります。クリスチャニア大学の動物学教授の勧めによると言われていますが、ナンセンがのちにある伝記作家にあてた手紙によれば、船で猟の手伝いをしながら、動物の生態を勉強するというのは本人が言い出したことでした。この航海の記録は四十年後の一九二四年に、『アザラシとシロクマの間で』と題する、自身が制作した多数の版画を挿絵にした本にまとめられました。当時、克明につけていた日記を材料にして書いたもので、円熟の筆に若々しい情熱がないまざったとても面白い紀行文です。私は『北極圏の狩猟と冒険』（一九二五年）という英語訳で読んだのですが、「春は、長い冬のあとの生命の目覚めは、若い頃には、自然が語ってくれる、なんと素晴らしいおとぎ話だろう」と始まっています。船がクリスチャニアの南方の港アーレンダルを出帆したのは三月十一日。船長のクレフティンクは多年アザラシ猟に従事してきた練達の船乗りで、この人物がそれまで航海に出たこともない大学生にあたえた感化は大きかった。船長は猟と操船の技術的知識もさりながら、海の男たちの船の生活、それも普通の船ではなく、アザラシが繁殖している流氷を荒れる海に探しまわって、見つけては撃ち殺し、撃ち殺しては皮を剝ぐという心が荒れ気が滅入る殺伐とした作業を毎日の仕事としている六十何人の荒くれ男たちの生活を見事に統率する力量をそなえていたのです。人を成長させるのは人だという平凡な真理はいつでもどこでも成立しますが、それが成り立つ条件を考えてみると、まず、青年の素直さに思い当たります。私はこの航海記を読み進むにつれて、ナンセンという人がいかにも素直であることに目が覚める思いをしたものです。

ナンセンは白夜の長い夜半、船長のよもやま話に聞き入っています。船の話、船主の話、氷の話、猟の話、クジラの話。ときに、たまたま出会った他の船の乗組員たちが乗り移ってきたりすると、情報の交換から始まって、話がさらにはずむ。タテゴトアザラシは年に二度子供を生むはずだ。いや、一度さ、秋にデーヴィス海峡に出かけるイギリス船はお腹の子がまだ小さい雌にしかゆきあたらないというからな、とクレフティンクが答える、妊娠はほぼ一年、発情期は子を生んだあとの一月だ、もっとも、雌を生むやつはどこか他の場所に集まるのかもしれん、それに、雌は育つのに暇がかかるから、雄よりちょっと遅く生まれるのかもな。そこで、相手の船長の連れてきた男が、そうそう前に、雌の子ばかりの繁殖地に行きあったことがある、と相槌をうつと、ナンセンはすかさず口をはさんで、毎年毎年こんなに捕っていたら、絶滅すると思いませんか。すると、船長のほうがぐっと気色ばんで言うには、ぜんたい、あんたの言い種は変だぜ、アザラシはこらの海にはあり余るほどいるよ、わしらの捕ってるのはバケツの水の一雫さ、マストから遠眼鏡で見てみろ、目ん玉の届く果てまで、四方八方の氷にうじゃうじゃしてる、こいつらを全部捕りつくすにゃ何十年何百年かかるだろうて、子が一匹も生まれんでもよー、あんたの腕でもとても根絶やしにはできん、おい、お若いの、神様がアザラシを造らしたのはわしらに捕らせるためだぜ、のうならんように、神様がちゃんと見ていてくださるわ、と、こういうふうでした。人の話に割りこんで、話をひっくり返すような問いかけをするには、切りこむ気合がいるのはむろんですが、気合よりも大事なのは、問いかける自分の素直さをすでに了解してくれていると、相手を信頼することである。どこで信頼するか。それは自分の感覚に従うほかはありません。他方では、クレフティンクはアザラシ猟の船に急に乗りこんできた妙な学生の人柄をとっくに見抜いていました。この人が座にいなければ、いくら了解があったといっても、どういう事態になったか、わからない。ナンセンはこの場面のあとに一行も書き加えていませんが、しかし、これを生真面目に受けとるのは当たっていない。つまり、若い者のヤンチャで、座は盛り上がったわけです。妙な学生といえば、こんな話もあります。ある日、乗組員がクレフティンクにこうたずねた。あのナンセンて奴はなんになるのかねー。船長が答えにつまって、たぶん動物学者にでもなるんだろうよと言うと、男は動物学では飯が食えないと考えたか、いや、獣医にならんかと思ってよと応じた。どうして。だって、おれから見ても、あいつがアザラシとシロクマを解体する腕前はちょっとやそっとのもんではないからね。その話をあとで聞かされて、大いにうれしかったと本人は書いています。解体だけではない。猟は船に積んであるボートを海に下ろし、射撃手と漕ぎ手がチームを組んで乗りこむのですが、ナンセンは何回かの出猟のあと射撃の敏捷と精確を見こまれて、一隻のボートの射撃手に抜擢されていました。リーダーは部下に命じる一切のことをみずからやりとげる能力を培っていなくては、部下の信頼をえることはできない。やがてグリーンランド横断（一八八八—八九年）の快挙は一人の青年が完璧なリーダーに育っているのを示すことになりますが、彼がヴァイキング号で学んだのは、猟と氷海での操船についての知識と技能にとどまるものではなかった。航海記は、クレフティンク船長がかねて望んでいたとおり、農園の地所を手に入れて陸にあがったのに、楽しみを味わうこと短く、一八八六年九月になくなったことを記し、「彼は信頼するに足る立派な男であり、有能で恐れを知らぬ、ノルウェーの船乗り、北極の海の航海者、そして、良き友であった」という一文で閉じられています。

ヴァイキング号での航海については、なお二三、注意すべきことがあります。その一は、ヴェガ号に遭遇したことです。スウェーデンの地理学者ノルデンシェルドがこの船でシベリア北岸を東にまわる北東航路をはじめて開き、ベーリング海峡、インド洋、スエズ運河をへてストックホルムに帰着したのは、つい二年前の一八八〇年のことでした。ほぼ二年にわたる航海です。その船がアザラシ猟に出ていたのです。「ヴェガ号はいまそこに止まっていて、素晴らしい船に見えた。すらりと高い帆と帆柱が暗く浮かんでいる曇り空の雲間から、月の光がさしこんでいる。わたしはこの高名な船をじっと見つめた。」第二は、ヤン・マイエン島のはるか北東の海上で、流木が氷にのって漂流しているのに出会ったこと。ナンセンはこのとき、メキシコ湾流がアメリカから運んできたのかと思いますが、すぐ、シベリアから氷とともに流れてきたものと考えました。北極海の氷原はシベリアの北からグリーンランドの東まで海流にのって移動しているのだ、という直観的な洞察を未来のフラム号の航海者にもたらしたのは、このマツ科の流木でした。次に、その三は、ヴァイキング号が六月二十五日から七月十六日までの三週間あまり、デンマーク海峡（グリーンランドのアンマッサリクとアイスランドの間）で氷に閉ざされ、漂流をよぎなくされたことです。これは東海岸の風、氷、海流をつぶさに観察するまたとない機会を提供するものでした。北緯六十六度五十分、西経三十二度二十分の地点では、流氷の上を歩いて、氷河が海に押し出した巨大な氷山に登り、氷河に運ばれてきた岩石（砂岩、閃緑岩、杏仁状の鉱物）を採集したりしています。このときは霧が出て、グリーンランドの奥地を望むことはできませんでしたが、マストの見張り台からおりおりに眺めた、緑の大陸の真っ白に輝く険しい風貌は冒険を思う青年の心をひしひしと打ったはずです。すでに十年以前に（一八七〇年）、ノルデンシェルドはエスキモーの住む西海岸の寄港地から、横断を試み、氷河に阻まれていました。退路を絶って、無人の東海岸から氷河を登攀しよう、というナンセンの大胆不敵な着想はヴァイキング号のマストで生まれたにちがいありません。

いま詳しく述べるゆとりはないが、ナンセンの一隊は一八八八年八月から九月末まで、五十日をかけて、グリーンランド氷原の横断を成功させたあと、来春の船を待って、西海岸のゴッドホーブで越冬しました。エスキモーの集落で、起居を共にしたわけです。帰国後、ナンセンは探検の記録を二巻本にまとめたうえで(一八九〇年)、さらに、グリーンランドの住民についての本を出版しました(一八九一年)。短い滞在とはいえ、調査と観察の行き届いた、見事なエスキモー民族誌ですが、ことに深く印象されるのは、何世代、何十世代も、極地を生き抜いてきた、驚嘆すべき勇気と能力と意志をそなえた人々に対して、「われわれの文明」、ヨーロッパ文明は一体何をしたのか、という憂いに満ちた憤りであり、文明の毒針に刺されて、何の助けもなく、苦悩の中に滅びつつある人々に寄せる、熱い血の通った共感であり、そして、悲惨な真実を隈なく記述しておこうとする、気迫に溢れた真情である。ナンセンが後年まで心中深くに蔵していた思想、文明批判と宗教批判の核心は、エスキモーの小屋での長く暗い夜にはぐくまれたものでした。この書にも、幸いに、英語訳があります。*Eskimo Life*, Longmans, London, 1893 です。

さて、グリーグはさきほどの手紙で、ナンセンを哲学者と形容していました。そこで、いま哲学という表現を用いるなら、ナンセンの哲学を簡明に伝えるのは『わが人生観』に収められた、死の前年のエッセイであろうと思います。[▼1] 当時、ヨーロッパが危機的な事態にあったことは改めて言うまでもない。第一次世界大戦という未曾有の事変が文明の危機を現実のものとしたのです。心ある人の眼には、精神の危機がくっきりと映し出されていました。ナンセンの「わが信条」は危機の深い原因を、かつて真理とされていたものが根底から揺さぶられ、古い教義と信条は見捨てられたのに、代わるべき新しい原理が用意されていないことに、もとめています。では、果して、絶対的な真理があるか、どうか。それは証明できず、さりとて、反証もできませんが、わたしたちには、考える力がある。この能力に由って、すべての問題を引き受け、解決していかねばならぬ。さしあたって、人間の生と世界の組織について思索するとき、基礎となるのは自然法則である。宇宙の全体を、無機界も有機界も、支配する自然の法則。有機的生命はエネルギーの形態の一つであって、その運動は、発現も消滅も、天体と電子の運動を決定する法則と同一の法則に従っている。物理的過程と心的過程のあいだに、根本的な差異はない。では、霊魂はどうか、とナンセンは問いかけ、個人の不死の霊魂について、これを科学的問題として論じることはできないと述べています。それは、端的にいえば、キリスト教の批判です。他方、霊魂を意識と考えるなら、意識は生命とともに始まり、生命とともに終わる。人間の高度に発達した自己意識についても、同様であるというわけです。

ナンセンが世界の事象について唯物論に立ち、信仰について不可知論の立場をとることは明らかです。それは十九世紀後半に神経生理学を修めた自然科学者として、むしろ当然のことですが、その決定論的主張は驚くほど徹底したもので、人の善悪の行為についても、遺伝的素質によって決まると言っています。もっとも、教育と環境が素質に働きかけることは認めますが、その働きかけ自体、因果の無限の系列によってすでに決定されています。「ある人が自分の性格を形成することができないのは、樹木が枝を作りえないのと同じである。」したがって、自由意志という古くからの哲学的問題は、もはや問題にもならない。目的という観念についても、同様である。自然の因果法則は、自由意志も、人生の目的も、宇宙の意味も、無慈悲に拒絶するのです。

星の輝く夜、天空に眼をあげて、無限の空間を遠く他の銀河へと見入り、宇宙の壮麗と崇高な威厳との不思議に心打たれるとき、わたしたちは、それが過去においても常に、未来においても常に、今のままであると感じ入り、意味と目的をもとめる要求がつまらぬ口出しとなって消え失せてゆくのを痛感する。

この文はカントの『実践理性批判』の結論の名高い言葉、あの「わが上なる星をちりばめた天空とわが内なる道徳法則」と響き合っているように思われます。とりわけ、自然科学の領分と道徳の領分を厳密に区別することにおいて。しかし、ナンセンはすでにカントに遠い。カントの叡智界、自由が支配する「目的の国」は、時代の進行とともに到来したニヒリズムの大波にすっかり呑みこまれています。目的も自由意志も、もはや幻想にすぎないと言わなければなりません。

しかしながら、ここに注意していただきたいが、ナンセンは、幻想的観念をふたたび取り上げます。そして、自由意志と目的志向性を人間性に深く植えつけられたものとし、人類の共同体の幸福にとって欠くべからざるものとするのです。

ナンセンがそう主張するのは、コモン・センス、人の心の尋常な働き方についての妥当な感覚に基づいています。すなわち、人はどれほど強固な決定論者であっても、何をなすべきかに迷っている場合、最後の決定は自己の意志によるかのように行動するものだ、また、自分の生活に一つの目的があるかのように行動するものだというわけです。ここをもう一歩踏みこめば、まさに、言語を問題とする哲学の領域で、そこでは、事実と倫理的価値との関係が言葉の限界をめぐって厳しく問われることになるはずです。

それはひとまずおくとして、ナンセンは人間の行動のそのようなあり方の先に、新しい道徳原理を思い描いているように思われます。そして、人類のより良き未来をほんとうに望むなら、第一になすべきは、勇気をもつこと、恐怖に支配されないことだ、と肺腑を衝く言葉を記しています。すでに述べたように、ナンセンは幾多の紛争と動乱の渦中にあって、難民の救援活動に奔走した人でした。その人は「わが信条」の最後の文章を、こう結んでいます。英語のまま引用しますと、And we should always remember that love and tolerance are the most beautiful trees in forest.

　こうして、ナンセンの遺言とも言うべき文章を読みおえたいま、イギリスのある詩人の、the living Presence（生ケル現前トシテノ人間）は生き続けて、また戻ってくるだろう、という詩行が珠玉のように心に沈んでゆくのを感じます。

　終わりに、娘のリヴがこの原稿を読んで、もっと詩的なものがほしいと言ったという話にふれておきます。poetical という言葉は、たとえば量子力学の原理をめぐるアインシュタインの批判について使われると、貶める言葉です。いまは、無論、そうではありませんが、感情がすぎると、危険も増す。ナンセンは、娘の感想に対して、それはここにはふさわしくはないだろうと言いました。「わたしの意見はとてもラディカルで唯物的にすぎると、多くの人が当然思うだろうが、残念ながら、仕方がない」、と。

注

▼1『わが人生観』の原本は、*Living Philosophies*, New York, Simon & Schuster, 1931. ナンセンの文章はもと、What I believe. という題でニューヨークの雑誌に寄稿されたもの。一九二九年の執筆で、ナンセンの文集 *Nansens Røst*, II, 1908–1930, Jacob Dybwads Forlag, Oslo, 1942 に、Min Tro（わが信条）として収録されてい

るが、本人が英語で書いたことが、編集者への手紙でわかる。その手紙に、後述のリヴの感想もある。
Fridtjof Nansen Brev, V, 1926–1930, Universitetsforlaget, Oslo, 1978, pp.142–143.

II

航海の精神史という言葉の組み合せは熟していないようです。そういう題で話をすると言ったら、どういうことだと訝しそうに尋ねた人もある。聞いてもらえばわかると答えておきましたが、大風呂敷はこちらも承知の上で、心もとない次第です。航海が事実として、どこまで精神のいとなみであるか、それはひとまず措きます。私の頭にあるのは、少なくともヨーロッパの文明には、航海を知的活動と見る表現の伝統が存在するということである。そして、他の多くの表現の伝統と同じく、それは古典古代に遡ります。大航海時代をへて、科学的な探検航海が大小さまざまな規模で行われるようになると、知識の探究が当然正面から身を乗り出してくるので、一見、事実が表現を追い越したかのように見えるけれども、伝統はしかく脆弱な出来ではない。航海記の類のすぐれたものは文学的伝統に対する明瞭な自覚に裏打ちされており、私に言わせれば、この自覚の深浅が一冊の本がおもしろいか、つまらないかを分けています。昔の人なら、書巻の気という言葉を持ち出すところで、これでは漠然としてかえってはっきりしないかもしれませんが、漠然たる気をつかみとる感覚を信頼しなければ、始まるものも始まらない。しかし、話がそれると切りがないから、航海の表現の伝統を、とりあえず、思いつくままに二、三例をあげてたどってみることにします。

不思議なものは数あるうちに、
人間以上の不思議はない、
波白ぐ海原をさえ、吹き荒れる南風を凌いで
渡ってゆくもの、四辺に轟ろく
高いうねりも乗り越えて。

これは、紀元前四四一年に上演された、ソポクレースの悲劇『アンティゴネー』の合唱歌の一つのはじめです（呉茂一訳、岩波文庫）。呉氏の翻訳では、全三十行の歌で、このあと農耕、狩猟、漁撈、牧畜、言語、建築、医術、政治とあげられてゆく、人間の不思議の数ある証をさしおいて、航海が最初に歌われるのは、ギリシア人が自身の気持としては根っからの海洋民族であったことをよく示していますが、紀元前七世紀にはすでに黒海沿岸に達していたと言われる活発な植民活動の実際を、たとえば思い描いてみれば、苦難の航海がまずあって日々の暮らしを新しい土地に建設するという段取りになるわけですから、列挙の順序は植民市の歴史に即したリアリズムであるとわかる。すべては航海に始まるわけです。そして、航海は日常を越えているがゆえに、日常に、常ならざる見聞をもたらすいとなみでもある。情報という奇怪なものがむやみに肥大して人の経験を呑み込みつつある今日の世にあっても、基本はなんら変わらないはずです。経験の深いあり方からして、それは変わりようがない。航海は時と所を問わず、日常を越える日々へのあこがれを心に深くかきたて、培ってきました。大船アルゴーに乗り組んで、黒海を東に渡り、日出ずる国コルキスに金羊

毛を求めた英雄たちであろうと、ギリシア最大の航海者オデュッセウスであろうと、大航海時代の名だたる船長たちであろうと、いまも伝統的航海術を守る、ミクロネシアのカロリン諸島のサタワル島の遠洋航海者たちであろうと、海に寄せる情感は同じです。不思議なものは数あるうちに、人間以上の不思議はない——ここには、遙かな海から潮風にのって耳に届く船乗りたちの歌のような響きがある。賑わしい歌声にまざって、帆のはためきも櫂が船縁に高くきしめく音も聞こえてくるようです。

しかし、むろん、航海への警告もしばしばなされています。人の傲りが招く難破の危険は計りしれぬからです。ソポクレースのこの歌でも、快活の裏に、鋭い自省の光が走っています。よく言われるように、ポリスという政治体制は悲劇のペシミスムを不可欠のものとしていました。

さて、この合唱歌は遠くルネサンスに、たとえばモンテヴェルディのオペラ『オルフェオ』(一六〇七年)に反響しています。第三幕の終わりの「地獄の霊たちの合唱」は人間の不思議を、

どんな企てをしても人間相手ではむなしく、
自然も身を守るすべを知らない。
人間は鎮まらぬ土地を
耕し波うつ畑にし、粒々辛苦して
種子をまき、黄金の稔りをとりいれた。
そこで、記憶が
みずからの栄光に生きるようにと、

名声は舌をほぐして人間について語り出した。
人間は脆い船で海を制覇した、
南風と北風の怒りをものともせず。

と、歌っていますが、大洋へとひたすら躍進していた大航海時代のさなかにあった当時、航海は人間の讃歌にどうしても欠かせぬ活動でした。ここに北風が出てくるのは、北方航路の探検航海がアジアとの交易の新しい道をもとめて、すでに十六世紀の始めからあいついで試みられていたことの反映である。それはともかく、台本の作者ストリッジョが構想したオルペウス物語の文脈を見れば、この歌にも、人間の傲慢に対するギリシア伝来の警告がキリスト教の衣にくるまれて潜んでいることがわかります。

E・R・クルティウスは「アルゴナウテース達の船」（円子修平訳、『ヨーロッパ文学批評』紀伊國屋書店、所収）というエッセイを、「広く流布したある見解によれば、アルゴーは海を渡った最初の船であった」と書き出しています。「古代の詩人達は、この船が神々と人間達とをいかに驚かせたかを、このんで物語っている。航海術の発明は火の発見につぐ、一つの革命的な事件であった。」そういうことなら、ソポクレースの合唱歌にも、アルゴスという名の船大工が建造した、五十の櫂をそなえた船アルゴーの面影が宿っているわけです。あのオルペウスも乗組員であったアルゴナウテースたち、つまりアルゴーの勇士たちの数々の試練の物語はホメーロスよりもさらに古く、口誦の形式で歌いつがれてきましたが、昔のままの航海譚は早くに失われた。時をへて、紀元前三世紀の人アポローニオス・ロディオスが伝承を拾いあげて、叙事詩『アルゴナウティカ』をものしますが、そこでは、総大将イアーソーンとコルキスの王女メーデイアの出会いの場面のほとんどロマンティク・ラヴを思わせる語り口に見られるように、描写がヘレニズムの優美繊弱に傾き、いかんせん、航海者たちの蒼古とした冒険をよくとらえるに至らない。それでも、「万人に歌われるアルゴー」（『オデュッセイア』）とその「選り抜きの英雄たち」「ウェルギリウス『詩選』）の記憶はヨーロッパ文学に脈々と伝わることになりました。クルティウスはダンテを中世の中心に据えて、伝統を詳しく追っていますが、これも碩学に教わったことだが、アルゴーは『ファウスト』第二部にも姿を見せ、ゲーテはこの船を神聖なという形容詞で飾りました。

さて、オデュッセウスの航海譚にセイレーンたちの誘惑の挿話があることは誰もが知っています。『オデュッセイア』第十二歌で、主人公はオーケアノスの向こう岸の冥界からふたたびアイアイエー島にもどり、魔法にたけた女神キルケーが語る今後の航海の苦難の予言と忠告に耳を澄まします。苦難の最初が、セイレーンたちの島。かの女らの透き通るような声は心を惑わす魔力をそなえ、近づいた者はみな白骨となって、いまは辺りにうず高く積るばかり。そなたはこの地を漕ぎ抜けなければならぬ。船乗りたちの耳には蜜蠟の栓を。そなたは手足を帆柱に縛らせなさい。そうすれば、楽しく歌声を聞くことができる。そなたが万一縄を解けと言い出したなら、もっときつく縛らせることにしておきなさい—堅忍不抜の勇士はこうして船出するのです。セイレーンたちの島にさしかかると、風がにわかに凪ぐ。帆を下ろし、キルケーの助言通りに準備をととのえて、櫂で漕ぎ進みます。やがて、朗々たる歌声が海から響いてくる。

アカイア勢の大いなる誇り、広く世に称えられるオデュッセウスよ、さあ、ここへ来て船を停め、わたしらの声をお聞き。これまで黒塗りの船でこの地を訪れた者で、わたしらの口許から流れる、蜜の如く甘い声を聞かずして、行き過ぎた者はないのだよ。聞いた者は心楽しく知識も増して帰ってゆく。わたしらは、アルゴス、トロイエの両軍が、神々の御旨のままに、トロイエの広き野で嘗めた苦難の数々を残らず知っている。また、ものみなを養う大地の上で起ることごとも、みな知っている。（松平千秋訳、岩波文庫）

現代の比較神話学は今世紀初頭のイギリスのギリシア宗教史の研究をまったく評価しないようです。新しい視点からの主張に学ぶべきところが多いのは言うまでもありませんが、盥の水といっしょになにもかも流すわけにもいかぬ。たとえば、ジェーン・ハリソンの『ギリシア宗教研究序説』（一九〇三年）を見てみましょう。ハリソンはこの書で「ケールとしてのセイレーン」を論じて、彼女らはケール、すなわち有翼で鋭い歯と爪をもち、戦士に死をもたらす悪霊の二次的な姿であるとしました。死者の魂をあの世に運ぶ鳥という観念はおそらく魂という観念とともに古く、世界に広く分布しています。ケールの本来の姿をただちにそこに結びつけて、セイレーンをも説きうるか、それはひとまず措くとしても、セイレーンが鳥＝女で、しかも、この鳥は昔から他の生命を貪る猛禽類と見なされてきたらしい。ハリソンが絵解きをしている前五世紀前半の赤絵式の壺の図柄を見ると、軍船の帆柱に縛られた裸のオデュッセウスに左右から歌いかけているセイレーンたちの頭部は女で、首から下が鳥です。まさに鷲か鷹を思わせる大きい翼、頑丈な脚、太い足指。彼女らは三人で、もう一人は目を閉じて畳まれた帆の下を真っ逆さまに落ちるところです。オデュッセウスの万全の防御に望みを絶たれて、海に投身したもの、とハリソンは解説していますが、こちらも獲物を狙って急降下する猛禽の姿です。他の壺絵には、腰から下が鳥で、胸に豊かな乳房のあるセイレーンも描かれています。鳥＝女の鳥の恐ろしさよりも女の声と姿の魅惑のほうが強調されるのは後世の人魚と同じで、なるほど自然な傾きかもしれないが、しかし、そうなれば、ホメーロスの歌が意図している魅惑の本来的なあり方がついには隠されることにもなりかねません。セイレーンたちの歌はつづめれば、こうです──わたしらは地上に起ることは過去のことも未来のこともすべて知っている。このなんでも知っているというのが重要なところなのです。歌を聞く側からすれば、声より姿より、魅惑はそこに発していた。では、彼女らがいかにしてそのような知識をわがものとするのかと言えば、それは翼ある鳥なればこそです。ハリソンのかつての生徒であり同僚でもあったギルバート・マリーはギリシアの古い祭儀に現れる聖なる動物の起源を説いたついで、原始の人々が小動物に認めた不気味な力に言及して、「誰が鳥たちの力と知識を限りあるものとすることができようか」と書いたことがあります（『ギリシア宗教の五段階』一九二五年）。その注には、アリストパネースの喜劇『鳥』の参照が指示されている。比較神話学も、マリーの原始宗教の説はいざ知らず、この一句を否定することはできないでしょう。

セイレーンたちの「翼ある言葉」の魅惑は、それを聞く者の知識をもとめる熱望に働きかけていました。この世のすべてを知ることは、ハリソンが述べているように、神々の如くでありたいということだから、死すべき人間にとっては生死にかかわる要求でした。ホメーロスの歌のこのような意図を見事に読みとった文章がローマの人キケローにあります。『最高善と最高悪について』の第五巻の一節、

では精神のより卓越すると見える部分について考えてみよう。これがいや優れたものになればなるほど、一層高い本性のしるしがもたらされるわけだ。認識と知識をもとめるわれわれの生来の情熱は非常

に大きいので、人の本性はそれらのことがらになんの利益にも誘われることなく引きよせられるほどである。子供たちがいくら叱っても、どんなに、ものごとに見入って質問するのをやめないかに注意しよう。

自由な勉学と学芸を楽しむ人が健康も仕事も意に介さず、すべてを我慢して、認識と知識に打ちこみ、学ぶことから得るよろこびで多大の労苦と努力の埋め合せをしているのを眼にしないだろうか。わたしには、確かに、ホメーロスはこのことを、彼がセイレーンの歌で表したことで意図しているように思われる。セイレーンたちが通りがかった者をいつもいつも呼び戻していたのは、声の甘美さによってでも歌の新しさと種類の多さによってでもなく、多くのことを知っているとみずから名乗りでたからであって、男たちは知りたいという一心でセイレーンたちの岩礁にとりすがった。ホメーロスはかの勇士が下らぬ小唄で罠にはまったとあっては話として納得してもらえないことをわかっていた。

セイレーンたちが約束するのは知識である。知恵を愛する者が知識を故郷よりも大切にしたとして、不思議はない。ありとあらゆることをとにかく知っておきたいと思うのは物好きというものだが、人が大いなることがらを見つめることで知識の熱望へと導かれるなら、もっとも秀でた人物の仲間と見なされるべきである。

オデュッセウスはこのような意味でもっとも秀でた人物の代表でした。だいたい、そうでなければ、彼の物語が世に伝わることはなかったわけです。ホメーロスは『オデュッセイア』の冒頭で「かの機略縦横なる男の物語」を詩の女神ムーサに祈願するにあたって、トロイエの城を攻略してからの幾歳月を苦難の遍歴におくった人物が「多くの民の町を見、またその人々の心情をも識った」とすでに語っていました。

ところが、この機略縦横がたたって、オデュッセウスは地獄の業火に呻吟することになります。言うまでもなく、『神曲』の地獄篇第二十六歌。ダンテはそこで、オデュッセウスを主人公に、何度読んでも強い印象に打たれる驚くべき物語を大胆かつ精緻に詩に織りあげました。ウェルギリウスの先導によって、地獄の遍歴の途上にある、生けるダンテはいま第八の濠の橋の上に立って、オデュッセウスとディオメーデースの魂を焼いている炎の輝きを、遠く谷間にゆらめく蛍の火のように見つめています。二人が二つに分かれた炎の舌に包まれているのは、木馬を始めとする数々の権謀術数に弁舌を労したからです。ウェルギリウスが「君の舌をつつしめ」と同行者を制して（これはダンテがギリシア語を知らぬからでもある）、燃える火に話しかけ、死に到る顚末を問いかけると、大きいほうの炎がまるで舌のごとくに声を出し、最後の航海について語りはじめます。

キルケーのもとを、アエネーアースがそう名づける前の
ガエタの近くで、一年の余も
わたしを引きとめた女のもとを出立してからは、
息子をもった楽しさも、
老いた父への敬いも、ペーネロペイアを
喜ばせるべき愛のつとめも、
この世界を、人の悪と勇気を
もっと知りたいというわたしの中の

激情に打ち勝つことはできなかった。
わたしは深く開けた海へ乗り出した、
　一隻の船とわたしを見捨てなかった
　数もわずかな仲間を連れとして。
両の岸をわたしは見た、スペインと
　モロッコまで、またサルディーニアと
　海に洗われる他の島々も。
わたしも仲間も年老いて船足遅く
　ヘーラクレースがこの先は行ってはならぬと
　標柱を立てた
あの狭い口にようやく着いた。
　右手はセビリアを離れ、
　左にはとっくにセウタを見納めた。
おお、兄弟よ、とわたしは言った、
　無数の危険を冒して西の果てに来た者よ、
　余す時はいかにもわずかだが、
いまは目覚めているわれらの感覚に、
　太陽を追って、人の住むなき世界を探る

経験を拒むことをしないでくれ。
君たちの生まれたもとを考えてみよ、
獣の如くに生きるためではない、
雄々しさと知識を追い求めるべく君たちは造られたのだ。

オデュッセウスの弁舌の才をつくした演説にはやりたって、船乗りたちはジブラルタル海峡を抜けるや船首を左に向けて、ひたすら南を目指しました。月の光が五たび消え、五たび輝いたのち、遠く行く手に黒い山の影が一つ見えてきます。歓喜のどよめきは、しかし、たちまち悲嘆の声に変わる。新しい陸地から吹き寄せる旋風が船を三たび回転させ、四度目に船尾を高くつきあげると、船は船首から水に沈みゆき、海はやがてふたたび奈落の口を閉ざしたのです。

神は、生きた人間が煉獄の島を眼にすることを許さなかった。『神曲』の作者は敬虔に、そう考えています。ローマの詩人ホラーティウスとともに、航海を「禁じられた瀆神の業」(『オード』一ノ三)とするのです。では、ダンテは知識の探究に限界をもうけたのでしょうか。誰の答えも、否定に傾くにちがいない。もし限界をもうけるというのであれば、そもそも、『神曲』が成り立たないはずだからです。生けるダンテはみずから地獄の底、地球の中心を通り抜けて、南半球の極に位置する煉獄の島の頂きにある地上楽園に足を踏み入れようとしています。『神曲』はなるほど虚構である。しかし、T・S・エリオットが指摘したように(「ダンテ」)、オデュッセウスも架空の人物です。有名無名を問わず、実在の人間にならんで、その中にはダンテの師友と政敵たちもいるわけですが、古代の物語の主人公が地獄に落とされ、炎の舌に焼かれつつ、舌をなおも弄して、知識をもとめる冒険譚を物語るという筋立ての意味は、他ならぬ作者との関係においてもっとも大きい。すなわち、「舌をつつしめ」という警告の言葉が向けられた相手は、作中のダンテばかりでなく、作者のダンテでもある。「オデュッセウスはわたしだ、とダンテは直覚した」と、ボルヘスが講演で述べています（「神曲論」）。オデュッセウスの航海はダンテの詩作の暗喩です。大胆不敵な航海者が海に没しなければならなかったのも、この暗喩のゆえでした。神の峻厳な審判の単なる一例だったはずがありません。オデュッセウスはダンテの分身です。神の戦慄すべき眼差しが届かぬところはない。しかも、三界を旅する航海はどこにふれた箇所があります。煉獄篇（第六歌）に、人の理解の及ばぬところで働いている神の意志までも行われなければならぬ。詩人は舌が凍りつくような畏怖に包まれ、わが手にオデュッセウスの手を取って、波間に沈んだのです。摂理に服する形で、詩作の成就が祈願されたわけです。

しばしば指摘されるように、オデュッセウス、『神曲』の探求心の権化のごとき人物は、ルネサンスと大航海時代の騒然たる活力にあふれた精神のもっとも良き一面を予告しています。歴史の動くところ、詩の言葉が現実になるのはそれこそ不思議なことですが、また、精神と歴史の関連に思いをいたせば、不思議でもなんでもない。フィレンツェの人アメリゴ・ヴェスプッチは第一回の航海を報告する書簡のはじめに、「われらの詩人ダンテ」の地獄篇第二十六歌のオデュッセウスに言及しています（『大航海時代叢書』第一巻、所収）。無人ではない、人の住む島と陸地を大西洋の彼方に発見したというのです。ヨーロッパはこの時代以後、一層鋭く求知心を磨いて、たとえば、対数の発明のような航海術の技術革新をなし遂げ、ますます支配欲を増進させて、海外領土と資本の圧倒的な膨張、国内の農地改編と産業革命の進行の過程で、先進国としての強烈な個性を明確にしてゆきました。そして、内外の他者の苛酷な支配が進行する中で、蔑視と寛容という根本では矛盾するはずの態度が生み出されます。それは、ギリシア人が本能的に具えていた人間の傲りへの敬虔な警戒心がしだいに失われたゆえにちがいないが、いまに及ぶ、ヨーロッパ近代という現実の際立った特徴です。当のヨーロッパの人に言わせれば、あくまで満足しないこと、真理と幸福の追求を繰り返しやってみること、というわけです（P・アザール『ヨーロッパ精神の危機』一九三五年）。著者は両大戦間の危機の中で、近代の始まる、十七世紀末からの時代を問い直しているのですが、その文が、「この努力には苦痛にみちた美しさがある」と続いてゆくのを読むと、ヨーロッパ人でない者の眼には、コロンブスが最初に拉致した七人のインディオの姿が影のように浮かび出るのもまたやむをえません。真理の裏には不正と誤謬があり、幸福の陰には不幸と苦難がある。歴史の濁流というものは、真に恐るべきものであります。

話は一挙に飛びますが、ナンセンは北極の探検航海から帰った翌年の一八九七年、航海記を出版します。*Fram over Polhavet*（極海のフラム号）という題ですが、フラムは前へという言葉だから、北極海を渡って、一路前進という意味になります。この本は、先のノルデンシェルドの『ヴェガ号航海記』（一八八一年）とともに、航海の精神史の掉尾を飾るにふさわしい書物です。ここで掉尾などと言っては、我田引水のそしりを免れぬかもしませんが、地理上の空白は南北の極地圏を除けば、すでにほとんど残っていないことを考えあわす必要があります。フラム号はノルウェーの船大工コリーン・アルシャーが建造した木造船であり、その意味でも、海を渡った最初の船アルゴーに正確に対応していると思います。

ちなみに、ナンセンは往時のコルキスの国に船旅をしたことがあります。イタリアのブリンディシ、「ローマ最大の詩人が死の床で、真の芸術家のみが抱く自作に対する不満から、生涯の作品であり、ローマ最大の詩篇である『アエネーアースの譜』を火に投じようとした」（ナンセン）、その港から、アテネ、コンスタンチノープルをへて、黒海東岸のグルジアの港バトゥームへ渡ったのです。一九二五年、国際連盟の委託によるアルメニアの難民救援の仕事でした。夏の夕暮れ、日が灯台のある西の砂州に沈みゆくころ、船がボスポラス海峡をぬけ、黒海が開けたときの印象を、ナンセンはこう述べています。「われわれはさながら新しい世界に船を進めているかのようだ。この狭い海峡を通って、伝説のアルゴナウテース達は富も豊かなコルキスに向かったのだ。」(*Armenia and the Near East*, G. Allen & Unwin, London, 1928)

『フラム号航海記』の序章を読んでいると、航海の精神史がいまや円環の結び目にたどり着いたという強い感じを受けます。というのも、そこには、人間の精神が目覚めてこのかた、人が北方の氷雪の海と土地を攻略してきた歴史が素描されている中で、神話の時代から、苦闘が繰り返されてきたのは、「知識の渇望をいやすためであった」、と明確に書かれているからです。ナンセンは、次いで、「われわれの祖先、ヴァイキングたちは北極海の最初の航海者であった。彼らがはじめて氷と闘ったことを心にとどめておかねばならない」と続け、「甲板のない舟」で氷海に挑んだ先人たちの名をあげて、その功業に簡単にふれています。一例を挙げますと、

彼らをしてこのような探検へと駆りたてたのは単なる冒険心ではない。なるほど、冒険心はわれわれの国民性の欠かせぬ特質ではあるけれども。それはむしろ、ノルウェーに居場所を見出せない、多くの落ちつかぬ人々のために新しい土地を見つけなければならなかったからだが、それ以上に、知識に対する心底からの興味につき動かされていた。オタール〔ノルウェー人〕は八九〇年ごろイングランドのアルフレッド大王〔アングロ・サクソン年代記を編集〕の宮廷にいた人で、地理の調査の任務に出立し、自

らこう述べている、「陸地が北方にどれほど続いているのか、人の気配もない荒地の北に、人間の住む土地があるのか、どうか、それを明らかにし、知り、学びたいという鼓舞と熱望をおぼえた」と。彼はヘルゲランドの北端、たぶんビャルケイに住みつき、ヌールカップ〔北岬〕を回って東に、白海まで舟行した。（カッコ内、筆者）

そして、主題は近年の欧米人による北極探検へと移ってゆきますが、オタールの記録を含む、歴史のより詳しい記述について、ナンセンは一九一〇―一一年に浩瀚な著書を刊行しました。*In Northern Mists*, 2 vols., Heinemann, London, 1911 はその英訳本です。北海と北氷洋の航海史を、古代から始めて、エスキモーのグリーンランド移住、中世のスカンジナビアの植民、ヴァイキングのアイスランドとグリーンランドへの航行、北アメリカの一部とされるヴィンランド（葡萄酒の国）への航海、ノルウェー人のアザラシ猟、中世の北方地図作成、そして、ジョヴァンニ・カボートとポルトガル人の大航海時代の活動までの精細をきわめた通史です。さらに準備されていた近代の巻は惜しくも未完に終わりましたが、そのような著作を支えている歴史家としての徹底した視線と技倆を、フラム号の若き航海者は早くから自己のものとしていた。それは、右の短い引用文にもうかがい見ることができます。言いかえれば、ナンセンは自らフラム号の航海を、十九世紀の北極探検よりもずっと遠くに遡る歴史の系譜に位置づけていたわけです。

さて、最後に、一九九四年に亡くなったカール・ポパーの文章にふれて、話を終わります。『推測と反駁』（一九五六年）に収められた「知識についての三つの見解」というエッセイに、ナンセンが出てくるのです。

わたしの信念によれば、われわれの発見は、先に述べた例でも他の多くの場合でも、理論によって導かれる。理論が、観察による発見の結果であるよりもむしろ。というのは、観察そのものが理論によって導かれる傾きがあるからだ。地理上の発見さえも（コロンブス、フランクリン、ノルデンシェルド父子、ナンセン、ヴェーゲナー、ヘイエルダールのコン・チキ号探検）、しばしば一つの理論をテストする目的で行われている。予測を提示することに満足しないで、新しい種類のテストのために新しい状況を創出すること、これが理論の機能である。

ここに挙げられた航海者のうち、ナンセンの例については、ポパーの知識の理論がぴったり当てはまることが私にもわかります。フラム号はまさに、新しい理論が新しいテストのために作り出した装置ですから。それにしても、ここに、どうして極地探検家（コロンブスとヘイエルダールを除いて）の名前がずらりと登場しなければならないのか。人間の行動の型を論じているわけではありません。科学の理論を主題として、地動説とともに誕生した、量子力学も陥っているとされる道具主義的見解を、理論は事物の本質を記述するという本質主義の見解にあわせて反駁して、第三の見解、理論を世界の真なる記述とする、ガリレイの主張を擁護しつつ、仮説的言明という枠組をもうける、新たな見解を提示する論文である。しかし、私の意見では、答えは簡単で、鍵はポパーのロンドン郊外の住居に隠されています。「部屋には家具が五品あるだけだ」とポパーの弟子のバートリーが質素な居間を描写しています（『ポパー哲学の挑戦』小河原誠訳、未來社）。本人の演奏するピアノ、小さな机と椅子、自ら製作した安楽椅子二脚、本棚。そして、本棚には、「北極探検の本がつまっている。」それなら、話はわかります。名前を列挙するのは哲学者のいたずらなのだ。北極探検記の愛読者であるポパー卿。事態は、しかし、偶然事ではありえません。人の心には生まれつきの傾きがある。科学理論の第三の見解を支えている信念を、ポパーが批判的冒険的合理主義と呼んだことに注意してください。批判はギリシアからの対話と議論の伝統。冒険は、既知のものを未知のものによって説明するために仮説を立て、さらに、仮説をテストする行動です。だが、言葉をいくら重ねたところで、冒険的ということが心の傾きの自覚に合っていなければ、実際には、何も始まらない。かくのごとき厄介な性質を元来そなえているのが、人の経験のあり方です。ポパーは『カール・ポパーの哲学』（現存哲学者叢書、一九七四年）の第一巻の巻頭に「自伝」を執筆し、二年後に、*Unended Quest* と題して刊行しましたが、これは誤解されやすい表題である。果てしなき探究、は感傷ではないからです。終わらせないという意志である。人が終わらせないので、果てしがない。なぜ終わらせないのかといえば、人は、自分が発見した真理を真理であると確実に知ることはできないからです。それがポパーの知識の理論です。だから、私の思うに、ポパーはとにかく議論をしなければ気のすまぬ人だ、ナンセンの『フラム号航海記』に、「人間の精神はあらゆる謎が解かれるまで、決して休息しないであろう」（序章）という文を見つけたなら、哲学者は安楽椅子をひと揺すりして、友よ、君は間違っている、謎はなくならない、と見えない相手に反論して、やおら、快活に笑うことだろう。

付記

フラム号の航海記の全訳は、一九九八年に、ついに刊行された。『フラム号北極海横断記』太田昌秀訳、ニュートンプレス。訳者略歴によれば、氏は地質学者で、ノルウェー極地研究所教授である。

（一九九八年三月二日記）

VI

御堂ヶ池古墳始末

一九八三年二月九日、朝日新聞朝刊は京都市右京区梅ヶ畑向ノ地町の御堂ヶ池古墳二基の破壊を伝えた。いま記事をかいつまんでいうと、古墳を含む土地の所有者はかねてから、市に土地の買上げを求めていたが、交渉は成立せず、一月、宅地開発業者に売り渡した。業者は二月一日、一号墳の墳丘を削り、天井石を落した。市文化財保護課は住民の通報によって破壊を知り、業者に工事の中止を指示し、市埋蔵文化財研究所に依頼して、緊急発掘調査をはじめた。これに対して、京都の文化遺産を守る懇談会が八日、市および府の教育委員会に、業者が原状を回復するように措置するべき旨の抗議をした、というものである。さらに、島田市文化財保護課長の談話が出ている。これは原文のまま引用する。「国に史跡指定してもらい買上げを進めようとしたが、無理とわかった。市には目下のところ買上げ予算はなく、どうにもならなかった。調査したうえ、移築して保存することを考えている。」私は平生何某の談なるものを作文として信用しないが、このたびは記者の敏腕を思い知った。迂闊な話である。

二月十三日の午後、カラト池へ出かけた。御堂ヶ池、すでに十数年前に埋め立てられたまま草もはえずに無残な姿を日にさらしているこの池を、私はカラト池と呼んでいた。中学一年生の初夏のころ、はじめて訪れたとき、人にそう聞いたからである。御堂ヶ池の名が定着するのは、おそらく、京都大学考古学研究会『第十一トレンチ』一九六四年十一月発行に収められた「御堂ヶ池群集墳発掘調査概報」からであり、私はこれを発行当時に読んで、御堂ヶ池という名を知った。このガリ版冊子をいま取り出してみると、特別寄稿として収録する石部正志氏の「大宝寺古墳調査概報」はなおカラト池の名称を用いており、「御堂ヶ池、音戸ヶ池、昭和三十九年十月現在釣堀」と注がつけられていた。釣堀という言葉に、半分ほどになった池に低く渡してある白けた木の桟橋の記憶が古写真のように浮き上がってくる。釣堀がうまくいかないと、つぎは全面埋め立て。馬鹿馬鹿しくも見やすい筋道である。そんなことを思いながら、山向こうの高雄街道に通じる舗装路を久し振りにのぼった。車がひっきりなしに通る。かつてはあるかなきかの踏み跡が灌木の茂みを縫って、谷をつめていた。アカマツの林に沿った鞍部に登りきると、東西を緑の斜面に囲まれて、カラト池が澄んだ水をたたえている。山中無人、しかも明るく開けたこの水辺に、カモをはじめいろいろな鳥たちが飛来したことはまちがいない。池も幻、鳥も幻。谷は赤く削られて苗木場になり、高台の道路際には、人家が五六軒建っている。見ると、一軒は猟友会の事務所である。ブロック塀に無造作に掛けられたイノシシの皮。弱い日差しを浴びて、立っている猟犬たち。家を過ぎると、右手に埋め立て地。道路をはさんで、左は山を削った造成地である。この造成地に、二基の古墳、一号墳と十三号墳がぽつんと取り残されていたのだった。

一九六四年二月、造成工事と道路敷設工事に際して、一号墳の北五十メートル、標高百三十メートルの山腹から、四個の銅鐸が発見された。市埋文研発行の「京都市遺跡地図」は梅ヶ畑向ノ町所在梅ヶ畑遺跡出土の銅鐸について、大小二個（大三十二、小二十三センチ）一組、外縁鈕式、袈裟襷文と記す。銅鐸発見の報道に接したとき、一度見てみたいものだとしきりに思ったが、その後、府立資料館の展覧でたまたま出会ったことがあった。

思えば、銅鐸が見つかるという事態がそもそもいけなかった。以後、造成工事はどんどん進んで、二十三基を数えた群集墳はつぎつぎに破壊されてゆく。その間、一九六五年、一号墳の完全保存と十三号墳の移築保存が市により決定された。そこに至る経緯は『第十一トレンチ』所収の「御堂ヶ池群集墳保存運動」に述べられている。しかし、いまとなってみれば、この文の筆者が「さいごに」記している危惧はすべて的中したと言わざるをえない。「文化財保護法五十七ノ二、いわゆる土木工事による遺跡の発掘調査、すなわち緊急調査の項の解釈について」、筆者は、「緊急調査である以上は、土木工事を認めているのだろうか」と正鵠を射た問いをはなち、「現状では緊急調査の終了がただちに破壊の許可のように思われている」と言う。十数年後、事態はまさにこの通りに運ばれた。

ただの古墳好きにすぎない私にとって、カラト池の古墳といえば、すなわち一号墳と呼ばれる塚のことである。だいたい、この塚を見たのが、古墳というものを眼にした最初であり、石室に入った最初であった。子供の背丈からすれば、まことに堂々とした石室は異様な印象で、心を打ったらしい。古墳という、まわりのどんな空間とも異質である空間に対応する場所が、心のなかに生まれ、おのずとふくらんでゆく。言わばそんな具合に、近くの太秦、嵯峨に古墳を尋ね歩き、さらには飛鳥に出かけるようになった。しかし、カラト池の塚はそれほど大きいものではない。円墳の径三十、高さ五・四、玄室の奥行三・七、幅二・五、高さ三・一メートルだという。奥壁は巨石を二段に積み、二枚の天井石を戴いていた。古くから（すでに江戸時代から）開口していたらしく、石棺はない。この石室を何度訪れたことだろう。あるときは一人で、あるときは友と。妻と出かけたこともあった。子供たちを連れていったこともあった。登り口からはじまって、まわりの山がしだいに崩され、風光があたら死に果ててゆくのを口惜しく無念に感じながらも、この塚は大丈夫である。私は勝手にそう思いこんでいた。心に構築された頑丈な感動は結局私を欺いたが、いまさら反故のように捨て去ることはできない。

私の眼はまず墳丘の削りとられた土の色をとらえた。正面に近づくと、天井石がない石の空間が剝き出しの死体のように空虚に横たわっている。とまらず通りすぎたが、しばらく歩いて思いなおし、もう一度前を通って、来た道をくだった。石室の床に発掘溝が細く刻んであった。一輪車で土を運び出している男が私をじろっと見た。十三号墳の移されていたあたりに、四五人の人がしゃがみこんで、作業をしている様子だった。

二月十五日、京都市内十二大学の学生の考古学研究会八団体が市文化財保護課と府教委に抗議し、原状回復措置をとるよう要望した。団体構成員に勤務先の大学の名があって、うれしかった。そして、驥尾に付そうという気持ちが生まれた。個人として抗議と要望の文を送ることに決めて、二月十七日午後に文を作った。翌十八日の朝刊は、十七日、京都在住の考古学者有志十人が両古墳について市長に要望書を提出した旨を伝えた。十八日午後、文に若干手を加えて清書し、投函した。宛名は島田文化財保護課長とした。もちろん面識はない。以下は全文である。なお、出しっぱなしで、応答はなかった。

拝啓　とつぜんではありますが、梅ヶ畑御堂ヶ池古墳の破壊につき抗議と要望を申し述べたく、筆をとりました。

郷土の風物歴史を愛惜する者にとって、この地の群集墳の最終的破壊は悲憤に余る事件であります。すでに一九六四年以降、宅地開発、道路開通、池の埋め立て等によって、一帯はかつての景観を失い、見るも無残な様相を呈しておりましたが、今回の破壊は御堂ヶ池という古い土地の歴史をついに根こそぎに抹殺する行為であり、暴挙と言う以外に言葉がありません。

緊急調査がさらに報告書を重ねるとしても、一篇の考古学的知見は、千年余の歳月を閲して、その場を占める存在そのものの衝迫力をそなえることはできません。しかも、この人を揺さぶる力こそが文化の伝統をいまに生かしめる本源のものであります。

すなわち、寄る辺なき二基の古墳の原状回復が貴官の行政命令によりすみやかになされることを切に要望する所以であります。

敬具

一九八三年二月十七日

二月十九日、またカラト池に出かけた。大きいクレーン車が来ている。私はようやく先の課長の談話が既定の方針なることをさとった。壁の石は赤ペンキで番号を打たれ、十文字に白線を引かれている。いかにも情けない気持ちで、その様子を写真にとった。

二月二十日、梅原末治氏が十九日に逝去されたことを知った。氏はもっとも早く（大正年間）御堂ヶ池古墳を調査され、報告された。私はお見かけしたこともないが、考古学講座に在籍している友人のSが以前に話してくれたことをよく覚えている。先生は眼が極端に悪いから、鏡を額にひっつけて、見るのだ。こちらから眺めていると、なんとも感動するねえと彼は言った。

二月二十一日、もう一度、出かけた。石はあらかたなくなっていた。

二月二十三日、氏埋蔵文化財調査センターに電話をかけ、係の人から、調査が二十二日に終わったこと、移築先は未定であること、銅鐸は府の管理下にあることを聞いた。

二月二十八日、またカラト池へ行った。塚は跡形もない。地面はすっかり整地され、ブルトーザーのキャタピラの跡がいく筋も平たくついている。


…………


三月一日の午後、知人の電話で、小林秀雄が亡くなったことを知った。寒い日であった。京都では、雨がふりはじめている。翌二日、鎌倉の東慶寺で密葬。雨はなお降り続いている。午後、『本居宣長補記』を一気に読んだ。

私は大学に入ってすぐの頃、鎌倉雪の下の小林秀雄の家を二度訪ねている。一度はソ連の旅行中で会えず、もう一度は、居られたが、応対されたお嬢さんに「あなたに会うと、ほかに大勢やってくる人にも会わないといけない。父はもう時間がないとつねづね言っていますので、勉強させてやってください」と言われて、引きさがった。三度目の正直で、お会いできたのは、考古学の小林先生、小林行雄氏のはからいであった。

小林先生の家へ私を連れていったのは、Sである。私は高校生のときに『古墳の話』（岩波新書）を読み、同范鏡の分有関係にかかわる立論の厳密な美しさに感嘆していたので、よろこんでついていった。大学へ入って四年目の夏の夜であった。ビールを出してくださったので、口がほぐれた。お嬢さんが「お父さん、あんまり飲まないでね」と口にしながら、ビールとおつまみをどんどん運んでくださった。遠洋の白帆ということを言い出され、なんのことかわからないでいると、二階から、本をもってこられた。驚いたことに、それは鈴木信太郎訳『近代佛蘭西象徴詩抄』だった。森本(六爾)さんにもらったと言われた。この本はのちに百万遍の進々堂の隣りの古本屋で見つけたので、いま久し振りに手にとっている。出版は大正十三年。辰野隆の跋文に、遠洋の白帆が見える。当時の私は小林秀雄の文章に骨の髄までつかっており、そのため持前の生意気がなおさら増幅されていた。先生は亜流の性急な議論をたしなめられたわけである。遠い海上の舟は動いているとも見えないが、いつのまにか岬を越えている。そして、もう一冊、小林秀雄の『感想』(創元社)を持ってこられた。著者の献辞がある。先生の『日本考古学概説』が創元選書に入るとき、編集顧問の小林秀雄が原稿を読んで、よしと言った。創元社の社長は小林茂氏で、三人の小林は以来、親交ができたそうだ。これは先生が言われたことである。

その年(一九六六年)の夏休みに、私がSと利尻島へ旅しているときに、先生から下宿に電話があった。後でうかがうと、小林秀雄が会うと言っておられるから、行ってきなさいという話であった。先生はなにかのついでに小林茂氏に、二度も鎌倉詣でをした学生がいるというような話をされたところ、それが小林秀雄に伝わったらしい。しかし、貧乏旅行のあとで、旅費がまったくなかった。それで、秋に京都に行くから、そのときにということになった。

秋になって、十月十五日、Sと私は小林先生に連れられて、先斗町の料理屋の鴨川の見える二階の座敷で、小林秀雄に会った。夕暮れ時から夜中の十一時まで、御馳走を頂いて、酒をのんだ。質問をまとめておくよう言われていたが、あらためて考えてみると、質問することなど思いうかばない。小林秀雄の思想の核心が経験であることを、鎌倉訪問からすでに三年近くをへて、私は身に染みて納得させられていたからである。思い起こせば、「君たちはいまどういうものを読んでいるか」と聞かれたり、Sが、生きているのが辛いという意味のことをしゃべり出したら、よく聞きもしないで、「死にたまえ」と大声で一喝したり、という具合だった。この一喝には感心したが、そのあと、自分は死のうと思ったことがあるが、死ねない、そうわかったとき、いのちはドンネ（所与）だと僕はちょっぴり、と親指と人差し指を小さく合わせて、さとりました、と言われたのにも、強い印象をうけた。宣長のもののあわれについて（『本居宣長』の連載が前年の六月から始まっていた）、もののあわれというのは人の心のもっとも基本的な働きで、ヨーロッパ流に言えば、良心だと思うと私が言ったら、眼がキラッと光り、宣長の話になった。

忘れられないのは、小林先生がふと「この人たちがどういう仕事をしてくれますかねえ」と言われたことである。お二人のあいだで、こんな遣り取りがあったと記憶する。「小林さんのところへは若い人がたくさん来るでしょう。」「いくら来たってみんな断っちまう。僕は弟子をとらないんだ。」宴果ててのち、われわれは祇園のあたりでさらにビールを飲み、小林秀雄が文章から読みとれる通り、直情径行、しなやかに直線的であることに深く心を打たれて、関田町まで歩いて帰った。

こうして時がたってみると、弟子をとらない人の人物と仕事に対する不変の感嘆もさりながら、弟子でもない者を弟子のように扱ってくれた人に対する敬憶の念が深まるのを覚えて、来し方は悔恨の色に染まるかのようだ。

小林先生は『第十一トレンチ』所収の御堂ヶ池古墳の実測図の測量を指導されたそうである。こんなものでは駄目だと図面の書き直しをさせられたという話を当時聞いたことがあった。

…………

さきにもちょっとふれたが、私がカラト池にはじめて行ったのは、双ヶ丘中学の一年生のときである。担任のS先生が散歩クラブというのをはじめられ、悪童が二三人、もっとも上級の女生徒もまざっていたが、たぶん日曜日に連れていってもらったのだろう。写真が二枚残っている。一枚は五智山の石仏を背にしたもの。みんな長袖のシャツを着ている。いまは御室の蓮華寺に移された石仏の台地を越えて、西に山道の斜面をくだると、カラト池であった。一号墳の石室に入り、すこし南の十三号墳と思われる、発掘後埋めもどされず、そのままになっていた小さい石室を探した。天井のない長方形の石積みを前にとったのが、もう一枚の写真である。こちらは生徒ばかり五人。名を一つ二つ記憶の淀みにさぐりあてることはできそうだが、ふだん思い出す顔はない。自分もそうである。私はこの顔をどこに置き去りにしてきたのだろうか。

カラト池の塚を、それとは知らず最後に訪ねたのは、一月二十日であった。午後、広沢池へ鳥を見に出かけたとき、ふと思いついて、坂をのぼった。墳丘はいつもの通り灌木の茂みを戴き、石室の中はいっそうひんやりと寒かった。私は一人奥壁にもたれて、煙草をすった。あたりを満たしている時間の粒子が皮膚にはりついてくるような一刻であった。

⋯⋯⋯⋯

二月一日、犬のデカルトが死んだ。彼は二代目で、呼びにくいから、ふだんはデカと言っていた。初代はもともと加茂川の乞食の老人が連れていた子犬を、大学の同級生のYが譲りうけて、関田町のアパートの部屋で牛乳を飲ませたりして飼っていたが、すぐ面倒になり、自宅のある私に押しつけた。直接のきっかけは、『人工天国』に小便をひっかけたからである。Yはボードレールが好きで、自分で文法書をしあげて、一回生のときから、『悪の花』を読んでいた。こいつボードレールに小便をかけやがった、といかにも愉快そうに笑った顔が眼に浮かぶ。三年後、彼は自死した。私は葬儀のあと焼き場まで行った。御殿場の町のはずれ、富士の裾野に平屋が立っていて、煙突が突き出ている。空は晴れ渡り、雪を残した富士が紺青にそびえていた。立ちのぼる煙。富永太郎の詩集が一緒に灰になった。

私は子犬を抱いて帰り、小屋を作って、表札代わりに、Maison de Descartesと墨書した。犬が考えると考えてはならないという、『精神と情熱に関する八十一章』（小林秀雄訳）にあるアランの言葉が頭にあった。初代デカは、翌年、私が家を出て、Sと大学近くのオンボロの一軒家に下宿した一週間後に、行方不明になった。近所を探したがおらず、十条の野犬収容所へも行ったが、見つからない。数年をへて、自宅の近くの路上で、老いさらばえたデカに出会った。向こうへ去るのを、何度も呼んだが、とうとう行ってしまって、それきりになった。

二代デカは十何年後、子供の通っていた保育園からもらった。初代にそっくりだったが、名に似合わず、勇気に乏しく、雷がことのほか嫌いであった。

一月二十八日夜、容体が急に悪くなった。尿に血がまじり、牛乳などを飲ませても、吐いてしまう。前の日、食事をあらかた残していたので、チーズと牛乳を置いて、前足をかかえようとしたら、吠えかかって、私の脇腹を嚙んだ。脇腹を嚙むというのは、もう眼がよく見えなかったからかもしれない。ともかくよほど辛かったのだろう。二十九日、太秦の獣医師に往診してもらった。一週間もつか、どうか。私が帰宅すると、家中、打ち沈んでいる。デカは土間で横になったまま、じっと動かない。呼ぶと、首をもたげ、眼をあけるが、またすぐへたりこむ。こうした容体がつづいて、二月一日午前十一時頃、デカは死んだ。看とる者は誰もいなかった。妻が昼過ぎにもどったとき、身体はまだ暖かったという。五歳だった。私の右の脇腹に、彼の犬歯の跡が四つ残った。

ひしひしとまなこをとぢてデカゆけるにがつはあめのよひとなりけり

そして、この日、山向こうの御堂ヶ池古墳一号墳の天井石が落ちた。

…………

時は過ぎゆく。何を刻むこともなく。しかも、いのちがドンネであるからには、過ぎゆく時の中に生きなければならない。虚空に過去の楔を打つことの錯誤は言うまでもない。しかも、楔を打ちこむということがなければ、心は心たりえないであろう。さなきだに忘却を事とする時代である。疚しさは人の心にあるゆえに、私の心にある。

（一九八三年四月稿、翌年三月補訂）

付記

小林先生に本当に久しぶりにお会いしたのは、一九八四年一月のことで、お宅を訪ねて、前年の暮れに出たルソー全集の拙訳の巻を欽呈した。先生は、大変お元気であった。

一九八九年二月、小林先生は亡くなった。『追悼録』（一九九四年）を近頃古書店でもとめて、『考古学一路—小林行雄博士著作目録』（一九八三年）という本が出ていることを知り、ようやくコピーを手にすることができた。「わが心の自叙伝」、「私の会った人—考古学一路」という、ともに新聞に連載された文章が収録されていて、前者には、森本六爾に、遠洋の白帆の本をもらったときのこと、後者には、小林秀雄との出会いのことを述べられ、ついでに、氏を熱烈に尊敬している京大の一学生に会っていただくために、無理を承知で時間の都合をつけていただいたこともある、と書かれていた。

（二〇〇〇年四月記）

今度、「わが心の自叙伝」を見ていると、北山茂夫氏が『古墳の話』を岩波新書に推薦したという文が目につき、心にうなずくところがあった。この冬から、『奈良朝の政治と民衆』（一九四八年）を始めとする、北山茂夫の全ての著書を集めて、ぼつぼつ読み直していたからだ。氏は大学を退職後、閉戸山人と称して、著述に専念されたということである。私は中学生の頃、漱石全集（第二十二巻）で覚えてより、閉戸先生を愛惜することすでに久しいので、この文を綴っておくことにした。

（二〇一七年六月記）

柏崎の古本屋

柏崎は雪模様であった。町中はさすがに積もっていないが、洞雲寺の裏山は十センチばかりの積雪である。貞心尼の自然石の墓碑にも、雪が載っていた。それでも、向かって右の端に、三行に分けて、刻まれた歌（辞世）をたどることはできる。

くるに似てかへるに似たり　おきつ波立居は　風の布くにまかせて

貞心尼が編んだ良寛の歌集、二人の贈答歌が入っている『蓮の露』は柏崎市立図書館の所蔵である。事前に申請していないので、自筆本は見せてもらえなかった。また、貞心尼については、佐藤吉太郎著『良寛の父　橘以南』のような、調べの届いた本はないようである。市内の古書店の所在をおそわって、図書館を出た。とりあえず、海岸のほうへ歩いてゆくと、通りの一角に、生田万の奥城の碑がある。明治三十二年二月の建立であった。

砂浜にしばらく立って、冬の波を見ていたが、風が強い。来た道を引き返して、古本屋を訪ねた。間口二間ばかり、ガラス戸がはまっている。三枚分は、カーテンの隙間からのぞくと、本や雑誌が積み上げてあるようだ。左の戸をあける。本の空き地が小さくあり、椅子が一つ置いてある。椅子の背後には、どうも通路がない。文字通り、本の山で、奥にあるらしい棚も上のほうしか見えない。私はあちこちの町のいろいろな古書店を知っているが、本が主人を追い出している恰好の店に行きあたったことはさすがになかった。

すると、一人の小柄な老人が表からやってきた。挨拶を交わせば、主人である。案の定、奥からは来られないのだ。それにしても、どうして客がいるとわかったのだろう。柏崎の郷土史の本、郷土史家のことなどについて尋ねると、椅子にかけて、答えてくれた。脱線気味の話ながら、老来、矍鑠として、記憶は精確である。世情について、郷土についてかなり辛辣な批評も出た。帰りぎわに、とにかく聞くだけは聞いておこうと思って、貞心尼のこれこれの本は今ありませんか、と言ったら、老人は首をぐるっと後にまわして、本と雑誌の山をさっと眺め渡すや、ないっ、と断言した。

数日後、新潟から東京、鎌倉をまわって、帰宅し、岳父の蔵書であった『生田萬全集』の第一巻（昭和十九年刊）を見ていると、凡例に、「夢路記は柏崎市某書店に萬の自筆本を秘蔵し、編者はこれを閲覧したけれども」云々、とあった。私が某書店をあの古本屋にちがいないと思うのは、ないと言い切った時の、老主人の名優のような身のこなしを時々思い出すからである。昔、「人はみな草のごとく」と書いた人がある。しかり。そして、人生の愉快は草にもある。

（二〇〇四年二月稿）

大神島を歩く

二月十八日（二〇〇五年）、金曜日、曇り。島尻の港に着いたら、正面に見えている大神（ウカム）島からの便がちょうど帰ってきたところで、白い船が岸壁に横づけになろうとしている。船はごく小さいが、乗ってみると、船室は二つあり、後ろの甲板から前に向かってすぐに一つ、その先の数段高くなったところが操舵席で、それをくぐると、段が下がって、もう一つ船室がある。三十五、六人はすわれるだろう。定期便の就航は一九七七年のことで、この船は二代目らしい。ニューかりゆす号という。船賃は往復六百七十円。乗客は学生らしい三人組とこれも三人の釣り客。わたしたち、次男とわたしは荷物を部屋におき、甲板のへりにかけ渡してある板に腰をおろした。十時半、出港。突堤を出て、船はまっすぐに島を目指している。海をのぞきこんでも、濃い青緑の水がゆらゆらしているばかり。底は見えない。左に狩俣の神山の原生林が曇り空の下にくすんだ緑で長く横たわっているが、ウタキのあるニスヌヤマ（西の山）がしだいに丸みを帯びて高くなる。島に近づくと、港の左には浜があり、右は磯で、海中にごろごろしている大きな岩は琉球石灰岩であるとわかってくる。そして、何よりも、大神島は一つの山であることがよくわかる。十時四十五分、上陸。十五分足らずの船旅であった。

港を歩くと、すぐ北側に大きな岩があり、その横に、ブロック塀で囲んで、石が立ててある。ちょうど道を下りてきた割烹着の中年の婦人に、ここは拝むところですかとたずねたら、そうだと笑って答えてくれた。この日の夕方宿への帰りに平良の古書店に立ち寄って、『平良市史』第九巻資料篇七(一九九四年)をもとめたが、「大神の御嶽」の条を見ると、この拝所がスマトゥマイのミタイヌスという名で出ている。それによると、岩のあるあたりはもともと波打ち際で、港の整備工事のとき、大岩をダイナマイトで爆破していたが、途中で身体の異変を訴える工事の人が出たので、カンカカリャ(神懸りや、つまり沖縄のユタに当たる)にお伺いをたてて、岩の破片をまつり、あとは残しておくことになったそうである。祭神はミタイヌスと書いてある。少し調べてみたが、言葉の意味がよくわからない。

わたしは潮が引きかけているのをよいことにして、港のすぐ右手の道路から磯の黒褐色の大岩のあいだのサンゴの浜におりて、打ち上げの宝貝を探した。このとき拾ったのは、キイロダカラの背が紫にはがれた、小さいのを二、三。

東にまっすぐ伸びている道路は、赤屋根の新しい建物が二つある、多目的広場と標示された左手の公園を過ぎたあたりで行き止まりになっている。その向こうは、石灰岩が海にがらがら落ちこんだ崖が北にまわりこんでいた。浜は見えない。多目的広場が広がった奥はアダンの群落を青くのせた、十数メートルはある、赤茶けた砂岩の崖である。この堆積層は島尻層群と呼ばれる第三紀の地層で、この上を琉球石灰岩が被覆していたのが、浸食され、転がり落ちたり、溶けて流れたりして、大神島は赤土の山になったものらしい。波に浸食された崖を見ていると、それがよくわかる。ということは、多目的広場は海岸道路の工事に際して埋め立てられた土地だということである。こんな広くて平坦な土地が昔からあったなら、とっくに有効に利用されていたにちがいない。

崖にはまっすぐに階段がもうけてある。むろん新しい道である。それをのぼる。上は、平たい土地がしだいに傾斜を強めながら（ここからは、そう見えた）、島のほぼ中心に位置する山の頂きへと向かっている。舗装された歩道は草原と低い植えこみのある畑のあいだをうねうね通ってゆく。右手の少し開けたところに、井戸があった。市史に、ナカムトゥカーとあるもので、島の五ケ所の井戸のうちではもっとも新しく、昭和になってから掘ったという。水が地表のすぐ下まである。ここからは、島のてっぺんが見える。手すりにもたれた人影は船で一緒だった学生のようだ。そのうち、雨が強くなってきた。畑の傍らの木の下に立ち止まって、傘を出した。急に、息子が誰やらに挨拶するので、見ると、七十歳半ばくらいの年恰好の婦人が一人、手に野菜をもって、すぐ右手の茂みのあいだから道におりてくるところであった。潮に焼けた赤い肌の皺に老齢を示しながら、黒い眼はあくまで柔和に、しかも、威厳を感じさせる面持ちである。頭にタオルを被り、シャツにモンペ、裸足に茶のゴム草履という出で立ちであった。わたしはこんにちわと言って、間髪をいれずに、これは何という木ですかと目の前に四、五本並んで、枝をからませ、群がる葉を青々と輝かせている背の低い樹木を指さした。この人をしばらく引き止めて、話を聞ければという気持から、とっさに出た言葉だが、しかし、たくらんだものではなく、傘をさしながら、この木はなんだろうと思っていたからである。すると、婦人は、ユーヌキと答えて、さらに、風で潮が運ばれて、畑の作物を傷めるので、風除けに植えてあるという意味のことをわたしたちにもよく理解できる話し方で話してくれた（ユーヌキと聞こえたのは、帰ってから調べると、ユーナキーで、種子島より南の亜熱帯産の常緑小高木、和名をオオハマボウという）。わたしはそのどこか歌うような抑揚をそなえた、打ちとけた語り口につい許しをもらったような気になって、もっとも聞きたいことをただちに口にした。あとで次男が、あんなことを突然言いだしたのにはびっくりしたと言ったことからもわかるように、かなり押しつけがましい問いであった。相手が無言のまま歩きだしても、仕方がなかった。

「この島にもウタキはあるんでしょうね。」

婦人はわたしの顔を見たまましばらく黙っていたが、やがて心を決めたように、

「あるさ」

と言って、左手をあげ、左後ろにぐるっと回転させた。だから、ウタキの場所は山の東側の斜面ということになる。そして、こんな話をしてくれた。この島の神様は非常に高いので、宮古だけではなく、本島からもお参りに来る人がある。そういう人は島の神役の婦人に頼んで、ウタキについて行ってもらって、一緒にお参りしてもらう。勝手にウタキに入ってはいけない。帰りに海が荒れたり、事故に会ったりする。なにしろ、大神の神は高いから。

婦人の言葉はわたしの胸にストンと落ちた。そこには、威嚇するような調子は微塵もない。信仰の言葉であり、確固たる真実を述べる静かな言葉であった。わたしはもとよりウタキに立ち入るつもりは毛頭なかったが、この祈りのような言葉に接して、自分がいま立っている島の空間がそのまま遠い時間の彼方に運ばれてゆき、もう一つのいまが現実として成立しているような奇妙な感覚を味わった。これは島に憑りついたセヂ（霊力）の働きかもしれない。神が高いというのはセヂ高いということだから。

遠　見　台　→

お願い

＊階段の昇降は、足元に十分注意しましょう。

＊遠見台の岩は神様の岩です。昇ってはいけません。

＊祭祀の期間は、立ち入りが禁止されます。

＊ゴミは必ず持ち帰り美化に心がけましょう。

平良市

大神自治会

わたしは婦人に傘をさしかけて、雨の中をなお二十分くらい立ち話をした。近頃の天気のこと、集落のこと、四十年くらい前、高野（宮古島）の集落に何世帯も移住したこと、そこには多良間の水納島からの人もいること、子供の数が減って、いまは小中学生あわせて四人、学校の先生は教科毎だから十何人いること、島の人口の高齢化、それでも、神役が決まっているので、神事は心配がないこと、ムトゥ（元）と日取り主のオジーのこと。

　やがて、どちらからともなく歩きだして、畑の野菜を、これはラッキョウ、これはニンニクと教わりながら、一軒の家屋の前を通って、白い板石を敷きつめた小さな広場のような場所に出た。そこは港からの一本道をまっすぐのぼりきった、集落の北の端で、真ん中に井戸（カフカー）がある。島でいちばん古い井戸である。やはり板石で枠が円く作ってあるが、枠は昔はなかった。中をのぞくと、掘り抜きの井戸で、部分的に石が積んである。水はかなりある。広場を見下ろすように、コンクリートの大きなタンクが斜面に立っている。水道の貯水タンクだと教えてもらった。水は対岸の狩俣からパイプで送られてくるという。水道と電気が引かれたのは一九八〇年である。やがて、婦人は井戸の横の山にのぼってゆく道を指すと、これを行くと遠見台だから、のぼってきなさいと言った。なるほど、真新しい立派な案内板がそばに立っている。

もちろん、のぼりたい。しかし、ここで婦人と別れては、集落のどの建物がムトゥなのか、わからなくなってしまう。さきほど質問したのは、ムトゥがあるかということと行ってもよいかということだけで、さすがに遠慮して、踏みこんだことは一切きいていない。ムトゥは建て直されて、あり、行ってもよいという答えであったが、とにかく探しようがない。そう思っているうちに、ムトゥを見せてもらえませんかという言葉が素直に口から出た。婦人はちょっと困った様子で、遠見台に行ってきなさいとまた言ったが、わたしが繰り返し頼むと、先に立って、家屋のあいだの小道を少し歩いて、とあるコンクリートの四角い建物の戸口に立ち止まって、ここさと言い、戸をあけて、内部を見せてくれた。入ったところは土間のようで、片隅に箒とバケツが置いてあり、右の壁に再建の折のものと思われる、寄付者の名簿がつり下げてあった。暗くてよくわからなかったが、左手は床になっているのだろう。わたしは、これは狩俣のムトゥのパイヌヤー(南の家)に相当する建物、つまりオジー(男の神役)のための建物ではないかと思ったので、向かいの瓦屋根の古い建物を指して、これもムトゥですかとたずねたら、それは個人の家ということであった。板戸がしめてあって、人が住んでいるようには見えない。さらに、これも狩俣の祖神祭からの連想で、二つの建物の間のあまり広くはない草地について、ここが踊りの庭ですかときいたら、一瞬のためらいがあってから、そうさという答えが返ってきた。しかし、もうお別れすべき時である。雨もほとんど止んでいる。わたしたちが挨拶すると、婦人は笑顔で会釈して、足を踏み出しながら、この道は山に行くだけだからと言った。そして、少し先で右に曲がって、姿は消えていった。その姿の人に、わたしは思いがけないことで再会した。

勇崎哲史という写真家の『大神島—記憶の家族』(平凡社、一九九二年)という写真集の存在を、わたしは二月十九日平良市立図書館ではじめて知った。京都に帰ってすぐ、神田の古書店に注文すると、本は二日後に届いた。著者は一九七二年の沖縄県本土復帰に際して宮古島に渡り、数ヵ月滞在するあいだに、大神島の集落の全二十三世帯の人々の写真をとり、それからも一九九〇、九二年の二度、島をおとずれて、家族を撮影した。三枚一組の写真がこうしてできあがるが、それは大神島のすべての家族を流れた二十年の歳月を鮮やかに定着している。よろこびと悲しみによって燻銀に染め上げられた人間の讃歌。まことにオリジナルな発想である。希有と言ってもよい。たとえば、わたしの手もとにある復帰直前の沖縄の島々を撮影した小さな本、『沖縄の孤島』(朝日新聞社、一九六九年)を見てみよう。大神島の写真は四枚で、五ページにわたっている。一枚目は対岸からの島の小さい姿で、「大神島が見える、見るからにわびしそうな島、暑くるしそうな空、そしてたなびく飛行雲」という文が添えられている。二枚目、カフカーの縁に立って、水を綱で汲みあげている婦人。顔は藁帽子の陰になっている。ずっと後ろでカメラに立ち竦んでいる女の子と男の子。「米軍飛行機の増槽を利用した天水受けが出現するまではこの水を飲んでいたが、以後、洗濯専用、どうも飲料には適さぬらしい。」三枚目はその増槽とやらの写真。デコボコのそれにもたれかかっている子供。カメラを見ている子供。そして、四枚目は、腰の曲がった老婆が坂道を小さくのぼってゆく風景。わびしいと言うなら、それはこれらの写真の視線である。いったい、どこに共感があるのだ。島々の生活、風俗をとりあげた巻末の文章を読むと、大神島、「迷信にこりかたまるこの島」について、「若い人もこの風習を馬鹿馬鹿しいとは思うのだが、その不合理をつこうとはしない」で、島を黙って出てゆき、「老人だけが意地になって因習にしがみついていた」、だから「島人のかたくなな心がときほぐされるのは、まだずいぶん先のことに思われる」、云々。偽士は去るべし、迷信は存すべし。まさに魯迅の言の通りである。復帰から三十数年、かくもおめでたき啓蒙主義者はいまやあと絶えたものと信じたい。ともあれ、わたしは家族の肖像を一枚一枚見ていった。わたしたちが出会った老婦人の写真もあった。三枚目の一九九二年の写真は正月二日のことでもあり、とりわけにぎやかに、ご主人や息子さんたちや娘さんたちや十人にのぼるお孫さんたちやに囲まれた姿であった。

さて、大神島の祭祀については、部外者の立ち入りを厳しく禁じてきたために、細部はいまもほとんどわかっていないようである。『平良市史』第七巻資料篇五（一九八七年）の民俗編には、なんの記述もなく、歌謡編にも、歌は収録されていない。神歌は、断片さえ公にされていないらしい。それを、大神島の人たちの心がかたくなだからだ、ともし思うとすれば、とんでもないことである。理由は簡単だとわたしは思う。神事に外からの野次馬は不用かつ有害だからである。祭祀以外のことなら、話は別で、たとえば島の漁業については、市川光雄の詳細な調査報告が現にあり（「宮古群島大神島における漁撈活動」『探検、地理、民族誌』中央公論社、一九七八年）、大神島の方言については、かりまたしげひさ（狩俣繁久）の一連の研究がある（「大神島方言のフォネーム」『沖縄言語研究センター研究報告II』一九九三年）。もっとも、かりまたはこんな経験をしている。最初の調査のとき、島の老婦人をインフォーマントに頼んで基礎語彙を発音してもらい、録音したが、宿に帰ってテープを聞いてみると、まったく音が入っていなかった。そこで日を改めて、もう一度島に渡り、細心の注意をはらって録音したが、またしても録音できていない。「明らかに何かに拒否されていた。」「鳥肌がたった」とかりまたは書いている（「録音できなかった方言」『言語』二七—一、一九九八年）。興味深いことに、その最初の日、調査を終えて、かりまたが港で弁当を食べていると、「港のそばの大きな岩にむかって白衣装をきたツカサンマ（司女）が一人で祈願をしていた」、よく見ると、その人がインフォーマントの婦人だったが、声はかけなかったという。「旅にでている人の安全を龍宮の神に祈願でもしていたのだろうか。」わたしが思うに、かりまたの推測はまさにその通りであって、しかも、この旅に出ている人とは、他ならぬかりまたのことである。以上は一九八四年の話。いかにも、こんな不思議なことが起こるのだ。他方、『全国方言資料』（第十一巻、琉球篇Ⅱ、日本放送協会、一九八一年）の大神島の調査では、男女二人ずつの「自由会話」（オランダ人の海賊と生き残った兄妹の昔話、若い頃の話、日常会話）が二十四ページにわたって記録され、内容もおもしろい上に、カセットテープで聞くこともできる。こちらは一九六九年のことだから、十五年も前である。

　ともあれ、そういう次第で、祭祀については、たとえば狩俣にくらべれば、文献はないも同然である。わたしの目に入ったもので、いちばんくわしいのは、鎌田久子の「大神島の祭祀組織と年中行事」（『民族学研究』二七—一、一九六二年）と「大神島の祭祀—イイサドウの神事について—」（『日本常民文化紀要』六、一九八〇年）である。根間玄幸の「大神島」（『日本の神々』第十三巻、一九八七年）は年中行事と祖神祭についてまとめているが、重要な点で鎌田の記述と食い違っているところもある。他には、谷川健一の「太陽の洞窟」などのエッセイ（『著作集』第六巻、一九八一年）、市史第九巻の「大神の御嶽」の佐渡山正吉による解題、平良在住の奥濱幸子の『暮らしと祈り—琉球弧・宮古諸島の祭祀世界—』（ニライ社、一九九七年）の一章である「神の島」、森口豁の探訪記事（「沖縄—孤島の新地図」『週刊金曜日』三四六号、二〇〇一年）くらいで、内容も断片的である。

旧記類としては、稲村賢敷の『宮古島旧記並史歌集解』（一九六二年）が口語訳を収めている「御嶽由来記」（一七〇五年）と「雍正旧記」（一七二七年）、また、前者を基にした『琉球国由来記』（一七一三年）の記事があるが、いずれもウタキについて簡単に述べたものにすぎない。そこで、まず、祭祀の中心の場となる大神御嶽（ウガンウタキ、市史ではウプウタキ）について見ると、『琉球国由来記』（角川書店、一九九七年）には、次のような記事がある。


大御神御嶽　男女神。豊見大アルズ・豊見カメアルズト唱、大御神村真中森ノ上ニ有。

船路、且、諸願ニ付、大御神村中崇敬仕事。

由来。往昔、右神、大御神御嶽ニ顕レ、島守ノ神トナラセタマヒタルヨシ、云伝有テ崇敬仕ル也。


佐渡山は、聞き取りによって、祭神をミュウトゥガン（夫婦神）であるスマヌヌス（島の主）、脇神をユーヌカン（世の神、豊穣神）、ミズヌカン（水の神）とし、ウタキのイビには、香炉が三つおかれていると記している。古記録の神名を知っている島の人はいないとある。なお、市史には、ウタキの内部の写真も掲載された。小さい写真ではあるが、河村只雄の例の暴挙以来のことで（『南方文化の探究』創元社、一九三九、所収）、いささか驚かされることである。

鎌田によれば（以下、方言の表記も鎌田による）、年中行事は一月一日にはじまり、三月のムッソロン（虫送り、この日は島尻のパーントゥを思わせる異形の神が出る。根間によれば、虫送りの舟を子供に見させないためという）、プーツ（麦、粟の収穫祭）、シツ（節）の祭りなどをへて、十二月のカーネガイ（井戸の祭祀）までいろいろあるが、もっとも大きい神事はウヤガミ（親神）という祖神祭である。旧暦の六月から十月までの五ヵ月間に五度にわたって行われ、夏ネガイとも呼ばれる。行事をつかさどる神役（神女）の組織は三種類ある。もっとも力があるのは、四名のツカサの集団。ウプヅカサ一名、ユーノヌス一名、ミズノヌス一名、マエツカサ（ブントリャー）一名。ツカサは終生の務めであり、第二の組織、ウヤガミの中から一種の籤によって選ばれる。ウヤガミのほうは、ウヤガミ筋に属する家の五十歳近い主婦がなる。こちらは姑から嫁へ継承される神役で、老年になると、引退する。ウヤガミ筋の家は十四戸あるが、ウヤガミの数は一定していない。第三の組織は、アヤスバノウヤガミ。イイサドゥ（後述）のときだけの集団である。その最高位にあるのはリュウグウノサス、龍宮（海の神）の司祭で、呪力をそなえ、日常の祈願と船の祓いを管轄している。先にふれた方言調査のインフォーマントはこの神役をつとめる婦人であったらしい。他に、男の神役として、シマフタヤーがある。ピューノシュ（日取り主）とも呼ばれ、行事の日を暦で選定する役目をもっている。さらに、神役ではないが、ムトゥヤー（元家）と呼ばれる古い家の戸主も神事にかかわってある種の役割を果している。ムトゥヤーは、奥濱によれば、七つあり、すべて、島のもっとも古い井戸であるカフカーのまわりに、南向きに建っている。ムトゥヤーの中心になるのはウプヤー（大家）で、島立ての神である根神をまつるという。他は、マイ（前）、スシィ（後方、鎌田のヒシに当たる）、マイプヤー（前大家）、アガィウプヤー（東大家）、カフカ、アガウレー（東の端）。アガウレーは、海賊の襲撃から生き延びて、島の祖先となった兄妹の家と伝えられ、祖神祭の初日にウヤガミたちが集まる。しかし、これらのうちで実際に力を発揮するのは、鎌田によれば、ウプヤーとヒシの戸主である。この戸主という言葉からもわかるように、ムトゥヤーはそれぞれ、人が代々家族で住んでいるので、個人の家でもあり、この点、狩俣のムトゥとはあり方が違っている。
鎌田の第一の報告は、当時の十一人のウヤガミの名簿を氏名、屋号、年齢、継承の順に掲げている。わたしたちが出会った婦人のお姑さんの名もある。そして、十一人のうち八人の肖像は勇崎哲史の写真集に残されている。婦人たちのまことに厳しい表情に接すると、運命と運命を引き受けることについて、厳粛な思いに深く引きこまれてゆく。祭儀も神歌も、すべて、人が島に生きるための、島に生きてあることの、畏怖に満ちた表現である。

祖神祭のはじめの日はネガイ初メといい、ウヤガミはすでに前日の夕方から山に籠もっている。籠もるのは、集落の西方の山中にあるターヌヤー（ザーノヤー）と呼ばれる建物である。次の日、神女はウプヤーに現れて、集まっている十五歳以上の男女と一緒にネガイをして、また山に入り、そのまま四日間家にはもどらない。籠もっているあいだは、神歌をうたいながら、ウタキとザーを往復しているという。四、五日の山籠もりは各月とも同じである（根間によれば、七月のみ四日、他は五日）。続く七月の祭祀をイタスという。そして、この期間に、三年に一度、イイサドゥという、集落の全員が参加する大きな祭祀がある（根間には、三年に一度、とはない）。これについては、鎌田の一九八〇年の報告にくわしい。要点をまとめると、一、イイサドゥの神は来訪神であり、アヤスバノウヤガンがつとめる。その役をシバノウヤガンという。二、顕現の場はウプヤーの一番座である。初日の午後、シバノウヤガンがまずカミクイ（神歌）をうたうと、ウヤガン（ウヤガミ）が続き、さらに島尻から来ている数人の神女のフサッ（神歌）がある。これは神憑りしながらとなえるもので、そのうち、ウプヅカサが憑依して、神となり、ウプヤーを抜け出して、山に入る。三、夕方七時頃、ウプヅカサが木の葉の大きな冠をかぶって、ウヤガンの先頭に立ち、ウプヤーの庭に現れ、神歌をとなえると、シバノウヤガンが白衣、白袴に葉の冠をかぶり、手に枝を持って現れる。四、成年男子はウプヤーの前の庭に作られたウタクという仮小屋に籠もっているが、神の顕現とともに、拝をする（ミーパイ）。さらに、その中から若者が庭に出て、シバノウヤガンに一人一人応対する形をとって、神歌をうたい、手にツノ皿を持ってミキを神に捧げる形をする。シバノウヤガンが神歌をとなえると、相対する男はイイサドウと掛け声をかける。これが十時頃まで続く。五、次の日も同じ。イイサドウの掛け合いが終わると、夜中の十二時頃、ウヤガンが各家から集めた神の魚が分配され（この魚をタマという）、集落の全員がタマを食べ、ミキを飲んで、直会をする。シバノウヤガンはこれで人間にもどるが、ウヤガンは山に帰るという。なお、島尻から神女が渡るのは、奥濱によれば、島尻の祖神が大神島の神の子孫であるからとされ、島尻のウヤガンは大神島のそれが終わる十月から十二月に行われる。さらに、引き続いて、八月はディブバナノカム、九月はウフロバタノカムと呼ばれる山籠もりがある。このとき、ニリをとなえるという。最後の十月の祭祀はウフという神送りの神事で、ウヤガミは真夜中に下山して、山籠もりを終える。谷川によれば、この最後の下山は壮絶で、ウヤガンは神から人間にもどるべく、闇の中をザーノヤーから山道を喚声とともに駆け降りて、失神したり、忘我の状態で倒れたりする。家族の者がそれを見つけだして、マイとヒシのムトゥヤーに寝かせるという。

概略、以上のような祖神祭の組み立ては、比嘉康雄が『神々の古層―遊行する祖霊神』（ニライ社、一九九一年）で表に作成している狩俣と島尻の祖神祭のそれに一致していると言えるだろう。たとえば、島尻での最後の下山はピンギウヤガンと呼ばれ、ピンギ（逃げる）の様子はまったく同じである。大神島にも類似の名があるにちがいない。しかし、二回目は違っている。イダスという名は狩俣、島尻のイダスカンと同じで、新しいウヤガンのイニシエーション儀礼から来ているものと思われるが、三年に一度のイイサドゥはこれには関係がない。鎌田はこれを、若者が来訪神を迎える所作事とし、祭祀における男の役割を重視するが、まず、祭祀そのものを、神歌を含めて、正確に記述する必要がある。それについては、島の人々が、どう決定されるか、他はその決意に従うのみである。

一つ付け加えれば、イーサドゥーという言葉は狩俣の神歌に出てくる。たとえば、「舟んだぎ司のタービ」。これは夏祭りにシダティムトゥ（志立元）とナーンミムトゥ（仲嶺元）の神女たちによってよまれるタービ（祟べ）の一つで、両者のテキストは厳密には同じではないが、祖神のニダテ（根立て）の事績を神の一人称の言葉でたどるという語りの筋と形式は変わらない。内容は南西諸島に広く分布する兄妹婚姻譚である。妊娠によって事が露顕した兄妹は父親に勘当され、穀物と野菜の種を持たされて、追放され、守り姉と一緒に舟に乗り組んで、三人が風のままに八重干瀬にたどり着き、フデ岩、大神島、世渡岬とまわって、狩俣の南の海岸に上陸し、いまも狩俣の東門にある泉（ズーガー）を、鳥が羽根を濡らして飛ぶのを見て、発見し、家を建て、五穀をそだてるという話である。のち、兄妹は志立元に住み、姉は泉に近い仲嶺元に住んで、兄はユーヌヌス、姉はミズヌヌスとして、それぞれのムトゥの祖神となったという。次に、「舟んだぎ司のタービ」（志立元）の大神島の箇所を紹介しておこう（『南島歌謡大成』Ⅲ宮古篇、角川書店、一九七八年）。

うがん　うふどぅぬどぅ　　大神島の大殿が
なーり　うふどぅぬどぅ　　離れ島の大殿が
かん　みきゃイ　さまい　　神に行き逢いなされて

ぬシ　みきゃイ　さまがじー
ぬイたイ　ぶんな
あがイたイぶんな
むとぅふやーぬ　んなか
チかさだに　オろし
あがイふやーぬ　んなか
まっちゃだに　オろし
まいふやーぬ　んなか
うやがんま　にだでぃ
かふかまーぬ　んなか
いーさどぅーや　にだでぃ
うざーゆがみ
さビがゆがみ
つシまふチ　うきてぃ
かぎまふチ　うきてぃ
みジ　あふぁさりば
ゆー　あふぁさやりば
みジどぅ　むとぅやりば

主に行き逢いなされてからは
乗りたる分は
上りたる分は
元大家〈嶽名〉の真中に
司神の種をおろして
東大家〈嶽名〉の真中に
祭り神の種をおろして
前大家の真中に
親神を根立てて
カフカマ嶽の真中に
イサドーヤ祭を根立てて
御茶湯まで
御茶湯まで
白真口に受けて
美しい真口に受けて（みると）
水が淡い〈味が薄い〉ので
湯〈水〉が淡いので
水が基《もと》だから

ゆーどぅ　むとぅやりば　　湯が基だから
あだー　むチ　かいし　　あんなにも持ち返し
あぱら　むチ　かいし　　見事に持ち返し（別の所を捜そう）

市史第七巻歌謡篇には、このタービの本永清の採取による別のヴァージョンが収録されていて、その訳を見ると、読解の役に立つことが多い。たとえば、「乗りたる分、上りたる分」のところは、上陸したからには、「あぱら　むチ　かいし」は、容器をそのままそこに残して、とある。引用部分ではないけれども、「アー　ビキスシャーガ　ウイヤ」をああ　兄が、と思い切って訳してあるのはおもしろい（『歌謡大成』の訳は、男たちの上を）。おそらく、ビキスを、「アー　ブナラ　ヌース　フニガ」のブナラに対応させて、前者（ビキジ、ビキル）は姉妹より兄弟をさす宮古方言（オモロ古語のヱケリ）、後者（ブナル、ブナジ）は兄弟より姉妹をさす方言（古語のヲナリ）とするからであろう。訳は、ああ、をなり（女兄弟）を　乗せた　舟だが　どうしたか（『歌謡大成』には、これに該当する行がない）。馬淵東一の「沖縄先島のオナリ神」（『沖縄文化論叢』民俗篇I、平凡社、所収）が、オナリ神信仰の色彩が宮古諸島では甚だしく希薄であるとしているのを考えあわせると、このタービで兄妹とともに舟に乗り組んだ姉がオナリ神の色を強く帯びていることが注意される。上地太郎の『狩俣民俗史』（私家版、沖縄県立図書館蔵）などに、兄妹の故郷を久米島としてあるのも、この問題にいずれは関係するかもしれない。

「舟んだぎ司のタービ」の大神島の大殿は、おそらく、土地の名づけによる聖化であろう。兄妹と姉は漂着すると、島を名づけ、ムトゥヤーを建て、神事を定めて、島建てをする。イーサドゥーヤの祭祀は、その記憶を更新するためのもう一つの神事である。それが大神島で三年に一度行われているということは、狩俣のタービが祭祀という現実を反映していることだから、少なくとも、シダティムトゥとナーンミムトゥについては、大神島のムトゥヤーとの血縁の関係を認めなければならない。島尻の祖神が大神の親神の子孫とされることはすでにふれたが、狩俣の祖神もやはり子孫とされ、大神島の祖神祭には、かつては狩俣からも参加していたという。狩俣の祖神祭が旧暦の十月にはじまるのも、島尻と同じである。

ついでながら、このタービの三つのヴァージョンおよびそれに基づく口碑あるいは語りについては、居駒永幸の論文がある（「南東歌謡論―狩俣・志立元の叙事伝承」『明治大学人文科学研究所紀要』三十六、一九九四年）。居駒は口碑と語りのテキストを神話と呼んでいるが、それには賛成できない。神話は本来儀礼の場で歌われる歌謡の日常語による語り直しであり、居駒もその旨のことを述べているが、その語りが「表現と叙事構造において自立的」であることに着目して、神話という言葉をもちいるわけである。それでは折角の視点を曖昧にするおそれなしとしない。私見によれば、神話という用語は、対応する儀礼と歌謡とがすでに失われた口碑について使用するのが正確に近い。真下厚は居駒の神話を説話あるいは説話としての神話と呼んでいる（「民間神話と呪詞」『民話の原風景―南島の伝承世界―』世界思想社、一九九六年）。

これまで記してきたことは、すべて、大神島を歩いているときには知らなかったことである。無知はこわいものだが、実は、無知の働きというものもある。婦人と別れて、広場にもどるわたしの胸は感謝と充実した思いでいっぱいであった。大神島で、島の人に話を聞かせてもらえたからだが、そのとき一層大切に思われたことは、この出会いが取り決められたものではなかったことである。

さて、わたしたちは広場から遠見台を目指した。雨の通りすぎた道のかたわらの垣根には、ブッソウゲの真紅の花。沖縄ではアカバナと言い、宮古ではパナギーと言うらしい。花に映える葉の緑。舗装された道は畑をぬけると、頑丈な手すりがついた木の階段になって、頂上を形成する山塊の南面する崖をのぼってゆく。こんな急斜面があるとは思いがけなかった。昔の道はもっと左を迂回していたそうだが、崖にはロープが張ってあったという。これは大昔の浸食崖かもしれない。植物が熱帯風に密生している。神の山だから、人手があまり入っていないのだろう。頂上の間近に、大きな岩があり、拝所になっている。木や草が縦横無尽に這いのぼったり、根を下ろしたりしていて、奇妙に荒々しい。島尻層を覆っていた琉球石灰岩の名残りである。頂上の標高は七四・七メートル。もっとも、いまや、階段からの続きの手すりで囲まれた板敷きの床になっている。北にすぐ、樹木に覆われたピークがもう一つあるが、少し低い。遠見台の名は十七世紀の尚賢王の時代に海上警備のために制定された烽火の制から来ているもので、島では頂上部をトゥンパラと呼んでいる。語意はよくわからない。東西南北、ぐるっと、眺望が開けている。東は海、風に揺れるススキの向こうで、波がサンゴ礁の縁に寄せている。南は、すぐ下に集落の屋根が緑の中にまばらに見え、海辺には、学校、そして、港、磯の岩、西の浜が少し、淡い褐色のサンゴ礁の浅瀬、青い水脈、海の彼方は、正面に、島尻の集落、その左には、東平安名岬に続いている海岸線が遠く連なっている。西は島尻の続きで、狩俣の神山が伸び、山をさらに西に越えた向こうには、海をはさんで、伊良部島が低く横たわっている。世渡岬と池間島にかかっている大きな橋。池間島の低い影。北には、八重干瀬があり、きょうは生憎の天気で駄目だが、波頭が見えるという。雨をまじえた風がひときわ強くなる。

わたしたちはしばらく風景をながめてから、階段をおり、港への一本道をくだった。二十何軒の家はほとんど上に集まっていて、港の近くにはない。明和の津波の被害は宮古島の南部でことに大きかったようだが、大神島ではどうだったか。お昼すぎの道には、人影がない。婦人が一人と道端にしゃがんで煙草をすっている男子が一人。挨拶すると、乗ってきた船の船長さんであった。左手に、井戸が一つ。フタガーという。それをすぎると、もう平良市立大神小学校、中学校である。校舎の前の草地の運動場のポールに、「希望を持って大空にはばたけ4人の主役!」という横断幕のような白地の大きい看板がかけてある。希望は黄、大空は青、4人の主役は赤、他の文字は黒の四色である。その真ん中のポールの先に、おあつらえ向きに、大きい鳥が一羽止まっている。双眼鏡で見ると、ハヤブサの仲間のチョウゲンボウであった。校舎の壁には、校歌がかけてある。

一．宮古の山なみ　色映えて
白雲流れ　海青く
光あふれる　学びやは
久遠の理想　求めつつ
学ぶわれらの　大神校

二．教えの庭に　黎明の
文化のひびき　高らかに
愛と敬とを　身につけて
若い生命を　ひとすじに
伸びゆくわれら　大神校

作詞仲元銀太郎、作曲新垣博次。青い地に白い文字。三番は、途中で板が剝がれていて読めないので、省略した。わたしは東の校舎の二階にのぼって、案内を乞うたが、校長先生が十二時の船で平良に出張されたということで、話は聞かせてもらえなかった。

港の待合所で持参のおにぎりを食べてから、西の浜を、宝貝をさがしながら歩いた。そのうち、一時半頃から、黒雲がたれこめ、激しい北風が雨を吹きつけてくる。とても歩いておれずに、港にもどった。濡れ鼠になったが、二十度近い気温のため、少しも寒くはない。そういうわけで、二十年近く前に、島を一周する道路の工事計画を中断せしめた大岩のところにも行くことができなかった。これは、大神島というと必ず出てくる話で、西の道路の途中の大きい岩を割っていると、掘削機の鉄の杭が折れたり、けが人が出たり、病人が出たりするので、カンカカリャに見てもらうと、龍宮の霊石とわかり、詫びニガイをしてもらって、割った石はもとのように積み上げたという。勇崎哲史の写真集にも、佐渡山安公の『ぴるます話』（かたりべ出版、一九九三年）にも、その岩の写真が出ている。道路の先まで行けなかったのは残念だが、あとで、西海岸は昔から島の墓域になっているとわかってみると、なるほど、風雨があれだけ強くなったわけだと納得がいく。

西の浜で拾った宝貝は、キイロダカラ、ハナビラダカラ、各三、アヤメダカラ、二、ホシキヌタ、ヒメホシダカラ、ヤナギシボリ、ナツメモドキ、シボリダカラ、コモンダカラ、ハナマルユキ、ゴマフダカラ、各一の十一種であった。いずれも、打ち上げ後時間がたっていて、あまりきれいな個体ではない。

わたしたちは三時の船に乗った。行きのお客に加えて、赤ん坊をつれた夫婦もいた。席にすわって、眼をつぶり、エンジンの単調な響きに耳をまかせると、きのうの午後、狩俣の遠見台からはじめて見た大神島が思い出される。東の空には、まだ雲がなく、青い空が広がっていた。島は青空の下で淡い緑に輝きながら、かむなびの山を思わせる曲線を頂きから左右になだらかに引いて、際立って明るい海にすっと浮かんでいた。

次に引くのは『日本民謡大観』宮古諸島篇（日本放送協会、一九九〇年）に収録されている、大神島の四篇の歌謡の一つ、「大神（ウカム）のカニスマ」の二番と三番を訳し直したもの。『琉球の方言—宮古大神島』（法政大学沖縄文化研究所、一九七七年）、下地一秋の『宮古群島語辞典』（私家版、一九七九年）などで調べても、不明の語があるので、一番は省略した。カニスマは即興の歌曲をさす。この歌にもいかにも即興らしい調子がある。

サーヨーイ　ウカム島は　まこと
小さな島であっても　ヨ
小さな村でこそあっても　ヨーイ
暮らしやすい　調えやすい
楽な島　ヨ

サーヨーイ　島の高さは　ウカムの島　ヨ
神の高さは　ウカムの神　ヨーイ
まこと　十日四日の

十五日のお月様のよう　ヨーイ
あがるにきれい　まこと　のぼるに
きれいな　ウカム島　ヨ

島が海に月のようにのぼるさまが、あらためて、眼に浮かぶ。

（二〇〇五年三月稿）

髙橋義兵衛の事

江戸の末期、天明から文化の年中にかけて、近江の彦根藩に、髙橋義兵衛重堅という武士があった。同じく藩士の富上勘之丞の次男（初名、岩次郎）で、髙橋家の第三代文五郎重晴の養子となり、その病死によって、寛政四年閏二月十四日、四代目として百石の知行を相続する。その後（寛政七年）、加増され、百二十石の知行取となった。彦根藩では、平士である。仕官のはじめは江戸詰めであった。のちには、松原蔵奉行、用米蔵奉行、京都蔵奉行、大津蔵目付、その他の役職についている。拝領の屋敷は城西、松原馬場の瘡守稲荷から南に一軒おいた所にあった。

文化六年九月二十六日の半月ばかり前のある日、義兵衛は甥の岡惣次郎を斬った。惣次郎が富上家七代目の富上喜太夫に刃傷に及び、喜太夫がついに落命したからである。惣次郎の実父岡頼母（初名、軍蔵）は富上勘之丞の三男で、岡家に入り、五代目を継いだ人である。系譜をまとめれば、次のようになる。

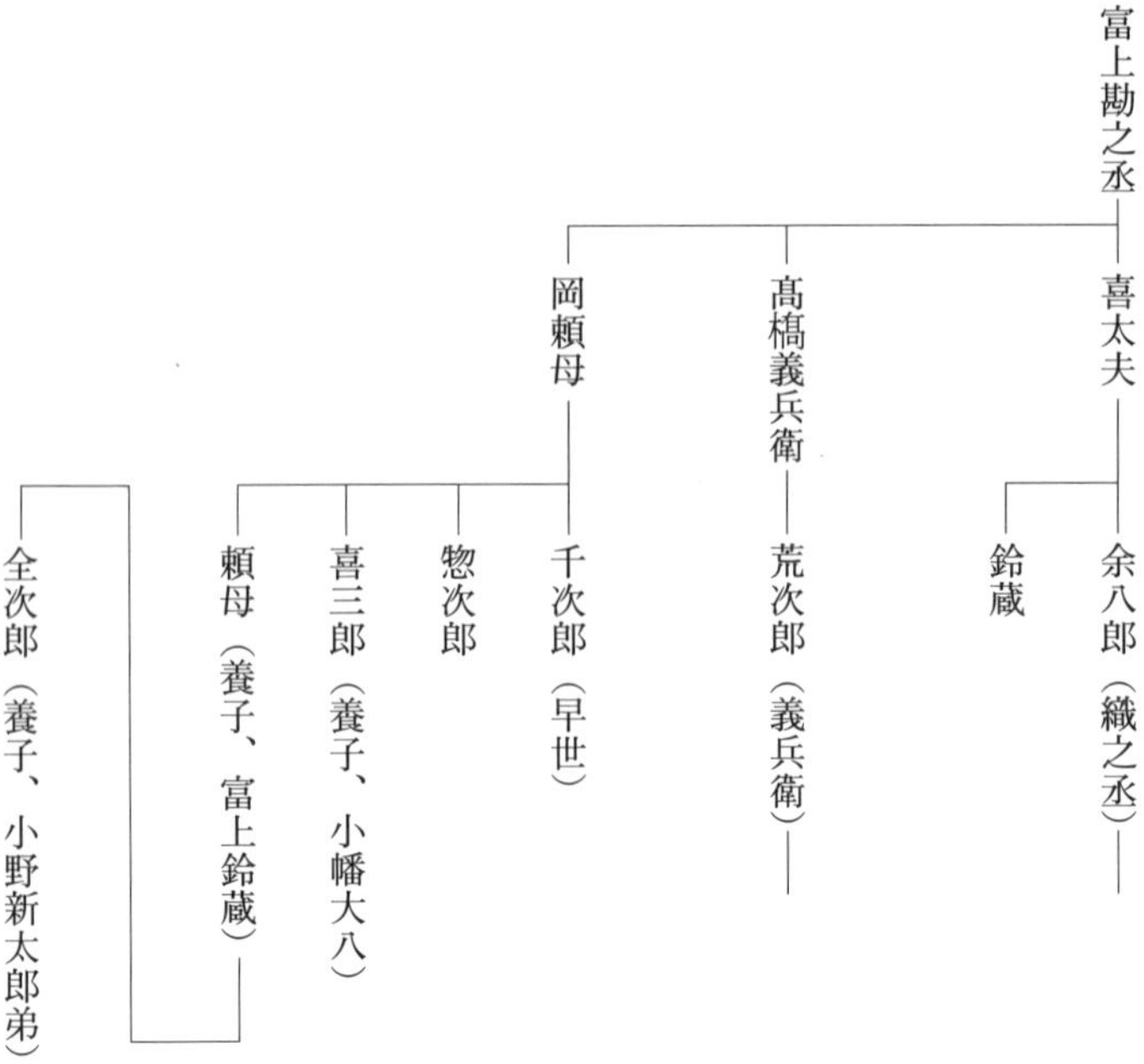

岡家の跡継ぎには、どういう訳か、次男の惣次郎は挙げられなかった。そして、小幡大八を養子に迎える。これは実父の差配であろう。しかし、その縁組はやがて解消されて、あらたに、富上喜太夫の次男鈴蔵を跡取りにする。それは、おそらく、所謂末期養子で、父はまもなく亡くなったのではないだろうか。すなわち、すべてを取り仕切ったのが、伯父の喜太夫である。もし実父が存命ならば、惣次郎も、そもそも刃傷沙汰に及ぶなどということができるはずがない。

　では、実母は二度の養子の縁組に、どう対処したか。それには、憶測の材料がなくはない。岡家の系図（彦根藩士系図所収）を見ると、六代目岡頼母（鈴蔵）の留書に、「文化六己年十月十七日、養兄惣次郎乱心一件ニ付隠居」とある。岡家は当主の隠居の処分のみで、家の取り潰しには至らず、七代目として小野全次郎を迎える。ところが、全次郎はほどなく「御追放」となった。留書には、「実八代目小野新太郎弟、文化八未年養祖母不都合之趣御用番へ申出、右様ノ義聊無之、却テ不敬ノ筋有を実父小野祐喜申談候由、不孝ノ至、御追放、文化十三子年全次郎養祖母へ生涯ノ内御扶持米□人扶持」と記されている。家の廃絶から五年ののち、藩当局が、惣次郎の実母と考えられる婦人に一代限りの扶持米を与えた事実は、男子の早世と最初の養子縁組に引き続く一連の不幸に際しての母なる人のしっかりした態度をよく推測させるように思われる。

さて、髙橋義兵衛は即日、おそらくは死骸の検分と埋葬等の手筈を調えてから、目付役に届けをして、「公私慎」の処分に服した。そして、私宅での謹慎中、十月十七日に至って、「御沙汰」に及ばれぬ旨の申し渡しを受ける。「文化六己巳年十月十七日、先達而甥岡惣次郎、富上喜太夫エ深手ヲ負セ、終ニ喜太夫相果候ニ付、不届至極ニ存、則惣次郎ヲ討捨ニ致候得共、伯父ヲ害候逆罪者ニ候得者、御仕置をモ可被仰付者ニ付、卒忽之及取計候儀、恐入身分之儀願出、公私慎罷在候処、被仰付方モ候得共、事ヲ相弁エ身分御仕置願出候儀ニ付、不被及御沙汰、慎御免被仰付候」(侍中由緒帳三十五)

義兵衛の養子荒次郎重剛は、この時、江戸詰めであったが、やはり公私慎みを申し渡されている。「文化六己巳年九月廿六日、於江戸、彦根ニ而養父義兵衛儀公私慎被仰付候ニ付、恐入伺之通公私慎勤番御家老中被申渡候」この処分は、養父の「御免」を受けて、十一月一日に解かれた。この間、江戸の措置には、ほぼ半月の遅れがある。先に、事件の日付がわからぬまま、九月二十六日の半月ばかり前のある日と記したのは、右の事情を考えてのことである。

それにしても、義兵衛が惣次郎をどういう風に斬ったか、その場面を思い描くことは、惣次郎が喜太夫に斬りかかった場面なら、わかるけれども、少なくとも、私にはやさしくない。惣次郎は、伯父が死んだと聞かされて、我が事成れりと、もう一人の伯父の説得に従ったのであろうか。ともあれ、義兵衛の処分が沙汰なしに終わったのは、普段の役儀出精のゆえでもあろうが、藩内に、私法を法度とは別に許容することの暗黙の諒解があったことを示すかもしれない。義兵衛はその点を正確に衝いた。すなわち、果断の処置は熟慮の上のことであったにちがいない。それが、喜太夫の落命を待って、成されたのも穏当な判断であろう。かくして、岡家は、ひとまず、絶家の危機を乗り越えたわけである。

岡家の系図の惣次郎のところを見ると、留書に、初安治郎、軍蔵、小右ェ門、乱心、とある。初は初名。軍蔵は父の名の継承。惣次郎は元服に際しての改名で、跡継ぎであることを示すであろう。それが、どういう理由で、相続を認められなかったのか。武家にとって、何よりも大切な課題は家の存続である。そして、それは藩の統制の下にあった。代替わりに際して、封禄が順当には前代の知行高のまま、藩主によって下し置かれなければ、家は存続しない。養子縁組に複雑な決まりがあったのも、そのためである。惣次郎に、両親も親戚も藩の認可を危ぶまざるをえない事情があったことはまちがいない。さらに、家督を相続できない者を、他家が養子に取るはずもない。惣次郎は、部屋住みの身に落とされたということである。それも終生のことだ。その鬱積が乱心の因であろう。乱心は文字通りの錯乱ではない。刃傷に及んだことが乱心である。事ほどさように、武士たる者は家の安泰に注意を払っていなければならなかった。

髙橋の家も、かつて危殆に瀕したことがある。先祖の次郎右衛門重政は上州甘楽郡丹生村の出で、慶長年中、上州白井で井伊直孝に仕え、その転封とともに、彦根に移った人であったが、それから三代、四代目の次郎右衛門は元禄三年八月、江戸詰め中に、御暇の処分を受けて、武士の身分と家禄二百石を失った。藩屋敷を留守にしていて、主君の急な出立に、お供できなかったからである（貞享異譜）。弟（次男）の戸右衛門がすでに四年前、外輪御番（十俵二人扶持）として出仕していたのに、家は断絶した。時の藩主は、例の藩士七十六名追放一件の四代直興であった。

これはなお私見としなければならないが、髙橋次郎右衛門は通称を九郎右衛門、名を勝重と改めて、彦根藩の高宮上布の麻糸の原料を扱う近江商人となった。そして、仕入れのために上州と近江を往来するうち、宝永の頃、甘楽郡下仁田村に移住し、在方の問屋として働く傍ら、土地を開墾するなどして、産を成した。下仁田の常住寺にある墓石（釋道惠墓）には、享保十二丁未年四月二十五日　俗名高橋九郎右衛門勝重　行年七十七歳、とある。上野三碑の一、多胡碑を世に知らしめた、下仁田村の儒者高橋道斎はその孫である。

巻き添えを食わなかっただけで幸いとしたものか、戸右衛門重矩は以後、仕官に出精して、七十俵六人扶持（御中小姓並）を支給されるまでに至り、死去に当たって、養子義兵衛重教（依田治右衛門弟）への相続を特に許された。死去から認可の下るまで、二月ばかりの日数を経ているので、末期養子と思われる。かくして、髙橋家が新たに、分家の形で成立し、この二代目の晩年、宝暦八年には、新知百石の知行取に取り立てられた。そして、三代、文五郎重晴（水上六郎右衛門子）、四代、義兵衛、五代、荒次郎重剛（福村八郎左衛門弟）と、養子相続が続いてゆく。六代目は五代の実子義兵衛重邑であるが、七代の荒次郎重信は婿養子（五十嵐半次養方従弟）であった。この間、約二百年、代々の当主の心労は察するに余りある。家の存続というのは、真に大変な事ではあるとつくづく思わざるをえない。

ちなみに、五代の荒次郎は文化八年八月、養父義兵衛の病死にともない、百二十石の相続を認められ、以後、各奉行を勤めたが、文政十二年七月、前藩主直中の息男、勝之介、鉄三郎、銑之介の御附人となった。鉄三郎は十五歳で、後に十三代藩主となる直弼である。天保五年七月、江戸に出て養子先を探すも決まらず、翌年八月、彦根に戻り、再び名高い埋木舎での日々となる。この間、荒次郎は側に仕えていたが、由緒帳によれば、同年六月、「於江戸、先比鉄三郎様浅草辺御歩行、遊女共仮宅之市中御通行申上、右躰之場所柄心懸も無之不都合之次第、御附役をも被仰付置候無詮儀ニ付」、役儀御免となった。部屋住みとはいえ、若殿を罰するわけにもいかなかったのであろう。

髙橋家の由緒帳の記述は七代目荒次郎書継之趣の明治二年十月十七日の一文、「文武館副教頭講武掛被仰付候」で終わっている。この年六月、彦根藩の版籍奉還の許可が下り、藩制の改革が始まっていた。やがて、明治九年八月、金禄公債が発行されて、家禄制は終わりを告げた。武家を曲がりなりにも支えてきた柱の倒壊である。被害は深く、広汎であった。荒次郎家も没落士族の一員として、京都に移住する。明治四十二年十二月には、三男の栄次郎（のち改名、乗因）が家督を相続する。明治八年の生まれで、私の祖父である。相続といっても、おそらく法的な手続きにすぎず、現在、手許に残されている遺品は、わずかに、刀剣類、歴代将軍、歴代藩主、任職大概、首検實式のような文書類、兵要録口義、握奇八陣集解、銃長口義、小林流艦法一簀、その他のような兵法書（写本）、また、漆塗りの薙刀、手鏡、箱枕、読本類などで、それらを往時を偲ぶよすがとする他はない。

髙橋の代々の墓は、明治初年までの十五基が、彦根の清凉寺の後山にある。

さて、歌を一首記して、終わりとしたい。遺品の中に、古今和歌集の刊本があり、その下巻の末尾に、「此二冊寛政六寅初冬於東都三好兆兵衛見恵之」という墨書が見える。江戸詰めの年代からして、四代目の髙橋義兵衛の手である。後年、甥を斬ることになる人が日頃から古今集を誦していたこと、詠歌の嗜みがたぶんあったことに、私は心の疼くような感慨を覚える。次に引くのは、巻第十六哀傷歌に所収の紀貫之の作である。

あすしらぬ我身とおもへとくれぬまのけふハ人こそ悲しかりけれ

（二〇一二年六月稿）

細井広沢の詩幅

今、書斎に広沢の詩幅を掛けている。詩といっても、次に見られるように、平仄が法に合わぬ拗体。韻も踏まない。そのうえ、所謂点化の作で、転結の二句を、中唐の詩人朱長文の七言絶句「望中有懐」（『全唐詩』巻二七二）から取っている。

山頭夜戴孤輪月
洞口朝噴一片雲
白雲斷處見明月
黄葉落時聞擣衣

声律も破格なら、意趣も奇抜で、驚かされるけれども、工夫は承句と転句の行間に、昼の雨を降らせたところにある。雨は過ぎゆき、雲が碧空に霽れ、今宵も、月の光が黄葉を照らしている。耳に、遠く、砧の声が響いてくる。

秋である。

では、その月は前夜と同じ月であろうか。そうではない。第三句が見という虚字を用いて、前半の実景を虚の境地に転じているからだ。しかし、同じとも言える。月は必ずしも人の心中にあるわけではないからである。

南宋の禅史『五灯会元』に、こんな問答がある（巻十五）。

廬山の開先照禅師、僧問う、向上の宗乗、師の垂示を乞う。師曰く、白雲断ゆる処明月を見る。曰く、猶お是れ学人の疑処。師曰く、黄葉落つる時擣衣を聞く。

広沢はこの話を知って、作詩に興じたのであろう。何しろ、「君臣歌」なる、いろは四十七字の歌を、菅公の夢告によって創作した人物である。

ともあれ、他はどう見るか知らないが、私は、赤穂浪士の討入の夜、鶏卵を差し入れたあと、深川の家の屋根に上り、明け方まで本所の方角を望んで、事の首尾を案じたという、荻生徂徠が日頃から虎と呼んでいた文武の人、そして、七人の児に先立たれた父親でもある人を思って、この書を眺めている。

広沢の伝はいろいろあるが、三村竹清の『近世能書伝』に所収の文章がやはりおもしろい。墓は東京等々力の満願寺にある。

この書幅は、昭和三十九年秋、ちょうど五十年の昔に、静岡の市川景春翁から譲りうけたものである。翁は市井の無名の畸人で、品川東海寺の、当時はなお雲水であった大獄義方老師と馬が合った。景春翁は賤機《しずはた》の昔の風景を板に描いて（油絵）、私にくれた。義方さんが信州戸隠に遊んで、その風物を歌った詩篇（口語自由詩）は私の文庫にある。翁も義方さんも、白玉楼中の人となって久しい。

市川氏の墓は静岡の臨済寺にある。

そして、義方さんの墓は東海寺にある。

（二〇一四年十一月稿）

VII

ツンドラ十首

ツンドラはただはろばろとひろごりてとほきやまなみあゐにかすめり
ツンドラのあかきこのみをそぼぬらしあめゆくさきにたかくたつにじ
ツンドラにしろくちひさくみえよるはトナカイかはのまきびとのいへ
ツンドラのみづのほとりにふたつみつうづくまるごとしろきやかたは
ツンドラにうまれおちけんをさなごのすまひのかどにひとりたちをり
ツンドラのたみをしもはばひとのよのもとことなきにこころいるかな

ツンドラにこけをはみつつゆるらかになみうちあゆむトナカイのむれ
ツンドラのつめたきかぜにワタスゲのましろのはなほみづとゆらげる
ツンドラにこゑするどくもわたらせてくろきまなこのヂリスうごかず
ツンドラをシロフクロウのまひおちてひはまよなかにうみにしづめり

（一九九〇年八月稿）

あとがき

本書は、私が先年、退職に際して書いたモナ・リザ論にあわせて、これまでに発表した雑文のほぼすべてと、さらに、未発表のものを含む、エッセイと歌稿から選んだ十一篇とを集めて、一本とした。云わば、集大成のようなものである。

集大成は妄りに使えない言葉である。孟子は孔子について、徳を集めて大成する者だと称えている。しかし、元来は、音楽用語の由で、オーケストラにあたる意味合いらしいので、今、合奏と調和には程遠いような気もするが、文の合奏ということにしたい。

この間、思えば、ほぼ五十年。雑多な事柄によくこれだけ興味をもったものだ。幸田露伴は寺田寅彦の多方面の仕事ぶりについて、あれは忙しすぎるからだと、同情をもって評したそうである。数ならぬ私も、みずから省みて、露伴翁の言に低頭せざるをえない。

もはや私の時は少ないが、マラルメ注釈という仕事を控えている。しかも、山稜の取りつきには、言語、知覚、経験という問題が岩壁となって立ち塞がっている。どこまでゆけるか、とにかく、岩登りをはじめるほかはない。我ながら、困ったことだと思うが。

二〇一七年七月一日

髙橋達明

もう一つのあとがき

七月上旬、本集の原稿を知道出版に手渡した翌日、ジャコメッティ展（国立新美術館）を見た。「森、七つの像と一つの頭部」という題の作品（一九五〇年）が来ている。この森はジャコメッティの故郷スイスのスタンパの山林である。そうとわかるのは、このコンポジションについて、彫刻家のコメントがあるからだ（Giacometti, *Ecrits*, p.59）。台上の七人の女の立像は木々、奥の右端に置かれた、背の低い、大きくがっちりした、男の胸像（頭部）は一つの岩で、子供の頃から見慣れた樹木と石だそうである。

この「木々の後に見える片麻岩の岩」について、ジャコメッティは早くにエッセイを書いている（一九三三年）。「昨日、砂が動き」という、過ぎ去った時をふりかえる文である。はじめに、子供の頃、石と樹木を見ているのが好きだったが、とくに、村から少し離れたところにある、一つの大きな石しか目に入らなかったとある。「それは金色に光る一つ岩で、根もとに穴があき、下部はすっかり空洞になっていた［中略］奥にもう一つ小さな空洞ができているようだった［中略］奥の穴にもぐりこんだときは、有頂天になった。入りたくてたまらなかったから。わが願望のすべてがかなえられたのだ。」（*Ecrits*, p.7）。ジャコメッティは岩下の空洞を水の働きとしているが、私は以前から、巨石建造物（ドルメン）だと思っている。イヴ・ボヌフォワの浩瀚にして綿密なジャコメッティ論の注に出ていた写真、また、今度の展覧会の図録の年譜に載っている写真を見ると、斜めになった「一つ岩」は左の小さい岩に乗っている。右にも、岩があるようだ。つまり、天井石が傾いた姿ではないだろうか。あらためて、ドルメンという着想が確実に思われた。

十日ばかりの後、河原町の丸善に寄ったら、イギリスの国立肖像ギャラリー刊のジャコメッティ展の行き届いた図録があり、もとめて帰った。もう一冊、イタリアの展覧会の図録もあったが、こちらはぱらぱらめくるだけにしたところ、翌朝になって、白い表紙のこの本にあったドルメンの写真が心にくっきり浮かんで、妙に気がかりなので、買いにゆくことにした。

ところが、家に持って帰り、ページを何度繰っても、その写真がない。私は茫然とした。写真の記憶は明確である。中央に、右に傾いた岩、岩を載せた、両側の小さい岩、平らに開いた暗い穴、左から背後へ、落葉樹の林が重なり、右手に、シラカバのような幹の白い木。白黒の大きい写真である。しかも、昨日、丸善の棚には、ジャコメッティの作品集は右の二冊しかなかった。では、どういうことか。時間がたっても、気持は落ちつかず、翌々日、また出かけて、洋書棚の前に立った。二冊分の本の隙間があいている。その隙間をぼんやり眺めていると、そうだ、白い本を手にとって、ドルメンの写真を見たのは、夢の中で見たのだという了解が心の底から水の湧くように立ちのぼってきた。

子供は隠れ家を好むものだ。人に知られぬ場所を選び、木の枝や布や葉の茂みなどで、囲いをつくり、じっと身を隠す。幼い頃、誰もがする遊びである。ジャコメッティのドルメンも、それ。それは、子供が世界とさらに一体であろうとする願望である。時のそのような持続はやがて失われるが、きっかけさえあれば、記憶がよみがえり、無心の願望は事象へと回帰する。ジャコメッティの苦闘は、当然ながら、森のコンポジションの方向に収斂するものではない。それだけに、森の遊びがあったことに、私が一種の安堵をおぼえるのも、また当然ではないだろうか。

私がジャコメッティを知るのは、その死後、二月余り、一九六六年三月十三日号の朝日ジャーナルに出た、ジャン・クレイの文の翻訳によってであった。そこにはカルティエ＝ブレッソンが撮った、例の、雨の町かどを歩くジャコメッティの写真もある。

以上、「夢憶」の一端を記して、本集の後序とする。

（二〇一七年七月二十七日記）

初出一覧

Ⅰ

モナ・リザの鳶色の眼　『人文論叢』（京都女子大学人文学会）五六号　二〇〇八年

Ⅱ

詩集ブームと詩　月刊大学　五月号　一九六八年

マラルメの「ＹＸのソネ」について　月刊大学　十月号　一九六八年

巨樹の翁　月報（『南方熊楠』日本民族文化体系四）一九七八年

ミュゼ・ギメのこと　ふんだりけ（京都女子大学宗教部）五七号　一九七九年

茸・鳥・ウェーベルン　ふんだりけ　八六号　一九八三年

ルドゥテと『バラ図譜』　アルスボタニカ一号　一九八三年

訳者あとがき　『バラの画家ルドゥテとその時代』八坂書房　一九八三年

『トレヴー辞典』改訂第三版　京都女子大学通信　二八号　一九八七年

解説　『大田垣蓮月』（杉本秀太郎著）中公文庫　一九八八年

ゴゼンタチバナ　園芸新知識　六月号　一九八九年

いまだ見ぬ北の岬　ふんだりけ　一四五号　一九八九年

太秦の牛祭り　『仏教行事歳時記』（十夜）第一法規　一九八九年

あとがき　『アレクシス聖人伝の研究』（鹿島絹著）著作刊行会　一九九一年
『松山本草』の鳥類図　『物のイメージ—本草と博物学への招待』朝日新聞社　一九九四年
鳳凰　ふんだりけ　二〇〇号　一九九五年
グリーグの家　京都音楽家クラブ会報　四七六号　一九九七年
パリのカモメ　季刊ダジアン　二六号　一九九七年
森野賽郭の博物学　国立科学博物館ニュース　三九七号　二〇〇二年
武四郎と仏法僧　松浦竹四郎研究会会誌　三八・三九合併号　二〇〇三年
改版にあたって　『バラの画家ルドゥテ』八坂書房　二〇〇五年
ルドゥテの図版による『J-J・ルソーの植物学』　KWU Library News　一二号　二〇〇八年
感想　組合ニュース（京都女子大学教職員組合）七号　二〇〇八年

Ⅲ

パラスの『ロシア南部紀行』　『人文論叢』四六号　一九九八年

Ⅳ

ルソーの植物学　『ルソー全集』第一二巻、白水社　一九八三年
『動物哲学』の成立　ラマルク『動物哲学』朝日出版社　一九八八年

Ⅴ

ナンセンの肖像　未発表

航海の精神史―ナンセン・フラム号帰還百年の記念に―　人文学会公開講座講演　一九九六年十月三〇日

Ⅵ

御堂ヶ池古墳始末　未発表
柏崎の古本屋　未発表
大神島を歩く　未発表
髙橋義兵衛の事　未発表
細井広沢の詩幅　未発表

Ⅶ

ツンドラ十首　未発表

著述目録

著書

鳥のいる風景　淡交社　一九九五年
オルペウス、ミュートスの誕生—『農耕歌』第4巻453-527行—　三想社　二〇〇二年
オルペウス、ミュートスの誕生—『農耕歌』第4巻453-527行注釈—　知道出版　二〇一一年
上毛多胡郡碑帖の板本について　ぺりかん社　二〇一六年

論文

〔※は本書に所収のもの〕

De la *Prose* (pour des Esseintes) de Mallarmé　*Etudes de Langue et Littérature Françaises*, No22, 1973.
「時の香りのしみついた、いかなる絹が」について　京都女子大学人文学会　人文論叢二二号　一九七三年
YXのソネについて　人文論叢二三号　一九七四年
白鳥のソネについて　人文論叢二五号　一九七六年
「勝ち誇って美しい自殺が逃れ」について　人文論叢二六号　一九七七年
柳から椰子へ—ベルナルダン・ド・サン＝ピエール覚書　人文論叢二九号　一九八一年
アダンソンとルソー　人文論叢三一号　一九八二年
※ルソーの植物学　『ルソー全集』第一二巻　一九八三年
ストコヴォーイの『仏日語彙』　人文論叢三三号　一九八五年

※『動物哲学』の成立　『動物哲学』　一九八八年

仏法僧鳥考　人文論叢四一号　一九九三年

島のありか―*Prose* (pour des Esseintes) 研究　人文論叢四二号　一九九四年

ポーの島―*Prose* (pour des Esseintes) 研究　人文論叢四三号　一九九五年

小野蘭山本草講義本編年攷　『東アジアの本草と博物学の世界』下巻　思文閣出版　一九九五年

仏法僧鳥考（承前）　人文論叢四五号　一九九七年

※パラスの『ロシア南部紀行』―風景論の視座から―　人文論叢四六号　一九九八年

オルペウス、ミュートスの誕生―『農耕歌』第4巻453-527行―　人文論叢四七号　一九九九年

言語の科学―マラルメの言語論についての覚書　人文論叢四八号　二〇〇〇年

『ダーウィン理論と言語の科学』―マラルメの言語論についての覚書（Ⅱ）　人文論叢四九号　二〇〇一年

シュレーゲルの言語有機体説―マラルメの言語論についての覚書（Ⅲ）　人文論叢五〇号　二〇〇二年

ボップの比較文法と言語有機体説―マラルメの言語論についての覚書（Ⅳ）　人文論叢五一号　二〇〇三年

言葉の力（上）　人文論叢五三号　二〇〇五年

言葉の力（中ノ一）　人文論叢五四号　二〇〇六年

※モナ・リザの鳶色の眼　人文論叢五六号　二〇〇八年

蘭山の仏法僧―『本章綱目草稿』と講義本の編年をめぐって―　『小野蘭山』八坂書房　二〇一〇年

訳注

『鐵山禪師梅花百日詠』　知道出版　二〇一六年

翻訳

レリス『幻のアフリカⅠ』（共訳）　イザラ書房　一九七一年
ルソー「植物学についての手紙」他『ルソー全集』第一二巻　白水社　一九八三年
レジェ『バラの画家ルドゥテとその時代』　八坂書房　一九八四年
ラマルク『動物哲学』　朝日出版社　一九八八年
レリス『幻のアフリカ』（共訳）　河出書房新社　一九九五年
レジェ『バラの画家ルドゥテ』　八坂書房　二〇〇五年
レリス『幻のアフリカ』（共訳）　平凡社　二〇一〇年

髙橋達明（たかはし　みちあき）
1944年、京都生。京都大学文学部卒。フランス文学専攻。京都女子大学名誉教授。

文集　モナ・リザの鳶色の眼

発　行　2017年12月25日

著　者　高橋達明
発行者　鎌田順雄
発行所　知道出版
〒101-0051　東京都千代田区神田神保町1-7-3 三光堂ビル4F
TEL 03-5282-3185 FAX 03-5282-3186
http://www.chido.co.jp
印刷所　平河工業社

ISBN4-978-4-88664-308-7